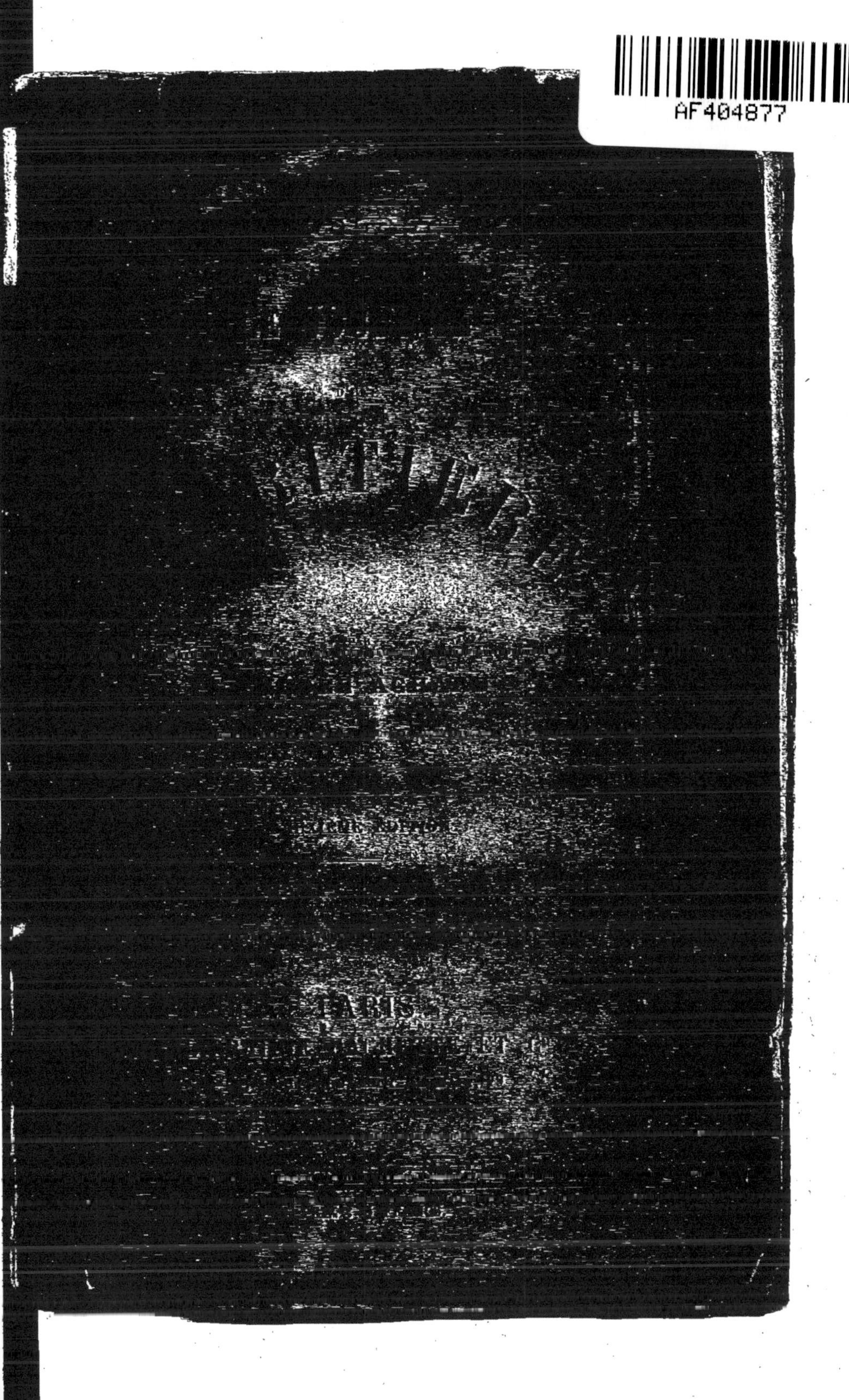

LE JOURNAL

D'UNE

HÉRITIÈRE

LE JOURNAL

D'UNE

HÉRITIÈRE

PAR

AMÉDÉE ACHARD

DEUXIÈME ÉDITION

PARIS

LIBRAIRIE HACHETTE ET Cie

79, BOULEVARD SAINT-GERMAIN, 79

1873

LE JOURNAL

D'UNE

HÉRITIÈRE.

I

Il est neuf heures. La pluie tombe doucement sur le feuillage des vieux tilleuls dont la longue avenue descend jusqu'à l'extrémité du jardin. La fenêtre est ouverte pour laisser monter avec ce bruit monotone les tièdes senteurs qui se dégagent des bois mouillés. Je vois les chaumières brunes du village serrées au bord du ruisseau qui court parmi les prés semés de saules et, derrière leurs toits moussus, la colline qui s'élève toute chargée d'un épais taillis de chênes auxquels les approches de l'automne donnent des tons fauves et roux. Il n'y a plus d'hirondelles dans le ciel gris. Le rouge-gorge qui crie dans les buissons les a remplacées. Une déchirure se fait dans les nuées, où s'ouvre tout à coup un pan d'azur, Ce n'est pas encore la lumière, mais aux nuances roses qui teignent les franges des lourdes vapeurs dont les plis cèdent sous l'effort d'un vent léger, on devine qu'elle n'est pas loin. Déjà la campagne s'en égaye, déjà un pur rayon d'or a glissé sur les peupliers qui s'effilent au bas de la vallée et en illumine les feuilles jaunes. Ils brillent dans la pluie et frissonnent comme des jets de flamme. Les pigeons battent de l'aile autour du clocher. Je me sens pénétrée du calme qui s'exhale de ces paysages tranquilles et doux ; il y a dans les campagnes des influences sereines auxquelles on n'échappe pas ; l'éternelle placidité de leurs aspects irrite quelque temps les douleurs aiguës, on se révolte contre l'implacable lumière et contre l'immobilité constante des sommets, puis un jour un courant de paix nous enveloppe et la créature humaine se sent reposée.

Je suis seule, comme je le suis bien souvent ; pas assez souvent peut-être ! Je regarde au dedans de moi ; il me semble que j'ai accepté. Ai-je bien vraiment accepté ? et le voudrais-je ? N'y a-t-il pas dans l'acceptation pleine, entière, irrévocable, comme un sentiment de la mort, quelque chose qui fait qu'on n'appartient plus à la vie et qu'on ne rencontre plus ni sœurs, ni frères parmi les êtres qui circulent autour de nous ? Les passions qui les agitent, les regrets qui les assiégent, l'espoir qui les enivre, leurs défaillances et leurs élans n'ont plus de langage qu'on entende. On est au milieu de leur foule comme

un voyageur poussé par un orage dans une île dont
les habitants parleraient un idiome qu'ils ne com-
prendraient pas. Le cœur est calme, mais les neiges
éternelles qui pâlissent les cimes des montagnes ne
sont-elles pas calmes aussi ? L'ombre et le froid du
tombeau y descendent... Mais non, aux palpitations
de mon sein qui se gonfle sous un souffle de jeunesse, je sens que rien n'a pu éteindre le foyer de
vie qui le réchauffe. Je suis résignée, mais c'est tout,
et cette résignation, si sincère qu'elle soit, n'ira jamais jusqu'au renoncement. Ainsi peut être s'écou-
leront mes jours jusqu'à l'heure où mon âme fatiguée n'attendra plus rien de l'avenir. N'est-ce point
assez pour ma conscience d'avoir mesuré ma tâche
et de penser avec un sentiment d'austère abnégation
que mon courage y suffira, sans mettre la pierre
du sépulcre sur tout ce qui vibre et tressaille en
moi ?

Hier, dans la soirée, j'ai ouvert un meuble où, en
arrivant ici, j'avais serré des notes écrites au hasard,
à différentes époques de ma vie, et bien que je ne
touche pas encore à mon été, il m'a semblé que je
secouais les cendres de plusieurs êtres morts en moi :
l'un tout enfant, souriant, rose et frais, qui trébu-
chait dans le rire, au milieu des fleurs et des oiseaux
qui lui faisaient une famille ; l'autre frêle, un peu
pâle, grave par instants, inquiet au seuil de l'adolescence, mais qu'un ressort plein de gaieté faisait
rebondir, et plein de séve ; un autre encore entrant
dans la jeunesse avec un cortége brillant des pro-

messes les plus belles, ouvert à toutes les aspirations et prêt à se dévouer. Quelquefois je me suis retrouvée, quelquefois je me suis perdue. Sommes-nous toujours le même être, un, indivisible, fondu dans une forme indestructible, identique dans son essence, ou ne sommes-nous pas plutôt une suite d'êtres qui se succèdent dans d'inépuisables modifications, avec des lambeaux de souvenirs pour uniques liens? J'ai dépassé vingt-cinq ans de quelques mois à peine, et que ces jours réveillés tout à coup m'ont parus lointains! La femme dont la plume courait librement sur ces feuilles de papier prises et oubliées tour à tour, est-elle bien la même que celle qui rentre aujourd'hui avec une inquiétude vague et confuse dans les tristesses et les bonheurs qu'elles racontent? Que de choses effacées! Que de traces incertaines où ma pensée s'égare comme un berger qui cherche vainement au travers d'une lande le sentier familier dont les neiges d'une longue nuit d'hiver dérobent le sillon!

Ce matin j'ai relu ces mêmes notes qui portent tant de dates diverses, et la pensée m'est venue de les relier entre elles et de les continuer en les coordonnant. J'y trouverai une distraction, peut-être un apaisement. La marque des chagrins disparus, des peines envolées me fera voir que rien ne dure, pas même ce qui fait du mal, et j'y puiserai cette consolation de penser que le jour qui déchire a pour frère le jour qui ferme la blessure. Demain accourt du fond de l'horizon, c'est l'aurore d'un jour naissant. Aube radieuse d'un avenir qu'on ne sait pas, sois la bienvenue! Salut à toi, aube prochaine dont la robe est faite d'espérance! Si tu me trompes, sois bénie encore, tu m'auras fait sourire, et par toi les choses de la vie auront eu des charmes plus pénétrants et des saveurs plus douces!

II

Il est difficile de rentrer dans son propre passé, on n'en ressaisit pas le fil aisément. Je viens d'en faire la curieuse et triste expérience en feuilletant ces notes remplies de lacunes que je vais m'efforcer de combler. Où sont les contentements qui me faisaient battre le cœur, les chagrins qui le faisaient plier comme les branches d'un arbre trop chargé de neige? Les impressions ne sont plus les mêmes. La lumière incertaine du souvenir me guide confusément. On est soi-même semblable à ces campagnes parcourues au temps où l'on était écolier. On y courait les yeux fermés et après quelques années d'absence on a grand'peine à en reconnaître les aspects. Le taillis qui montait jusqu'à l'épaule est un bois épais où l'on se promène à l'ombre d'un feuillage orgueilleux. Les vieux chênes sont abattus; à cette place où fleurissaient les bruyères et les genêts, roulent des moissons jaunissantes; un barrage a fait un étang du ruisseau, et si l'on cherche du regard la tour ruinée que l'imagination peuplait de malins génies, on aperçoit un moulin joyeux qui ouvre son aile au vent. Et surpris on s'écrie : « Est-ce bien ici que mon enfance a connu le rire et les larmes ! » Et l'on traverse comme un étranger ces mêmes lieux qui vous abritèrent comme des amis.

Je me suis mise à l'œuvre cependant : en parcourant ces pages écrites dans des jours de gaieté, quelquefois aussi dans des nuits d'insomnie et de fièvre, en leur donnant plus de précision et de clarté, je me suis aperçue que les meilleures conditions groupées autour d'un berceau par une naissance heureuse ne protégent pas contre les événements qui se précipitent au courant de la vie.

La créature humaine est toujours une épave par quelque côté ; comme des fées malfaisantes ou bénignes placées le long du chemin, les circonstances vous déchirent ou vous sauvent avec une égale autorité. Est-ce à dire que la somme du mal et du bien est égale pour tous ? Peut-être, mais que ceux qui envient le bien-être et les caresses accumulés autour d'une tête blonde, ne se hâtent pas trop d'accuser la Providence qui les a eux-mêmes entourés d'isolement et de pauvreté. Les mêmes épreuves les attendent, et l'avenir leur réserve des infortunes pareilles. Qui sait même si les sens plus raffinés des uns ne les leur rendent pas plus aiguës.

III

Le premier souvenir qui s'éveille dans l'ombre de mon enfance me fait voir un grand château, si grand, que de petits êtres tels que moi s'y perdaient sans peine. Je n'en voyais jamais la fin. Il me semblait qu'on aurait pu y loger une ville. Il m'inspirait un mélange d'admiration et de terreur. Ce château, où chaque année mon père nous conduisait, mon frère et moi, au retour de la belle saison, était situé à quelque vingt lieues de Paris, dans un pays auquel le voisinage de grands bois donnait un caractère de rudesse et de sauvagerie. Ces bois couvraient des massifs de collines qui fermaient l'horizon de toutes parts. Je ne croyais pas que personne en connût le bout. Le vent y soulevait des rumeurs qui, la nuit, me faisaient trembler dans mon lit. Entre les escarpements des collines s'ouvraient des vallons étroits tapissés de hautes bruyères et des étangs autour desquels croissaient pêle-mêle des joncs et des roseaux. Les traînées blanches de vapeur qui s'en élevaient le soir m'eussent donné le frisson si je ne m'étais souvenue de certains batelets qui servaient à de belles promenades sur l'eau. Quelle joie quand on découvrait un nid flottant parmi les herbes!

Le château était bâti dans un fond, entre des hauteurs dont les pentes étaient chargées de pins, de chênes et de bouleaux. Il était tout percé de fenêtres et de portes qui ouvraient sur d'immenses pièces, et de longs corridors entre lesquels montaient et descendaient, çà et là, des escaliers tortus, dont les spirales et les brusques détours étaient plus embrouillés qu'un écheveau de fil qui a servi de passe-temps à une compagnie de jeunes chats. Je m'y serais promenée la nuit, les yeux bandés, n'était la peur. Partout des voûtes, des coins noirs, des chambres basses, des cabinets obscurs, raccordés entre eux par des passages où je ne m'aventurais pas sans une secrète émotion. Mais où le plus terrible commençait, c'était à l'extrémité même du château, au bout d'un certain couloir dont je connaissais toutes les dalles. Des ais reliés par des bandes de fer, et armés d'une formidable serrure, le fermaient. Par les fentes du bois on voyait l'abîme d'où sortaient des arceaux brisés, des fûts de colonnes, des pans de murailles. La porte ouverte, on avait à ses pieds le gouffre d'une abbaye dont la voûte s'était écroulée. De grands lierres y croissaient, et des arbrisseaux faisaient des panaches à ces ruines. Tout en face, une grande rosace suspendue à de forts piliers dessinait dans le ciel ses fleurs de pierres et ses trèfles mutilés. Il y avait parmi les mousses et les orties du parvis des tombeaux d'évêques et abbés; on distinguait encore sur les dalles leurs figures coiffées de la mitre et portant la crosse. Ce lieu sauvage, sur lequel la na-

ture jetait un manteau de feuillage et que des pein-
tres visitaient pour en tirer des motifs de tableaux,
me remplissait d'épouvante. Autrefois le château s'a-
dossait à l'abbaye. Ce courant de fureur impitoyable
qui laboura la France et passa comme un coup de
foudre sur tant de cathédrales et d'églises, avait un
jour rencontré Valserre et creusé son lit dans l'épaisseur des murs éventrés. C'était un miracle que le
château n'eût pas subi le sort de l'abbaye, mais les
vieilles constructions de briques gardaient toutes
vives les traces des blessures subies en 93 ; à l'endroit
même où la rupture s'était faite, sur la façade laté-
rale coupée par la dentelure des murailles, se creusaient dans des massifs de maçonneries des espèces
d'alvéoles qui jadis avaient été des chambres. Des
chevelures d'herbes folles y frisonnaient au vent.
Dans nos jeux d'enfants, nous n'abordions ce coin
fracassé qu'en troupe et prêts à fuir au moindre
bruit. Mon père nous faisait rire de nos frayeurs, le
jour surtout; mais aux premières heures du soir, la
peur reprenait son empire, et personne n'osait plus
s'aventurer dans les solitudes du Prieuré. C'était
ainsi qu'on appelait la portion des bâtiments conti-
gus à l'abbaye.

Un artiste à qui mon père avait offert l'hospitalité
de Valserre, s'était amusé à peindre à fresque, sur
un pan de mur qui barrait un passage tombant dans
le vide, un moine coiffé du capuchon et drapé dans
sa robe de bure. Il semblait marcher dans l'attitude
de la méditation, les mains croisées sous ses larges

manches, le scapulaire à la ceinture. Aperçue le soir. à la clarté vacillante d'un falot, l'image esquissée à grands traits prenait un caractère de vie surprenant. La robe aux longs plis s'animait et remuait. Cette grande figure blanche nous a coûté bien des nuits sans sommeil. C'était une affaire d'État que de passer dans le couloir du moine. Quand le vent éteignait leur chandelle, les servantes de la maison en sortaient en poussant des cris.

Sur l'un des côtés de ce couloir redoutable, et tout auprès du moine, s'ouvrait une chambre qui ne semblait pas moins farouche à mon imagination que celle où l'ogre des contes de fées enferma les frères du Petit-Poucet. Nous ne l'avions visitée que deux ou trois fois, en plein midi, et en grande compagnie. Les gens de Valserre faisaient des récits sur la chambre grise, qu'on appelait aussi la chambre à l'armure. Ces deux noms, — et leurs syllabes nous donnaient le frisson, — lui venaient de ce qu'elle était revêtue de vieilles boiseries grises, et qu'on y voyait dans un coin une panoplie du temps des guerres de religion plantée sur un piquet. Ce casque de fer à visière baissée, cette cuirasse, ces brassards, me semblaient la demeure d'un être fantastique dont on avait tout à redouter. Si la nuit les girouettes du château se mettaient à grincer, agitées par le vent, je m'imaginais soudain que l'armure était en marche.

Un jour on trouva la porte de la chambre grise ouverte et un gantelet de fer par terre.

« Voyez, me dit une fille qui me tenait par la main,
elle n'aura pas eu le temps de se rhabiller ! »

Elle, c'était l'armure !

Ah ! la terrible chambre ! mais tous ces délabre-
ments, ces ruines, ces souterrains, surtout le moine
et l'armure, donnaient au château un caractère et
une vie qui nous plaisaient. Il ne ressemblait à aucun autre ; en quelque sorte il avait une âme.

IV

On s'étonnait que mon père, qui se fût mieux
trouvé pour ses affaires d'une maison de campagne
aux environs de Paris, eût fait choix d'un vieux château perdu dans les bois pour sa résidence d'été.
Mais le château et les quelques terres qui en dépen-
daient avaient appartenu à la famille de sa femme ;
c'était là qu'il l'avait connue, et, sachant lui faire
plaisir, il les avait rachetés, la laissant maîtresse
d'arranger le tout à sa guise. Elle fit si bien que,
sans rien perdre de son aspect pittoresque, Valserre
devint une habitation tout à fait confortable. Les
chambres bien closes eurent des cheminées, d'é-
pais tapis couraient sur les dalles des corridors, un
poêle hospitalier se dressa dans la vaste salle à
manger, et si la bise faisait quelquefois trembler les

tentures de la pièce où l'on se tenait le soir, le nombre et la pesanteur des bûches qu'on empilait dans
l'âtre profond auprès duquel elle travaillait, ne permettait pas à la froidure d'y pénétrer. Ma mère n'a-
vait pas touché au Prieuré.

Valserre était véritablement une habitation faite
pour des enfants. On n'y pouvait rien gâter. Point de
serres dont les vitres eussent à craindre les balles
jetées au hasard, aucun arbuste rare, point de meubles riches. Les plus beaux qui garnissaient le salon
dont quatre lampes pouvaient à peine éclairer
l'étendue, étaient faits de bois de noyer, recouverts
de bon drap tout uni. La chambre où j'ai dormi d'un
si bon sommeil pendant tant d'années, ne connaissait que le bois blanc, la serge et la percale. Seulement il y faisait chaud l'hiver et frais l'été. Mon père
voulait que les enfants pussent en liberté se rouler
et grimper partout, sans craindre d'abîmer leurs robes ou les fauteuils. Pour toilettes nous avions tour à
tour la toile et la laine. Une couturière du village voisin taillait nos modes, et nous avions grande provision
de chapeaux qui ne redoutaient ni la pluie ni le vent.
« Point de liberté, point de santé, » disait mon père.

L'extérieur du château ressemblait à l'intérieur.
Sauf un petit coin de terre où ma mère qui avait la
passion des roses faisait cultiver de magnifiques ro-
siers, et un grand potager rempli de légumes, on
avait le droit de se répandre dans toutes les directions
sans courir le risque d'être arrêté par une plate-
bande, ou quelque pelouse de fin gazon. La fatigue

seule donnait des limites au divertissement. Quand un enfant, petite fille ou petit garçon, passait un jour à Valserre, il n'en voulait plus sortir. Il est vrai que dès le matin on lui faisait prendre la livrée de la maison, la blouse et le chapeau de paille.

Les pères les mieux avisés et les mères les plus tendres ne savent pas quelles pertes irréparables de bonheur ils font subir à leurs enfants, en les pliant à des recherches et à une discipline de convention qui nuisent à leur développement physique et faussent leur naissante intelligence. Pour les rendre jolis, ils les font empruntés et prétentieux ; pour leur mériter des compliments, ils les emprisonnent dans une contrainte éternelle. Ils leur défendent le bruit et le mouvement, qui sont un de leurs besoins les plus vifs. Ni expansion, ni gaieté, mais, en revanche, des robes à la dernière mode et des gants qu'il ne faut pas salir, et pour distractions des jouets très-chers qu'on ne doit pas casser. Et, dans ce milieu, la vanité et la sottise poussent comme des chardons au soleil.

Bien des années se sont écoulées depuis ces temps heureux où, dès l'aurore, vêtue d'un costume qui eût fait sourire mes petites amies de Paris, je courais dans l'herbe. C'était un bain de lumière et de fraîcheur. Encore à présent, le nom de Valserre, subitement prononcé à mon oreille, m'ouvre des horizons radieux, où mon souvenir se plonge avec délices. Je revois le grand divan rouge qui tenait tout un côté du salon et où huit ou dix enfants, au temps

des vacances, pouvaient dormir côte à côte ; les
taillis de chêne où nous nous poursuivions, laissant
des lambeaux de nos robes à toutes les ronces, les
prés où l'on sautait à la corde, la table luisante où,
le matin, avant les premières courses, on versait
dans de grands bols de faïence un flot de lait bien
chaud dans lequel on trempait de longues miches de
pain ; je vois surtout les ruines de l'abbaye, où, après
de longues délibérations, nous nous rendions en
bande, respirant mal, les coudes serrés, le cœur
battant, mon frère et un vigoureux garçon de ses
amis en avant, les fillettes en queue, tous l'œil et
l'oreille au guet, comptant nos pas, frissonnant à
tous les bruits, et prêts à prendre la fuite à la moindre alerte ! Ah ! le vaillant corps d'armée, mais qu'il
était gai ! Comme on s'amusait, comme on dînait,
comme on dormait !

V

Mon père, M. Pujol, Antoine Pujol, ainsi qu'on le
nommait dans le commerce des bois carrés, où il
avait fait fortune, était le meilleur des hommes. On
tremblait devant lui ; je l'adorais, et d'un mot il
m'eût fait rentrer sous terre. Il avait des éclats de
colère d'une violence extraordinaire. Par amour
pour ma mère, à laquelle ses emportements faisaient

un mal extrême, et qu'il idolâtrait, il s'en corrigea ; mais ce ne fut que lentement, par efforts successifs, et il en resta des parcelles qui avaient la fureur des coups de tonnerre.

Je n'ai jamais eu à en souffrir personnellement, mais en deux ou trois circonstances le hasard m'a fait assister à des explosions qui me donnent encore la chair de poule quand j'y pense. Je me rappelle qu'un jour il entra dans le vestibule de Valserre au moment où un forgeron du voisinage, le tablier demi-serré autour des reins, le marteau et les cisailles à la ceinture, répondait grossièrement à ma mère, à laquelle il réclamait un solde de compte.

« Qu'avez-vous dit? » demanda mon père.

Arrêtée dans un coin, derrière une chaise, je l'avais vu pâlir. Mon cœur se mit à sauter.

« Pardine ! répondit cet homme, je dis que quand on ne paye pas ce qu'on doit, on ne porte pas des robes de soie... Je veux mon argent. »

Mon père devint blanc ; il leva le bras. Ma mère se jeta au devant de lui, il se contint ; mais, laissant tomber son poing fermé sur une table de chêne, qu'il broya du coup : « A présent, prends la porte ou je t'écrase ! » s'écria-t-il.

Je crus que tout allait s'écrouler. Le forgeron sauta dehors, tout tremblant ; moi, j'étais à genoux, derrière un meuble, regardant mon père. Il grondait comme un lion.

« Ce n'est rien, calme-toi, » dit-il à ma mère, et, prenant un verre sur un meuble, il avala deux gorgées d'eau froide. Je me rappelle que le verre tintait entre ses dents.

« Édile n'est-elle pas là? J'ai cru la voir, » ajouta-t-il.

Je sortis de ma cachette, et me jetant dans ses jambes, auxquelles je me cramponnais, hors de moi, presque folle : « Je ne le ferai plus ! m'écriai-je.

— Tu vois! » dit ma mère doucement.

Mon père m'embrassa, les larmes aux yeux.

VI

Ce même homme, fort comme un hercule et qui, dans un moment de colère, eût brisé les reins d'un forgeron comme un écolier briserait un roseau, avait dans le caractère un besoin de gaieté qui le mettait au niveau de tous les enfants. Personne ne savait jouer avec eux comme lui. Quand il lui arrivait de se mêler à nos parties, c'était une fête; et ce n'était pas seulement le désir d'être agréable aux camarades de mon frère qui lui faisait si lestement jeter bas sa redingote pour courir dans les prés, il s'amusait pour son propre compte. Ma mère en riait, et il en riait lui-même

Un certain jeu auquel j'ai dû bien des meurtris- sures, et qui faisait mes délices, était en grand honneur à Valserre, au temps des vacances. Il consistait dans un certain nombre de trous creusés en terre entre les quatre lignes d'un losange, et dans lesquels on faisait rouler une balle. Quiconque avait manqué les trous trois fois de suite était immédiatement condamné à être fusillé. On plaçait impitoyablement la victime debout contre le tronc d'un arbre, et chacun des petits joueurs, le prenant pour point de mire, l'assaillait à coups de balle. Quand mon père avait encouru la peine, les cris de joie de la bande faisaient trembler les vitres du château. On le poussait vers l'arbre que mon frère Edouard, en souvenir d'un roman de Fenimore Cooper qu'il avait lu en classe, surnommait le poteau du supplice, et la fusillade commençait. Les tireurs s'appliquaient à viser de leur mieux; les coups heureux étaient salués par d'unanimes acclamations. J'étais petite, et ma taille aurait dû m'écarter de ces jeux bruyants; mais l'amour-propre s'en mêlait, et je voulais en avoir ma part comme les autres. Je me faufilais donc avec ma cousine Jenny le long des trous. Si mon frère et ses amis nous repoussaient, j'en appelais à mon père.

« J'y consens, disait-il, mais à une condition, c'est que vous ne pleurerez pas si l'on frappe trop fort. »

Nous acceptions bravement. Bientôt les coups pleuvaient. Avec cette malignité particulière à l'enfance, on mettait un grand soin à ne pas nous manquer. Il y avait des instants où mes pauvres épaules pliaient sous le choc de la balle. Quelquefois des larmes me montaient aux yeux.

« Elle pleure ! » disait Edouard.

La bande accourait, mais déjà la colère et l'orgueil séchaient mes paupières, et courbant mon dos « Tirez ! » m'écriais-je.

Jenny, par exemple, battait en retraite.

VII

Je vois encore mon père dans les ruines et sous les ombrages de Valserre, avec sa tête énergique et bonne, son menton carré, ses yeux bruns remplis de feu sous des sourcils mobiles, son front large, sa chevelure abondante et frisée, ses pommettes un peu saillantes, sa bouche expressive; il est impérissable dans mon souvenir. Personne n'avait le sourire plus attrayant; dans la colère, c'était un autre homme, il faisait peur; gai, dix enfants grimpaient sur ses épaules. Il avait le cou d'un taureau et les épaules de ces cariatides qui portent des entablements. L'idée de la résistance n'est jamais venue à aucun des petits êtres qui, le dimanche, s'éparpillaient autour de lui. Quant à moi, je me serais précipitée dans l'étang plutôt que d'y penser.

Lorsqu'il restait à Valserre, il avait l'habitude de

monter à cheval deux ou trois heures chaque jour.
Au retour de ses promenades, s'il lui arrivait de rencontrer quelque petit garçon dans les bruyères éparses autour de la maison, mon frère Edouard, notre
ami Paul de Brassannes, Jacques, notre cousin, ou
tout autre, au besoin même s'il trouvait sur sa route
une petite fille à défaut de petit garçon, il lançait
tout à coup son cheval à sa poursuite. C'était alors
une chasse extravagante. Le fugitif courait de toutes
ses forces, sautant les buissons, et le cheval galopait
après lui, les naseaux sur ses épaules. Mon père
riait aux éclats et criait tayaut! à tue-tête. L'enfant
faisait des bonds terribles, harcelé par le souffle de
l'animal dont il sentait le poitrail puissant au niveau
de sa tête. Que de fois n'ai-je pas vu sur mes talons
ce grand cheval noir si docile sous la main légère
et forte du maître qui le poussait à travers les broussailles ! Bientôt la peur faisait rouler sur un pan de
mousse l'enfant à bout d'haleine. Ses cris remplissaient la vallée. Il ne voyait plus le cavalier, c'était
un ogre, un démon, un enchanteur qui en voulait à
sa vie. Mais déjà mon père, sautant à terre, l'enlevait
dans ses bras et l'embrassant sur les deux joues :

« Imbécile, c'est moi! » disait-il.

Et remontant sur le cheval noir, il repartait au
galop, l'enfant à califourchon devant lui.

Ce cheval, avec sa grande crinière, me faisait l'effet
d'un animal fabuleux. Aucun de ceux que j'ai vus
depuis ne me le rappelle.

Le plus singulier, c'est que, malgré la peur que

ces courses effrénées inspiraient aux amis d'Édouard,
ils guettaient tous le retour de mon père, et aussitôt
qu'on apercevait le cheval secouant sa tête au-dessus
des genêts, tous filaient comme des lièvres dans la
plaine en criant : Le voilà ! le voilà ! et la chasse
commençait.

Pour le vaincu, le triomphe était de revenir sur le
cheval et de poursuivre à son tour ses camarades du
haut de *Rubicon*; assis à côté de mon père, il était
comme un roi sur son trône.

Ces divertissements faisaient trembler ma mère. A
l'entrée du cheval noir dans la cour, elle essuyait le
front en sueur du fugitif, dont le cœur battait encore.
Les autres restaient groupés autour de la porte, craignant une alerte nouvelle.

« Vois, tu les effrayes, disait-elle.

— Bah ! je les aguerris ! » répondait-il.

Et s'il détournait la tête, nous disparaissions
comme une volée de passereaux.

VIII

La confiance que mon père nous inspirait à tous
était d'ailleurs illimitée, elle tenait du magnétisme.
Un mot, et on obéissait ; un regard, et on pliait. Un
fait entre mille en prouvera l'étendue.

Il y avait au milieu des ruines de l'abbaye, sous la voûte crevassée d'une chapelle, un trou noir obscurci de ronces et de vigne vierge, par lequel on pénétrait dans une sorte de crypte qui s'enfonçait assez profondément sous terre. Lorsque, dans leurs jeux, les enfants traversaient la nef écroulée du vieil édifice, ils traçaient de grands cercles autour de ce trou menaçant. Un jour on avait trouvé un crâne tout au bord. Notre imagination peuplait le souterrain auquel il servait d'issue de monstres bizarres, de nains terribles, d'êtres surnaturels. Nous en parlions à voix basse. Pour nous, c'était le *Trou....* quelque chose d'horrible. Tous les trous du monde n'étaient rien à côté de celui-là. Il n'y en avait qu'un. On ne prenait pas garde à des gouffres quand on avait vu le *Trou.* On ne prononçait cette syllabe magique qu'avec des frissons. Il était avéré que des bêtes ou des fées, on ne savait pas au juste, sortaient du trou la nuit. Un soir un ballon y tomba : tous les enfants se réunirent auprès de l'abbaye, mais en dehors, pour délibérer. Que faire ? on n'avait que ce ballon, et on y tenait beaucoup. La petite ville où l'on en pouvait trouver de pareils était à trois ou quatre lieues, et on attendait des camarades pour le lendemain. C'était un désastre. Mon père surprit la bande en grande conférence. Le plus hardi proposait d'offrir quinze sous au petit berger de Valserre pour y descendre, un berger qui avait vu un loup? Mon père me prit tout à coup par la main :

« Viens avec moi, me dit-il.

— Où?

— Dans le trou. »

La sueur mouilla subitement mon front: mais mon père marchait déjà, il fallait le suivre. Mes pieds s'embarrassaient dans l'herbe.

« Est-ce que tu as peur? reprit-il.

— Non ! »

Je mentais horriblement. Mais la pensée de retirer ma main de a sienne ne se présenta même pas à mon esprit. Nous touchions au trou. Les autres enfants, en groupe, nous suivaient d'un peu loin. Mon père écarta les broussailles qui en obstruaient l'entrée. Quelques marches à demi rompues se firent voir dans l'ombre.

« Descends, » me dit mon père.

Je descendis.

« Et surtout ne crains rien, » reprit-il.

Deux ou trois pierres roulèrent sous mes talons. L'écho profond de la crypte augmenta le retentissement de leur chute. Je tremblai de la tête aux pieds. Édouard, Paul, Jacques, Jenny, tout le monde était resté en haut; j'entendais le chuchotement de leurs voix.

« Va toujours, continua mon père, qui descendait après moi, et si les ogres te mangent, tu viendras me le dire. »

Je me mis à rire. Ce rire dissipa les frayeurs qui m'assaillaient. Des lueurs indécises rendaient transparente l'obscurité du souterrain. Je regardais autour de moi.

« Que vois-tu ? ajouta mon père.

— Rien.

— Eh bien, va au fond toute seule ; il n'y a rien non plus. Tu pourras le dire à ces poltrons qui n'osent pas t'imiter. Moi.... je t'attends ici. »

Je m'éloignai sans répondre. Mon père avait parlé. De quoi aurais-je eu peur, puisqu'il n'y avait rien ? Les lueurs qui m'avaient guidée jusqu'alors me suivaient faiblement. Autour de moi, des lierres, des plantes grimpantes, des décombres. Un gros lézard s'en échappa. Je poussai un léger cri.

« Qu'est-ce ? me dit mon père.

— Un lézard qui a glissé sous mes pieds....

— C'est l'ogre ! Tu ne l'as donc pas recounu ?... Apporte-le moi ! »

Ce fut fini. Au bout de cinquante pas, la voûte s'abaissait subitement et touchait le sol. Je l'en avertis.

« Puisque tu es tout au bout, reviens, » me cria-t-il.

On m'accabla de questions à la sortie du souterrain, et je passai pour une héroïne.

IX

On peut dire, dans une certaine mesure, que les enfants élevés à Paris n'ont point de souvenirs. Ainsi que les fleurs qui veulent l'espace et la lumière, pour avoir tout leur éclat et tous leurs parfums, ils poussent mal dans cet amoncellement de pierres. Tout s'y ressemble, et la mémoire n'y trouve rien où elle puisse s'accrocher. Un étage rappelle un étage, qu'il soit au premier ou au cinquième ; ce sont partout les mêmes chambres, les mêmes salons. Point de physionomie. Les rues sont pareilles à des sœurs jumelles ; pleines de voitures, de gens inconnus, de mouvement, de tumulte, avec de longues files de magasins ; elles sont inhospitalières à ces petits êtres qui n'y font que passer. Si l'on demeure tout en haut, un horizon de cheminées ; si l'on habite tout en bas, un horizon de boutiques ; dans la partie moyenne, le regard se heurte contre un rempart de murailles grises, percées de fenêtres grises. Aucune surprise. Dans les faubourgs, où on a la liberté du trottoir et de grands espaces tels que les hangars encombrés de marchandises, les cours des usines, les chantiers, les terrains vagues, loués à toutes les industries, les fils de l'ouvrier ont presque l'étendue et l'indépendance.

Deux portes n'emprisonnent pas leurs plaisirs. Ils ont le droit de faire du bruit, et le bruit, c'est déjà de la gaieté. Dans les petites villes de province, les mêmes avantages sont offerts aux enfants. Ils jouent en plein air; ils ont des camarades dans toutes les maisons voisines; des rires les accueillent dès les premiers pas qu'ils font hors du logis, et s'ils n'ont pas la campagne au saut du lit, la moindre excursion les y ramène. Un brin d'herbe en dit plus à leur imagination que la colonnade du Louvre, et il n'est pas de calèche ou d'omnibus qui les intéresse autant que des brebis courant dans une lande. Ils se font des forêts avec un bocage, des fleuves avec un ruisseau, des Alpes avec un monticule, et la découverte d'un nid dans un buisson leur procure plus d'émotion que le passage d'un roi rendant visite aux Tuileries. Je sais tel petit coin de Valserre où il me serait impossible de pénétrer sans en faire jaillir des souvenirs plus nombreux et plus gais que des pinsons chassés d'une haie par le cri d'un écolier. Une partie de mon enfance est restée à tous les arbres. Que laisse-t-on dans une chambre bien remplie de meubles dorés tous tendus de belles étoffes sur lesquelles on n'a pas le droit de se rouler?

Je me rappelle qu'un jour de fête, mon frère Édouard et son ami Paul, pour mieux célébrer cette grande journée, avaient invité sept ou huit de leurs camarades; Jenny et moi n'avions pas été moins prodigues d'invitations : si bien qu'un samedi soir il se trouva que quinze ou vingt enfants s'assirent autour de la table de Valserre. On aurait entendu nos cris de joie à l'autre bout de la vallée. Mon père était aux anges ; vers dix heures il fallut coucher tout ce petit monde qui tombait de sommeil. De vigoureuses servantes qui riaient aux éclats parurent avec des draps qui sentaient la lavande et le thym, empilés sur les bras, et en un tour de main, les étendirent sur le grand divan du salon. Ce fut pour les gamins. Ils y pouvaient tenir à l'aise et se battre une moitié de la nuit à coups de coussins sans craindre de tomber de trop haut. Jacques, qui avait son lit à part, voulut en être. Quelle joie de ne pas dormir !

Dans une lingerie voisine de la chambre de ma mère on couvrit le plancher de matelas et d'oreillers pris un peu partout et on établit une sorte de dortoir, en ne laissant que la place nécessaire pour le jeu de la porte. Ce fut pour les filles. Dans un cabinet qui faisait suite à la lingerie on installa autant de cuvettes qu'il y avait de petits visages à débarbouiller. On riait encore à minuit. J'avais pris l'un des angles du dortoir. Que cette mauvaise nuit fut bonne !

Au point du jour, des fusées de cris réveillèrent la maison. En un instant, tout le monde fut en l'air. Quelle poursuite et quel désordre dans les corridors ! On découvrit le petit Jasques roulé en boule sous un monceau de traversins, au coin du divan. On l'avait presque étouffé. Il dormait les poings fermés. Quand on ouvrit les portes, ce fut une volée. Il sortait des enfants de toutes les fenêtres ; têtes blondes et têtes brunes apparaissaient partout. Un régiment de cavalerie ne ferait pas plus de bruit lancé au galop dans la campagne.

Tous en sueur déjà, vers huit heures, on nous rangea autour d'une table chargée de jattes de lait fumant et de montagnes de pain beurré. Quatre ânes, harnachés de pied en cap, étaient rangés en ordre de bataille dans la cour, les mannes pleines de provisions. Il s'agissait d'aller à pied, en bande, à la découverte d'une masure auprès de laquelle coulait une fontaine en plein bois. C'était fort loin. Il y avait un âne de renfort pour les écloppés. On avait nommé Paul capitaine en chef de l'expédition. Chemin faisant on devait cueillir des fraises. Il va sans dire que mon père fasiait partie du voyage. Il nous avait déclaré que si l'on s'égarait, nous coucherions à la belle étoile, dans la forêt. Plusieurs d'entre nous avaient fort envie qu'on se perdît. Christophe Colomb ne partit pas pour le nouveau monde avec plus d'enthousiasme : il nous semblait que la terre s'ouvrait devant nous.

Que de fêtes n'ai-je pas vues depuis lors ! combien de bals n'ai-je pas traversés ! J'ai assisté aux représentations les plus brillantes de l'Opéra. Aucun de ces plaisirs vantés ne m'a laissé la saveur douce et pénétrante de ces journées passées dans la pleine lumière, sous les arbres, avec l'espace autour de nous. Comme on s'asseyait dans l'herbe après de grandes fatigues et comme on y fa·sait de beaux festins ! Que de découvertes d'ailleurs et que d'événements ! Pierre était tombé dans un fossé ; Louis avait déniché un nid de pies au sommet d'un grand arbre; Émilie avait attrapé un papillon tout en or; Jules avait aperçu un chien poilu courant tout seul. Si c'était un loup! Soudain les plus braves bandaient leurs arcs. Marie avait fait un gros bouquet de fleurs qu'on ne connaissait pas; Étienne, un garçon prudent, avait rempli un panier de pommes de pin pour allumer le feu, si par hasard on campait. Suzanne nous arrêta tous d'un grand cri pour nous faire voir un écureuil qui sautillait dans les branches d'un chéne. Il fallut traverser un ruisseau. Il y avait bien un tronc d'arbre que les efforts réunis de huit ou dix paires de bras réussirent à jeter en travers; mais quels périls! Et plusieurs, se déchaussant, passèrent bravement dans l'eau. Décidément nous étions en pleine forêt vierge.

Au retour, les récits ne tarissaient pas.

Prise plus tard par la vie, je demandai à une femme du monde quelques détails sur sa première jeunesse. Elle chercha :

« J'ai vécu vingt ans dans un entre-sol de la rue Neuve-des-Petits-Champs, me dit-elle; après quoi je me suis mariée. »

Combien de Parisiennes qui pourraient en dire autant!

X

Nous avions le bonheur de posséder un jardin dans l'hôtel que mon père habitait rue Saint-Georges. C'était moins que Valserre, mais enfin c'était quelque chose. Édouard élevait des cochons d'Inde ; moi j'y cultivais des fleurs, des pois de senteur, des haricots, des radis pêle-mêle. Nous arrosions. Des moineaux nichaient dans un gros lierre au coin d'un mur. Le premier gros chagrin de mon enfance m'a prise dans ce jardin. Il est clair dans ma pensée comme s'il datait d'hier. J'avais une poupée que j'adorais. Les soins, les friandises, les cadeaux, les belles robes, les caresses, rien ne lui manquait. Je lui faisais des lectures dans un livre de contes. On ne sait pas jusqu'où va la riche imagination des enfants. Leur monde est peuplé de chimères. Ils s'ébattent dans une atmosphère de miracles qui ne les surprennent jamais. Je ne mettais donc point en doute l'existence de ma poupée. Si elle ne parlait pas, c'est qu'elle était trop petite encore. Mon frère, qui mé taquinait, ne m'avait-il pas fait pleurer en m'assurant qu'elle était pleine de son avec des mécaniques dans les jambes et les bras ? Du son et des mécaniques dans les membres de cette poupée, que j'aimais si tendrement et qui dormait auprès de moi, quelle horreur !

Un jour, étant auprès du jardin à jouer autour d'un bassin qui avait pour mes yeux la majesté d'une pièce d'eau, Bichette, — c'était le nom de ma poupée, — tomba sur la margelle du bassin et se rompit la tête. Je poussai un cri ; quand je la ramassai, je faillis m'évanouir : Bichette n'avait plus qu'un œil, la moitié du nez, un débris de menton ; elle était affreuse. Je n'osais plus l'embrasser, ni même la regarder. Les sanglots m'étouffaient. Aux cris que je poussais, la nourrice qui m'avait élevée accourut. Elle me trouva à demi pâmée, Bichette sur mes genoux.

« Tiens, regarde, m'écriai-je..., elle est morte ! »

La bonne femme s'épuisa en raisonnements. Il ne fallait plus penser à ma poupée, on m'en achèterait une autre, plus grande et plus belle, et toute neuve. Rien n'y faisait. C'était Bichette que je voulais, et non une autre. Bichette morte, tout me semblait perdu. On se fait de grandes erreurs sur la douleur des enfants. Ce n'est rien, dit-on, cela passera ; le dos tourné, ils n'y penseront plus ! Mais pendant leur durée les chagrins qu'ils éprouvent ont la même violence et la même intensité que les plus grandes calamités de l'âge mûr, et, pour leur cœur en bouton, leur âpreté n'est pas moins dure. Au plus fort de mon désespoir, ma marraine arriva. Avant qu'elle eût pu me voir, j'étais dans sa robe.

« Ah ! madame, il était temps ! Je ne sais plus qu'en faire, dit la nourrice.

— Qu'a-t-elle donc! demanda Mme de Brassannes, qui savait que je ne pleurais presque jamais.

— Elle a que sa poupée est morte. »

A ces mots, mes sanglots redoublèrent et de mes deux mains je présentai Bichette à ma marraine.

« N'est-ce que cela? reprit-elle aussitôt; je connais un magasin où on racommode les poupées mortes. Viens avec moi, je te rendrai ta Bichette. »

Déjà je ne pleurais plus.

« Tu vois, tu ne penses à rien ! » dis-je à ma nourrice.

Rien ne me paraissait plus naturel que cette façon de rappeler à la vie une poupée qui avait perdu la tête. La main dans la main de Mme de Brassannes, et Bichette sur le bras, je la suivis. J'étais aux trois quarts consolée. De mon désespoir il ne me restait que de légères suffocations. Nous marchions fort vite. Le magasin des poupées se trouvait sur le boulevard. En un tour de main on eût mis une nouvelle tête sur les épaules de Bichette ; la même tête blonde avec des yeux bleus. J'étais dans le ravissement, c'était elle ! je l'embrassai avec frénésie. Les mères ont de ces baisers pour leurs enfants. Chemin faisant, toute radieuse, et sautillant à côté de Mme de Brassannes :

« Voilà Bichette racommodée, lui dis-je, et les grandes personnes qui meurent, est-ce qu'on les raccommode aussi?

— Certainement.

— Où donc ?

— Dans un bel endroit qu'on appelle le paradis et dont le bon Dieu tient la clef.

— Bon ; nous irons voir ça.

— Je l'espère bien ! »

Plus tard j'ai souvent pensé à la réponse de cette marraine qui m'aimait comme si j'eusse été sa fille, et je l'ai remerciée dans le fond de mon cœur de n'avoir inculqué cette pensée qu'il y a un paradis où l'on retrouve ceux qu'on a perdus et qu'on a aimés.

XI

Cette idée qu'il y avait un bel endroit où le bon Dieu raccommodait les personnes mortes ne me semblait pas plus surprenante qu'une foule de choses que je voyais autour de moi. Les causes échappent aux enfants, ils ne perçoivent que les effets, et la plupart leur étant inexplicables, tous leur paraissent possibles. Mon père avait un sens merveilleux de cette disposition d'esprit qui leur est commune à tous. Il ne cherchait pas à nous fatiguer de raisonnements et de démonstrations que nous n'aurions pas compris, et il ne lui déplaisait pas de voir notre imagination s'ébattre dans un monde de fantaisie d'où les rudes leçons de la vie devaient plus tard se charger de nous tirer. Mes questions les plus saugrenues ne le mettaient jamais dans l'embarras. J'avais remarqué à diverses reprises qu'il s'extasiait dans nos promenades sur les magnifiques ombrages et la superbe ordonnance d'un château royal des environs de Paris, Saint-Cloud, je crois.

« Pourquoi donc ne l'achètes-tu pas? lui dis-je un jour tranquillement.

— J'y penserai, » me répondit-il avec gravité.

Moi, le lendemain, je n'y pensai plus.

Mille raisonnements sur l'inaliénabilité des domaines royaux m'eussent moins satisfaite que cette réponse.

XII

J'ai parlé des enfants parmi lesquels je grandissais. Il y en avait plusieurs; deux me tenaient par les liens du sang, mon frère Édouard, plus âgé que moi de quelques années, et ma cousine germaine, Jenny Lasalle, que mon père avait accueillie et qui vivait avec nous. Les personnes qui n'étaient pas intimes dans la maison la prenaient pour ma sœur. Il n'y avait entre nous qu'une différence de quinze mois. Sensible encore à cinq ou six ans, cette différence s'effaça complétement dans l'adolescence. Jenny était tout à moi, comme j'étais tout à elle. Édouard l'aimait moins. La cause de cette froideur, qui plus tard se transforma en éloignement, me fut expliquée dans des circonstance que je raconterai. Avec nous, pêle-mêle, dans nos jeux et notre travail, croissaient Paul de Brassannes, neveu et pupille de M. de Brassannes, le mari de ma marraine, et le petit Jacques Chanterac, que son père, qui habitait Corfou, avait confié au mien. Cela faisait un noyau compacte de cinq enfants auxquels s'ajoutait, les jours de fêtes et de vacances, un groupe assez épais de petits parents et de petits amis qui menaient grand bruit. Ma pauvre mère vivait au milieu de ce monde tapageur, comme une poule craintive qui tremble de voir sa couvée tomber à l'eau. Les menus accidents étaient de tous les jours. On ne les comptait plus.

Le petit Jacques était notre favori. Jamais on ne vit créature plus aimable et plus charmante. Ses grands yeux noirs riaient. Il avait la douceur d'un agneau, la pétulance d'un écureuil, la gaieté d'un jeune chat, et avec cela des vivacités furieuses de moineau en colère. Elles duraient deux minutes et fondaient comme des bulles de savon au moindre souffle. On lui passait tout, et il n'abusait de rien. Malgré sa petite taille, — à dix ans, il ne paraissait pas en avoir plus de sept, — il était toujours parmi les grands. Par une de ces contradictions si fréquentes chez les enfants, tout en attirant le petit Jacques, on le tourmentait à plaisir. C'était chaque jour nouvelles niches. On lui faisait des peurs qui le rendaient fou. Un des grands bonheurs de mon frère était de le perdre en plein bois, auprès d'une masure qui

avait un aspect sinistre, et de se sauver ensuite en
poussant de grands cris. Une heure après, on trouvait Jacques renversé par terre, la tête sous ses bras,
grelottant et convaincu qu'une bête féroce allait le
dévorer.

Le lendemain, il suivait de nouveau ses ennemis
dans la forêt. C'était plus fort que lui. S'il y avait un
fardeau à porter, quelques jeux de quilles ou une
corbeille pleine de provisions pour un goûter sur
l'herbe, on en chargeait ses petites épaules. Il pliait,
mais il marchait.

Malgré la frayeur que lui inspirait la solitude des
bois, Jacques avait l'âme courageuse. On parlait
quelquefois à Valserre ou dans les métairies voisines
de chiens enragés qui s'étaient jetés sur les passants.
Un matin, étant avec Jacques, je suivais un chemin
de traverse qui menait au village. Un chien se présente, le poil hérissé, la mine hargneuse. La peur
me prend et mes jambes se mettent à trembler. Jacques soudain s'empare d'une branche de bois mort
et se campe devant moi; le chien passe en grognant.
J'étais plus morte que vive. Le chien hors de vue,
Jacques jeta son bâton.

« Mais, lui dis-je, si le chien t'avait dévoré?

— Eh bien! répliqua-t-il, pendant ce temps-là tu
te serais sauvée. »

Racontées dans nos réunions, ces aventures prenaient bientôt des proportions épiques; elles nous
semblaient formidables. Ces rencontres de chiens
errants sur la poussière d'un chemin et de couleuvres

glissant sous l'herbe nous rappelaient le lion de Né-
mée et l'hydre de Lerne. La fable ne nous offrait rien
de plus terrible.

XIII

Sans que je pusse aisément m'en rendre compte à
l'âge que j'avais, je sentais que Paul m'aimait plus
qu'il n'aimait Jenny, et j'en étais contente. Il avait
pour moi de menues attentions qui me touchaient,
et après lesquelles je l'embrassais de bon cœur. Il
rougissait quelquefois. J'ai eu occasion de remarquer
bien souvent alors que les petits garçons, même plus
âgés, sont infiniment plus timides que les petites
filles. Devant moi, Paul se troublait et balbutiait. On
n'y prenait pas garde autour de nous; moi, je m'en
apercevais. Un jour il mit en pièces un vêtement
qu'on voulait le forcer à porter et qui ne me plaisait pas. M. de Brassannes faillit se fâcher. Je vis
l'instant où Paul ne sortirait pas d'une semaine pour
cette incartade.

« Pourquoi ne pas céder et mettre cet habit? » lui
dis-je.

Il devint pourpre.

« Tu le sais bien, » répondit-il.

Je n'ajoutai rien; j'étais heureuse comme une petite reine.

Ah ! si j'avais su !

On ne se doute pas de la violence et de la profondeurs des sentiments chez certains enfants. Plus tard nous-mêmes nous les oublions, et la banalité des phrases toutes faites sur leur insouciance et leur mobilité nous emporte. Il est si commode de répéter ce que les autres disent sans réfléchir ! Et cependant la trace des lointaines émotions qu'on a eues, au temps où l'on mangeait des cerises cueillies sur l'arbre, reste ineffaçable dans le cœur. Que de plaintes enfantines ou que de joies auxquelles on ne s'est point arrêté, dont l'œuvre continue à travers les années et qui plus tard portent leurs fruits !

XIV

On sait que nous courions beaucoup dans la campagne. Un jour que je revenais à Valserre en compagnie de Paul et de Jacques, le fils d'un fermier du voisinage, qui trouvait grand plaisir dans les méchancetés, s'avisa de jeter un caillou sur le bord d'une mare le long de laquelle je passais. Un jet d'eau fangeuse inonda ma robe. Les déchirures, ce n'était rien, mais j'avais horreur des taches. Paul vit mon dépit. Le paysan ramassait déjà une autre pierre.

« Si tu recommences, prends garde à toi, dit Paul.

— Quoi donc! on ne peut plus s'amuser à present? » dit le jeune gars.

Il jeta sa pierr et un nouveau jet de boue couvrit ma robe.

« Toi, Jacques, je te confie Édile, » s'écria Paul, qui s'élança vers notre ennemi.

Jacques, selon son habitude, s'arma d'un bâton pris dans un fagot, et, le brandissant comme autrefois Roland sa terrible Durandal, se planta à mon côté.

Le paysan vers lequel mon défenseur courait avait la tête au moins de plus que lui. Sûr de sa force, il l'attendit de pied ferme, et le combat s'engagea. Le premier choc ne fut pas à l'avantage de Paul ; mais il revint à la charge une fois, deux fois, trois fois, avec une résolution et un sombre élan qui finirent par déconcerter son adversaire. Arc-bouté sur ses jarrets, les poings en avant, meurtri, mais agile, impassible et tenace, il rendait coup pour coup. Jacques voulut courir à son aide, Paul l'arrêta d'un mot :

« Un contre un, rien de plus ! » cria-t-il.

Mais déjà la résistance du fermier mollissait.

Il voyait quelques gouttes de sang sur le visage de mon champion et il redoutait les conséquences de ce duel provoqué par sa méchanceté.

« Ça va-t-il finir ? dit-il.

— Ça finira quand tu auras fait des excuses à Mlle Pujol, » répondit Paul.

Et il redoubla ses attaques.

« Quelle rage pour quelques gouttes d'eau ! répliqua le gars, qui battait en retraite.

— Il faudra que tu m'assommes ou tu demanderas pardon ! »

Et de nouveau Paul se ruait sur le paysan, quand celui-ci se rendit :

« Dame ! s'il le faut absolument, j'avouerai que j'ai eu tort, dit-il.

— Mlle Pujol est là, va donc ! » cria Paul.

Je m'approchai vivement, craignant un nouvel assaut.

« C'est bon, je vous pardonne, m'écriai-je.

— A la condition que tu n'y reviendras plus ! » continua Jacques d'un petit air hautain.

Le paysan, qui voyait ma robe tachée, les vêtements de Paul en lambeaux, son visage ensanglanté, prit peur. On savait dans le pays que mon père ne plaisantait pas : s'il portait plainte à sa famille, les corrections pouvaient pleuvoir sur son dos.

« Monsieur, dit-il en tortillant son feutre entre ses doigts, si c'était un effet de votre bonté, vous ne diriez rien de cette affaire ?

— J'y consens, répondit Paul ; je ne pourrai pas cacher que je me suis battu, mais si on m'interroge, je ne te nommerai pas. »

J'étais fière du dévouement que j'inspirais à mon petit ami, un peu émue même d'une émotion que je ne comprenais pas ; que de choses confuses, oubliées bientôt, qui reviennent plus tard et qui témoignent de l'éveil précoce du cœur? Ce sont des riens,

mais il tressaille déjà, et la femme se devine sous la
petite fille. Chemin faisant, j'avais noué autour du
front de Paul mon mouchoir imbibé d'eau. Il le rem-
plaça par le sien sans que j'y prisse garde. Quand je
le lui redemandai : « Je l'ai perdu, » me répondit-il
en rougissant.

Les choses se passèrent comme Paul l'avait promis.
Il raconta sa bataille en quelques mots, et comme
on l'interrogeait sur son adversaire :

« J'ai dit que je ne le nommerais pas, reprit-il.

— Moi aussi j'ai juré, » dit Jacques qui se haussa
sur ses talons.

Mon père n'insista pas. Depuis que je rassemble
mes souvenirs, j'ai pu remarquer que c'était sa mé-
thode, toutes les fois que les circonstances le lui
permettaient, d'agir avec les enfants comme avec
des hommes : par là il les relevait à leur insu et les
habituait à un sentiment de dignité personnelle.
Tous nous avions l'horreur du mensonge.

XV

Cette éducation libre et virile développait en nous
une force de résistance et d'initiative dont nous n'a-
vions pas conscience, mais qui éclatait en toute oc-

casion. Elle nous pliait à la douleur physique et nous préparait à supporter avec la même fierté la douleur morale. Les événements viennent plus tard qui broient toutes ces semences, mais il en reste dans les cœurs des parcelles et comme un parfum qui les réchauffe et leur fait accepter avec plus de noblesse les épreuves que dispense la vie. C'est le vase en poudre qui conserve encore l'arome de la liqueur qu'on lui a confiée. Mais déjà des différences se faisaient sentir qui indiquaient combien les caractères ont le pas sur l'éducation.

Je me trouvais un matin au bord d'un étang avec une petite compagne que me donnait le voisinage. En voulant cueillir une fleur qui poussait en contre-bas de la berge, elle glissa et tomba dans l'eau. Elle m'appela. D'une main, je la saisis par sa robe, et pour la soutenir, tandis que je m'accroupissais sur le talus, mon autre bras s'enroula autour d'un saule. L'argile grasse sur laquelle mes genoux s'appuyaient fuyait sous moi ; les vêtements tout mouillés de la petite fille qui se débattait à la surface de l'étang la rendaient plus lourde ; je ne parvenais pas à l'enlever, et mes muscles commençaient à se fatiguer par la constance de mes efforts. Personne ne passait aux environs. Je sentais déjà mon bras glisser sur le tronc du saule et ma main se déchirer aux aspérités de l'écorce. Mais rien n'eût fait lâcher prise aux doigts que j'avais noués dans les plis de la robe. Je m'inclinais lentement vers l'eau tout en roidissant mon poignet pour maintenir l'imprudente au-dessus des herbes flottantes dans lesquelles son visage plongeait par secousses.

« N'aie pas peur, on viendra, » lui disais-je toujours.

Et je regardais autour de moi en appelant ; ma compagne effarée battait l'étang de ses bras et m'aveuglait. Déjà ma main engourdie se cramponnait mal à une racine qu'elle avait rencontrée sur la berge en lâchant le saule. J'allais tomber, lorsqu'un bûcheron qui passait, un fagot de ramées sur l'épaule, nous aperçut et me tira de peine. Quand il nous eut posées en lieu de sûreté, j'eus un instant de faiblesse. Tout tournait autour de moi. Ma petite amie criait encore et pleurait. On nous trouva dans cet état, moi presque évanouie, l'autre étalant sa robe mouillée au soleil.

« Si cependant tu avais fini par glisser ? me dit mon père, à qui le bûcheron racontait notre aventure.

— Eh bien ! nous nous serions noyées toutes deux. »

Il m'embrassa sans répondre ; mais dès le lendemain il me fit prendre une première leçon de natation.

« Ce qui me charme, dit-il à Mme de Brassannes, qui me le répéta plus tard, c'est qu'elle est dans l'ignorance complète de son héroïsme. »

Dans une autre circonstance, un voisin avait imprudemment parlé devant nous de je ne sais quelle bête échappée d'une ménagerie qui courait le pays. Peu de jours après, étant à cueillir des prunelles

dans un bois, l'un de nous, Édouard, je crois, aperçut un animal énorme qui dormait sur le revers d'un
fossé. Ce fut un sauve-qui-peut général. On ne tente
pas de lutter contre une bête mystérieuse qui n'a
pas de nom! Chacun fuyait à toutes jambes, et moi
comme les autres. Quand on fut sur la lisière du
bois, on se retourna. Point d'animal aux environs;
point de hurlements non plus. Seulement Jenny n'é-
tait pas avec nous. La gouvernante, qui nous avait
suivis de loin, nous fit rougir de notre terreur en
nous faisant voir sur la route un pauvre ours à la
chaîne qui trottait dans la poussière, un singe sur
le dos. Nous rentrâmes en riant sous le couvert des
arbres. Au bout de cent pas, l'un des enfants découvrit Jenny agenouillée ou pour mieux dire blottie
entre des broussailles au pied d'un chêne, la tête
entre ses bras, immobile. On la secoua par l'épaule.

« Eh bien ! qu'y a-t il? » lui dit-on.

Elle répondit tranquillement que, ne pouvant plus
courir, tant la peur lui enlevait de force, elle s'était
jetée dans le buisson où on l'avait découverte.

« Je m'étais arrangée pour mourir, ajouta-t-elle,
et je priais le bon Dieu pour que la bête me mangeât
sans me faire trop de mal. »

Je n'avais pas cette douceur; j'aurais hurlé!

XVI

Les enfants écoutent beaucoup, le plus souvent même sans en avoir conscience. Des mots les frappent dont ils ne comprennent pas la valeur, ils croient même ne pas s'en souvenir, puis un hasard les leur rappelle, et il se produit dans leur esprit comme des vibrations qui les pénètrent soudain. Ma mère causait un jour avec une amie moins jeune qu'elle de quelques années, un peu pâle, et qui me faisait l'effet d'une personne qui relève toûjours de maladie. Je l'aimais pour sa douceur. Je jouais dans un coin silencieusement avec cette poupée à laquelle Mme de Brassannes avait rendu la vie en lui achetant une tête neuve. Il s'agissait d'un bal auquel toutes les poupées de sa connaissance étaient invitées ; grande affaire ! Cependant du coin de l'œil j'observais Mme Regnaud, qui semblait très-émue. Sur une observation de ma mère faite à voix basse, elle releva la tête, et plus haut :

« Hélas ! fit-elle, on n'arrange pas sa vie, la vie s'arrange ! »

J'avais réglé la question du bal, Mme Regnaud allait se retirer. Comme elle m'appelait pour m'embrasser, sautant sur ses genoux :

« **A** propos, lui dis-je, qu'entendez-vous par ce que vous avez dit de la vie, que cela s'arrange et qu'on ne l'arrange pas? Je n'y comprends rien. »

Mme Regnaud m'embrassa tendrement.

« C'est bien difficile à t'expliquer.... peut-être un jour le comprendras-tu; je désire seulement que ce soit le plus tard possible. »

Je n'insistai pas; Mme Regnaud mourut trois ans après d'une maladie de poitrine. J'avais oublié le mot qui m'avait fait l'interroger. Longtemps après il m'est revenu comme un éclair. Du même coup j'en ai compris la terrible signification.

XVII

Il arrivait quelquefois que les amis de ma famille, entraînés par des voyages, confiaient à ma mère leurs enfants pour quinze jours ou trois semaines. On la savait complaisante et on en abusait un peu. Dans ces circonstances, les petits étrangers partageaient notre vie. Tout était commun, travail et plaisirs. Je remarquai seulement qu'on leur imposait moins de devoirs et qu'on faisait plus large pour eux la part des amusements. J'en étais indignée, et un jour, à la première occasion qui se présenta, j'arrêtai ma tâche au point même qu'on avait indiqué à mes nouvelles compagnes. Jenny cependant continuait.

« Pourquoi vas-tu plus loin ? lui dis-je.

— Parce qu'on me l'a dit.

— La belle raison ! Moi je fais comme Henriette et Pauline, que l'on ménage. »

Le soir même, mon père qui ne manquait jamais de s'informer de notre travail quotidien, m'interrogea. Je lui répondis nettement la vérité. Il y avait une différence entre mes petites amies et moi, je voulais savoir pourquoi.

« Et toi ? dit-il à Jenny.

— Moi, ça m'est égal. On m'a dit : vous traduirez deux pages, j'ai traduit deux pages.

— Cependant Henriette et Pauline n'en ont traduit qu'une ?

— Et voilà pourquoi j'ai fait comme elles! m'écriai-je, résolue déjà à subir le supplice de Guatimozin plutôt que de céder.

— Moi, cela ne me regarde pas, poursuivit Jenny ; c'est l'affaire de nos maîtresses.

— Si maintenant je te punissais pour ta désobéissance, que dirais-tu ? reprit mon père en s'adressant à moi.

— Je dirais que vous auriez à me punir demain comme vous avez à me punir aujourd'hui, car certainement je ne ferai jamais que ce que feront Henriette et Pauline.

— A moins que je ne t'explique les raisons qui me font agir, n'est-ce pas ? »

Je le regardai de façon à lui faire comprendre que c'était bien ainsi que je l'entendais. J'avais une peur affreuse en lui tenant tête aussi résolûment, et le cœur me battait à m'étouffer; mais je n'étais plus la même déjà. Avec les ans, le caractère s'était développé dans le sens du raisonnement et de la résistance. Mon père me regarda un instant au fond des yeux.

« Ça te fait de la peine cependant de me désobéir? ajouta t-il.

— Beaucoup.

— Mais cette peine ne t'empêchera pas de continuer?

— Non. »

J'étais très-pâle et je ne baissais pas les yeux; Jenny, les paupières humides, me pressait les mains et me disait tout bas : « Cède donc..., c'est si facile ! » Moi, je secouai la tête; ma mère, dont l'aiguille s'était arrêtée, regarda mon père de cet air de bonté qui faisait tout plier. Il me prit à part.

« Écoute, me dit-il, mais ne t'y habitue pas; ces deux enfants qui s'amusent là-bas me sont confiés pour un temps très-court, je n'ai pas d'autre mission que celle de leur rendre le séjour de cette maison agréable et de les empêcher de trop regretter celle de leurs parents, je les gâte donc un peu. Avec toi et Jenny, c'est différent; je réponds de vous dans le présent et dans l'avenir, il faut donc que je cultive votre intelligence et votre cœur; la meilleure charrue c'est le travail. Si tu te maries un jour, je ne veux pas que ton mari puisse me reprocher de n'avoir pas veillé sur toi.... Comprends-tu ? »

Je me jetai dans ses bras; une heure après, et tandis que mes compagnes dormaient, je reprenais pour l'achever ma tâche négligée.

J'ai compris plus tard aussi pourquoi mon père, en passant la main sur la tête riante de Jenny, disait : « En voilà une dont je réponds ! elle sera heureuse par tout et quand même.... Elle est douée d'obéissance.

« Mais celle-ci, ajoutait-il en me donnant sur la joue une petite tape du bout des doigts, hum ! c'est un grand problème ! Il y a des barricades de *si*, de *car*, de *mais*, et de *pourquoi* dans son esprit ; c'est une révoltée. »

Et nous avions grandi sur les mêmes genoux! Et nous avions reçu les mêmes caresses et les mêmes enseignements !

XVIII

Quand il y avait grande compagnie à Valserre, c'était parmi les enfants et les jeunes gens qu'il fallait chercher mon père. Il avait comme une surabondance de vie qu'il ne pouvait dépenser qu'avec eux. Le mouvement ne lui était pas moins nécessaire que l'air qui remplissait ses larges poumons. Aussitôt

qu'on le voyait arriver le samedi soir, la joie éclatait parmi nous. Il improvisait des jeux qui mettaient
la maison sens dessus dessous. Le plus extravagant
consistait en une partie de cache-cache à domicile ;
on déménageait toutes les chambres, on s'épar-
pillait dans tous les coins, on éteignait toutes les
lumières, et le malheureux qui était en pénitence
doursuivait dans les ténèbres des ombres qui s'échappaient en poussant mille cris imités du règne animal.
C'était un sabbat à faire croire que mille démons
venaient de s'abattre sur le château. De longs silences y succédaient, interrompus soudain par une tempête de cris. Miaulements, hennissements, aboie-
ments, bêlements grondaient et s'éteignaient. Une
ombre saisie dans cette nuit, il fallait la reconnaître
et la nommer ; ce n'était pas le moins difficile. Le
plus souvent un rire fou perdait le prisonnier.

Ma mère, retirée dans une petite pièce du rez-de-
chaussée, où brillait la seule lampe qui restât allu-
mée dans la maison, préparait une collation pour la
fin du jeu. Elle avait soin d'y joindre un peu de
charpie, du taffetas d'Angleterre et quelques bandes
pour les menus accidents, bosses, contusions, meur-
trissures.

« Je suis préposée aux horions, » disait-elle
gaiement.

L'adorable nature ! c'était la douceur même ! De
quel bon sourire ne nous accueillait-elle pas quand
minuit sonnait et mettait un terme à ces folies !
Toute la bande accourait et s'extasiait, à la vue des

gâteaux et des brioches rangés en belles piles sur la table. Mais, avant d'y toucher; elle nous faisait mettre en ligne, les grands aussi bien que les petits, et nous passant en revue :

« Rien de cassé? » demandait-elle en riant.

Elle embrassait ceux qui n'avaient rien, et deux fois ceux qui avaient quelque chose, après quoi on sautait sur les assiettes. Au plus fort du pillage, on s'apercevait parfois que le petit Jacques ne se faufilait pas entre nos jambes. On partait à sa recherche, et on le découvrait tranquillement endormi dans un fauteuil, où le sommeil et la fatigue l'avaient surpris. Avec ses cheveux tout frisés, il avait l'air d'un chérubin tombé d'un tableau d'église. Éveillé, le chérubin se changeait en amour. On lui fourrait un gâteau dans chaque main, une tasse de chocolat sous le nez, et l'un des grands, le prenant sur ses épaules, lui faisait faire le tour de la chambre en triomphe.

XIX

La fin de ces tapages en valait le commencement. Quatre ou cinq fois l'an, au plus fort des vacances, on imaginait de terminer la soirée par une promenade aux flambeaux. La chose arrêtée, on vidait les armoires de fond en comble, on décrochait les ri-

deaux, on s'emparait des housses et des courtes-
pointes, on se partageait les dépouilles des garde-
robes ; manteaux, châles, bonnets, jupes, tout était
mis en réquisition. Il n'y avait plus d'exception pour
cette mascarade ; ma mère elle-même en était. Quant
à mon père, il donnait l'exemple, et, bientôt après,
toute la bande, affublée d'une façon grotesque, avec
des couvertures et des draps de lits traînant sur les
talons, des turbans en tête, des tartans sur le dos,
semée de fantômes et de marmitons, ornée de turcs
et de paillasses, au bruit des casseroles et des mir-
litons, se mettait en marche à travers les longs cou-
loirs et les interminables escaliers de Valserre. Pas
un coin qui ne fût visité ; on allait ainsi un à un ; le
plus petit, Jacques, toujours en avant, le plus grand
en queue, et chacun portant une bougie à la main.
On grimaçait et on gesticulait à qui mieux mieux.
Bientôt le rire nous gagnait à la vue de nos silhouettes
dansant sur les murs, et, la procession se disloquant,
la mo.tié d'entre nous à bout de force s'asseyait par
terre dans des attitudes de fantoches.

Le lendemain il fallait tout remettre en ordre. Ce
n'était pas une mince affaire ; ma mère y passait
la matinée avec l'aide de toutes les femmes.

« Ah ! que c'est terrible d'avoir un mari si jeune
que toi ! » disait-elle à mon père.

Elle le disait, mais n'en pensait rien ; maman l'idolâtrait. Elle ne lui dérobait une part d'elle-même
que pour la donner à ses enfants. Elle était tranquille et reposée, avec un secret penchant à la mé-

lancolie, que la bonne humeur de mon père faisait disparaître dans son élan. Le devoir était sa loi, il lui était si léger que ce n'était pas un fardeau. Elle y était à l'aise comme un oiseau dans l'air. Ma mère était petite, svelte, mignonne, avec des traits agréables qui respiraient la bonté, une main blanche et fine, et une voix d'un timbre si caressant que volontiers on la faisait parler pour le plaisir de l'entendre.

XX

Quand par hasard M. Pujol gardait le silence, sa tristesse faisait des trous dans notre vie. On le regardait et on se taisait. Je me rappelle qu'un soir, après le dîner, dans le grand salon au divan rouge, où le rire avait ses libres entrées, mon père se promenait de long en large, les mains dans les poches, le regard par terre. Nous étions autour d'une table chuchotant. Personne ne remuait. Par intervalles il s'arrêtait devant le feu et tisonnait; puis il reprenait sa marche. Ma mère, qui faisait de la tapisserie, l'observait du coin de l'œil. Le plafond, dans ce silence, semblait descendre sur nos têtes et les terrasser. Jacques s'approcha de mon oreille.

« Qu'est-ce qu'il y a donc ? » me dit-il.

Je mis un doigt sur mes lèvres. J'étais assise à

l'extrémité de la table, assez près de ma mère. Mes yeux se tournèrent vers elle. Deux grosses larmes coulaient le long de ses joues. Cela me fit un effet terrible. Le crayon avec lequel je noircissais une grande feuille de papier tomba de ma main. Un domestique entra et remit une lettre à mon père. Il s'approcha d'une lampe et l'ouvrit. Je remarquai que le papier tremblait entre ses doigts. L'aiguille de ma mère resta inactive sur le canevas. On ne prend pas garde tout d'abord à ces détails; plus tard ils vous reviennent. La lecture achevée, mon père tendit la lettre à sa femme.

« C'est fini, » dit-il.

Elle se leva et l'embrassa. On entendit le tintement de la pendule. J'avais sans savoir pourquoi envie de pleurer. Nous échangions des coups d'œil avec Édouard et Paul.

M. Pujol glissa son bras sous celui de ma mère et l'entraîna à l'autre bout du salon, près d'une fenêtre. Ils causèrent un instant tout bas; deux ou trois fois il passa la main sur son front, ébouriffant ses cheveux épais. On frappa à la porte.

« Entrez, dit ma mère de sa voix douce.

— Madame, dit la femme de chambre, c'est Jonquille qui demande à quelle heure il faudra la grande voiture pour les enfants. »

Ma mère regarda mon père.

« C'est inutile, dit-il ; nous ne partons pas. »

Il se fit un grand mouvement parmi nous ; toutes nos têtes s'étaient tournées vers lui.

« Mes enfants, nous dit-il tout à coup, nous venons de décider, votre mère et moi, que vous resteriez tout l'hiver à Valserre. »

Ce ne furent plus que des cris et des bonds. Au lieu d'une rue de Paris, qui nous séparait toujours un peu, de l'esclavage dans une maison, des visites et des courses qui nous prenaient notre mère, les bois, les landes, les prés, les étangs de Valserre, la liberté des excursions, le grand air, la pleine campagne, les jeux, tous les plaisirs!

« J'obtiendrai de M. de Brassannes que Paul reste avec nous, » reprit-il.

Les cris redoublèrent. On sautait autour de lui; on ne s'entendait plus.

« Regarde-les ! » dit mon père à sa femme.

J'ignorais alors que sa fortune était compromise. Une crise qui avait emporté une maison de banque dans laquelle tous ses fonds liquides étaient déposés, le menaçait d'une ruine complète. Il fallait recommencer, et, en attendant, renoncer au luxe de Paris. Un instant il avait plié sous l'orage; mais comme un taureau qui sent la charge plus lourde, courbe ses reins et tend les jarrets, il se roidissait contre le choc de l'infortune et s'apprêtait à la vaincre.

XXI

A. cette époque se rattache la première leçon de philosophie que la vie s'est chargée de me donner. Elle les prodigue aux pauvres humains, et ce n'est point sa faute s'ils n'en profitent pas. La ruine avérée, la maison de mon père se vida. Les amis qui faisaient parade de leur dévouement disparurent. Le cercle des relations se rétrécit. Mme de Brassannes accourut seule et s'enferma avec nous à Valserre. Elle y porta l'entrain et la sérénité de son esprit. Jamais on ne vit égalité d'humeur plus constante. Elle était comme un beau ciel frais et clair. Où elle entrait, le calme se faisait; elle avait le cœur compatissant, comme le caractère ferme et enjoué. Ma marraine à Valserre, il me sembla que je n'avais rien perdu. Pour le dire en passant, cette marraine était la seule de mes propriétés que je ne consentisse pas à partager avec Jenny. Elle était à moi; c'était ma chose. Je voulais que personne n'y touchât ou prétendît à sa tendresse.

Jenny dormait dans un lit pareil au mien, dans ma chambre, notre chambre, devrais-je dire, car ma mère tenait à ce que tout fût commun entre nous. Comment se fait-il cependant, et par quel miracle,

que nos caractères eussent si peu de ressemblance ?
Même éducation, mêmes soins, même tendresse,
mêmes exemples, et des résultats entièrement oppo-
sés. Serait-ce que rien ne peut changer la parcelle
d'essence divine qui brûle dans notre argile ? La
rigidité et la persévérance de l'enseignement, les
dures conditions de la vie, les chocs de l'adversité
qui agissent sur l'esprit comme un marteau sur du
fer, la peuvent modifier peut-être ; mais la surface
grattée, on la retrouve. Jenny était née soumise,
moi révoltée. Mon père l'avait dit, et il ne se trompait pas. Elle trouvait tout bien, acceptait tout, et
partout s'arrangeait pour être heureuse. Mon premier mouvement, au contraire, était la résistance.
Je me cabrais ; des milliers de pourquoi voltigeaient
sur mes lèvres, en quelque sorte les piquaient ; j'en
renfermais d'autres milliers dans mon cœur. Les
barricades se dressaient d'elles-mêmes au dedans de
moi. Je voulais être convaincue avant de me soumettre, et si je cédais devant l'ascendant d'une autorité supérieure, quelque chose grondait et protestait dans mon être intérieur. Rien de semblable chez
Jenny. On jouait, elle était contente. On travaillait,
elle était contente. Qu'on revînt ou qu'on partît, qu'on
restât à la maison ou qu'on sortît, elle était contente,
toujours contente ! Elle s'arrangeait de tous les dé-
rangements. Dieu l'avait faite comme une liane, qui
dans sa souplesse, plie avec grâce au moindre souffle
de vent, de quelque côté qu'il vienne.

Je me rappelle que dès le temps où les idées commençaient à se débrouiller dans ma petite tête, j'avais avec Jenny de grandes querelles au sujet de cette éternelle mansuétude qu'elle répandait sur toute chose comme un manteau. Elle riait de mes colères.

« Quoi! lui disais-je plus tard, rien ne t'irrite, rien ne te fait bouillir le sang? A tout tu réponds : « C'est bien!... » et rien ne te lasse?

— C'est bien plus commode, répliquait-elle; d'abord on s'épargne à soi-même la peine de se fâcher, puis on trouve plus facile les choses contre lesquelles on n'entreprend pas de lutter, et on finit par y trouver de l'agrément.

— Si bien que si quelque garçon du village voulait te battre, tu te laisserais faire?

— Peut-être! Étant le plus fort, il viendrait toujours à bout de moi, et qui sait si ma complète soumission ne le désarmerait pas? D'ailleurs, à quoi bon! quand par hasard j'ai des velléités de résistance, quelque chose me pousse bien vite à céder, et je cède.

— Lâche!

— Lâche ou sage, qui sait? » répliquait-elle en riant.

XXII

Ces mêmes discussions qui nous amenaient l'une contre l'autre étant jeunes filles, femmes nous les avous continuées; rien n'a changé ma chère Jenny, elle s'est fait une épée et un bouclier de l'indulgence. Cette belle vertu lui venait naturellement comme les fruits mûrs aux espaliers. Cela m'incline à penser qu'en toutes choses les caractères dominent les événements et sont plus forts que l'intelligence, et, pour aller plus loin dans l'ordre philosophique, il m'a semblé souvent que les lois dans lesquelles on enferme les hommes et qui supposent les mêmes aptitudes, les mêmes énergies, les mêmes aspirations, les mêmes tendances, sont iniques dans leur essence; mais on rentre ici dans un système de questions que je ne veux pas aborder...; et puis, comment faire? ne faut-il pas que les individus se courbent sous le niveau des masses, et que la règle soit une pour tous?

Mon père, qui, à mille indices, avait deviné mon penchant naturel à la révolte, s'employa de toutes ses forces à le briser, ou tout au moins à le dompter. Il y mit toute son intelligence et tout son cœur. Ma mère l'y aidait de son mieux. J'étais sans cesse baignée par un flot de caresses qui faisait passer les raisonnements plus graves de mon père, comme l'eau claire d'un fleuve emporte les troncs d'arbre confiés à son cours par de robustes bûcherons. Ce système eut des résultats dont je puis apprécier aujourd'hui le grand mérite; s'il n'a pas changé ma nature, il l'a assouplie en lui faisant accepter comme des devoirs ou des nécessités les choses contre lesquelles j'étais tentée de m'insurger. Mais quelle patience n'a-t-il pas fallu, quelle suite, quelle persévérance dans l'effort, quel amour dans l'enseignement ! J'apprenais à céder, parce que je me sentais aimée.

Lentement, jour à jour, heure à heure, l'esprit d'obéissance me pénétra, comme une terre forte est pénétrée par une pluie fine et douce qui tombe d'un ciel clément ; ma raison s'y plia plus que mon caractère, mais bénie soit la tendresse vigilante qui m'a enseigné cette vertu suprême qui serait la plus féconde et la première s'il n'y avait pas l'invincible et fortifiante volonté de résister au mal ! Je lui dois les plus pures jouissances et les meilleures consolations. Certes, l'esprit de révolte n'est pas mort en moi, il gronde encore et se débat au plus profond de mon être ; mais il est enchaîné, et c'est inspirée, conduite, rehaussée par la voix de mon père que mon âme s'en est rendue maîtresse

XXIII

Le nom de M. de Brassannes s'est déjà rencontré bien des fois sous ma plume. On le retrouvera souvent encore dans le courant de mes souvenirs. M. de Brassannes était le plus intime ami de mon père. Il appartenait en qualité d'inspecteur général au corps de l'intendance militaire ; c'était une des lumières de ce corps respecté pour son zèle et son activité. Dans une circonstance où sa délicatesse et sa conviction se trouvaient en désaccord avec une volonté supérieure, il résigna ses fonctions sans bruit et rentra dans la vie privée. Mon père lui offrit sa bourse et son crédit.

« Merci, lui répondit l'inspecteur démissionnaire, j'ai ma retraite. »

C'était sa seule fortune ; mais, sans enfant, et en y joignant les modestes revenus de la petite dot que Mme de Brassannes lui avait apportée, il ne lui semblait pas qu'il eût rien à désirer. Personne ne poussa plus loin le sentiment de la plus rigide probité. Il en était esclave. Beaucoup de raison, une grande bonté, un caractère ferme et conciliant en faisaient un homme exceptionnel. L'habitude du service avait incliné son esprit vers la discipline. Il ne comprenait et ne tolérait aucun écart, pas plus du côté de la conduite que du côté de l'imagination. C'était un homme d'une taille moyenne, mince, délicat, avec un visage pâle et fin qui sentait le gentilhomme plus que le militaire. Il était d'une vingtaine d'années plus âgé que sa femme. Jamais je n'ai vu de ménage plus uni et plus constamment heureux, si ce n'est celui de mon père. M. et Mme de Brassannes n'avaient pas besoin de parler pour se comprendre. Ils étaient par le regard, le sourire, le mouvement, le silence, en communion perpétuelle. Elle eût été volontiers exaltée, il la maintenait d'un mot. Il y avait en lui du père, de l'époux, de l'ami, et tout se confondait dans un sentiment d'adoration qui avait pour assises l'estime et le respect.

Mme de Bressannes, — Adèle, comme il l'appelait dans l'intimité, — lui inspirait une confiance illimitée. Libre, et tous les horizons ouverts devant elle, elle se gardait à lui, sans efforts, mais avec une sorte de reconnaissance de cette indépendance absolue qu'il lui laissait. Il ne faisait rien sans la consulter ; mais dans les occasions décisives il restait le maître. Quand il avait pris une résolution, elle ne discutait plus : à la femme du monde succédait la femme selon l'Évangile.

Ma marraine n'avait jamais été jolie, dans l'acception habituelle du mot ; mais elle avait un charme qui lui tenait lieu de beauté, et qui lui attachait ceux-là mêmes dont elle avait repoussé les hommages. Sa coquetterie consistait à être bonne, égale, prévenante et serviable à tous. On la sentait heureuse des services qu'elle pouvait rendre. Elle répandait autour d'elle la paix, comme les bois la fraîcheur et l'ombre. C'était un don ; les âmes les plus troublées se calmaient dans son atmosphère. Elle exerçait l'heureuse contagion de la bonne humeur et de la bonne santé de son esprit.

A présent que je puis démêler mieux la vérité dans la confusion de mes souvenirs, je crois par mille choses qui me reviennent, que peu de femmes ont été plus aimées et plus sincèrement aimées que ma chère marraine. On ne pouvait s'empêcher de l'aimer encore, même lorsqu'on ne l'aimait plus, mais d'une autre manière, et avec des reflets de tendresse qui communiquaient une grâce plus exquise à l'amitié qu'on lui exprimait. Elle ne faisait point parade de ces vives affections éveillées tour à tour, et tour à tour contenues ; mais on en devinait l'influence autour d'elle comme on devine la présence de l'aurore aux lueurs blanches qui se répandent dans le ciel. Avec des ressources limitées elle faisait des miracles. Son esprit, son cœur plutôt, s'ingéniait à trouver ce qu'on pouvait désirer dans le cercle de ses amitiés, et à l'heure opportune elle l'offrait avec l'expression d'un tel bonheur que toute la joie semblait pour elle.

A défaut de fils, M. de Brassannes avait un filleul, son neveu, Paul de Brassannes, un orphelin dont il était le tuteur. Un père n'eût pas été meilleur pour lui. Paul justifiait les soins dont il était l'objet par les plus aimables qualités ; personne n'était tout à la fois plus timide et plus résolu, timide par le cœur, résolu par le caractère. Un mot de tendresse le troublait, une menace le redressait. Il ne se détachait pas plus de ce qu'il aimait que de ce qu'il entreprenait. Il ne possédait qu'un mince patrimoine sur lequel M. de Brassannes veillait avec une attention jalouse. Cet excellent homme avait pris à sa charge toutes les dépenses de son pupille, pour qu'à sa majorité il pût trouver un petit capital qui l'aidât à vaincre les premières difficultés. Jusqu'à sa dixième année, Paul avait été d'une constitution délicate, presque débile. Mais il y avait une grande ardeur et un vif ressort moral dans cette nature éprouvée. La force et le développement lui vinrent avec l'adolescence.

Il voulut vivre et il vécut. Tout jeune il se trempait dans l'effort et le travail, comme d'autres dans la mollesse et le repos.

Mme de Brassannes l'adorait. Que de nuits n'avait-elle point passées à son chevet! Elle versait sur lui la meilleure part de cette tendresse qui eût fait d'elle une mère égale à la mienne. Je crois bien que nous étions, Paul et moi, les deux êtres qu'elle aimait le plus; elle nous donnait son cœur, comme elle nous eût donné son sang.

Paul avait cinq ou six ans de plus que moi, mais les causes que j'ai expliquées et la précocité naturelle à mon sexe rendaient cette différence moins sensible. Il était presque mon contemporain aux environs de ma douzième année. Une sympathie singulière nous unissait. Losque étant fillette je trottais en trébuchant, j'étais toujours dans ses bras. Si l'on me grondait, il prenait ma défense; ses petites économies d'écolier passaient en friandises et en jouets qu'il m'offrait. Plus tard, à l'époque où les enfants s'énamourent de contes, que de fois ne l'a-t-on pas surpris me faisant des lectures dans de beaux livres remplis d'images qu'il collectionnait pour moi! Qui connaîtra la source de ce fluide mystérieux qui attache deux êtres l'un à l'autre à un moment de la vie où ils ne comprennent même pas ce que c'est qu'un attachement? Deux regards se rencontrent, deux rires éclatent, et voilà qu'un germe est déposé dans deux cœurs enfantins où plus tard il enfoncera des racines!

XXIV

Ruinés, nous étions heureux. Ce mot même n'avait pas de signification pour nous. La même abondance nous entourait, le même lait fumait dans nos tasses le matin, les mêmes professeurs arrivaient régulièrement deux fois par semaine à Valserre ; ma mère nous groupait autour d'elle avec le même sourire. Ce fut le temps le plus aimable de mon adolescence.

Les enfants, qui ont l'intelligence si vive et parfois l'observation si fine, ne se font aucune idée exacte des conditions sociales de la vie ; jamais presque leur attention ne se fixe sur les objets qui les entourent ou qui sont à leur usage. Ils sont convaincus qu'il y a des endroits où l'on trouve des meubles et des vêtements comme on trouve des pommes sur les pommiers. Il suffit de les ramasser qand on en a besoin. Ils voient bien l'argent aller et venir, et ils savent quelquefois ce que coûtent les cerfs-volants et les poupées ; mais ils s'imaginent que les parents rapportent de l'argent comme les épis des grains de blé. Il ne s'agit que de chercher dans leurs poches. Il ne leur paraît pas plus étonnant d'avoir toujours des côtelettes, des bottines, des chapeaux, des confitures, que de cueillir des noisettes dans les bois. Ils n'y pensent même pas. Cela est parce que cela est. Les en priver leur paraît un bouleversement, presque une injustice. Quand je vis les choses suivre leur cours habituel, la première émotion passée, je ne m'arrêtai plus à cette ruine dont l'annonce avait coûté des larmes à ma mère. Ce fut l'accident d'un soir.

Je remarquai seulement que celles de mes petites amies qui venaient autrefois dans de belles voitures attelées de beaux chevaux n'arrivaient plus. J'en demandai le motif.

« C'est que vous êtes pauvres, » me répondit mon père.

Ce mot me troubla. On appelait ainsi les mendiants que je rencontrais sur les routes ou qui s'arrêtaient aux portes des maisons, le bonnet à la main. Allions-nous être réduits à cette condition? Mais alors pourquoi ne pas nous venir en aide? pourquoi disparaître au moment où nous avions le plus besoin des autres? Plus tard, et la fortune ramenée à Valserre, j'ai revu tous ceux qui nous avaient délaissés. J'étais alors en âge de comprendre, et un sentiment d'amertume, que le temps n'a point effacé, se glissa dans mon cœur.

A cette époque, on voyait un peu moins M. Pujol à Valserre; il voyageait au loin, il redoublait d'activité : « C'est pour vous, » me disait ma mère, et elle nous lisait les passages de ses lettres qui nous étaient destinés. On y retrouvait sa belle humeur et sa gaieté.

« Travaillez ferme, nous disait-il; au retour nous nous amuserons. »

Il n'y avait plus de calèche à la maison, mais une espèce de charrette longue et solide dans laquelle nous nous entassions pour les promenades qu'on faisait aux environs. On s'asseyait sur des bottes de paille. Avons-nous ri sur ces durs coussins, à l'abri d'une capote mobile qui laissait passer le vent et la pluie! Je me souviens qu'un jour, en revenant d'une ferme où nous avions goûté, le temps se mit à l'orage. Une bourrasque de pluie vint, à laquelle succéda subitement un tourbillon de neige. Le cheval qui traînait la charrette ne pouvait plus marcher dans les chemins défoncés. Il fallut mettre pied à terre. Les enfants ne dédaignent pas les accidents, c'est de l'imprévu. On s'enfonça à travers champs. Édouard fit une boule de neige qu'il lança contre l'un de nous, Jacques l'imita; bientôt la bataille devint générale, et les projectiles volèrent de toutes parts. Le ciel se chargeait de nous fournir les munitions. Quand un chapeau atteint dans la mêlée sautait en l'air, les rires et les cris redoublaient. Lorsqu'on arriva au château, toujours courant, le front en sueur et les mains rouges, on s'aperçut que Jacques était resté en arrière. On reprit aussitôt le chemin des bruyères, le cherchant et l'appelant; une voix essoufflée et grêle nous répondit, et on l'aperçut qui marchait dans la rafale, le dos courbé, un paquet entre les bras.

Le brave enfant s'était rappelé qu'on avait oublié

dans la charrette deux jeunes chiens dont on avait fait cadeau à notre garde, et, malgré l'ombre qui s'épaississait, il était retourné sur ses pas pour les prendre.

XXV

Pauvre petit Jacques! Il partit peu de temps après pour passer quelques mois à Corfou, où son père le rappelait. Je ne savais pas alors que le navire qui l'emportait disparaîtrait dans une tempête et que jamais on n'en aurait de nouvelles. Nous étions à table quand une lettre nous parvint annonçant ce naufrage. La fourchette me tomba des mains et je fondis en larmes. La mort venait d'entrer dans la maison. J'ai revu bien des fois dans mes songes sa tête pâle endormie sur un lit d'algues vertes; les vagues agitaient ses cheveux bouclés; je me réveillais en pleurant. Je me rappelai la mort de ma poupée et le grand chagrin que j'en avais eu; mais à présent Mme de Brassannes ne pouvait pas rappeler à la vie celui qui n'était plus!

J'avais alors quatorze ans à peu près; la fortune, comme un voyageur capricieux qui retourne aux pays abandonnés, nous était revenue. Les amis ne manquaient pas à Valserre; on y revoyait les anciens, pêle-mêle avec les nouveaux. Jenny faisait à tous le même accueil, on pouvait croire que, pour elle, ils avaient fait une excursion, et qu'à présent ils étaient de retour. Un sentiment de rancune me laissait à peine la force d'être polie. L'une des personnes qui vivaient autrefois dans notre intimité et qu'on n'avait plus vue au moment du désastre, accourut la première dès le réveil de la prospérité. Elle m'accabla d'embrassements et m'apporta une bagatelle ainsi qu'à Jenny.

« Que j'ai été malheureuse de notre séparation, dit-elle, mais à Paris il y a des courants qui vous entraînent on ne sait où.... On n'oublie rien cependant.... Libre, j'ai suivi l'impulsion de mon cœur; que vous voilà belles et grandes ! »

La dame partie, je jetai au loin son cadeau.

« Que fais-tu donc? me dit Jenny.

— Cela ne t'indigne pas de voir auprès de nous quelqu'un qu'on n'a pas aperçu aussi longtemps qu'on nous a crus pauvres?

— Non, cela me fait plaisir de revoir des visages qui me rappellent de bons souvenirs.

— Ces visages, pourquoi reviennent-ils au moment où les chevaux rentrent dans l'écurie et les voitures sous la remise?

— C'est un hasard.

— Un hasard maladroit alors. Il fallait revenir plus tôt ou ne pas revenir du tout. »

Jenny réfléchit.

« Tu as peut-être raison, reprit-elle ; mais il m'est très-doux de voir les choses du bon côté, j'en ai contracté l'habitude et certainement je ne changerai pas; tout m'apparaît ainsi couleur de rose, et contente des autres je le suis de moi. Si la surface est jolie, pourquoi la creuser? »

Je fus prise d'un mouvement de colère.

« Tiens! m'écriai-je, à force d'aimer tout le monde, tu finiras par n'aimer personne.

— Tu sais bien le contraire, toi pour qui je me jetterais au feu. »

Je vis que ses yeux se remplissaient de larmes. J'embrassai cette excellente créature. La bonté s'épanchait de son cœur comme une eau pure d'une source toujours pleine. Je n'aurais pas voulu seulement qu'elle coulât pour tout le monde.

XXVI

Quand le malheur entre dans une maison, dit un proverbe arabe, il laisse toujours la porte ouverte derrière lui. Jacques semblait avoir emporté la paix de la maison. Un matin, ma mère s'allita. En peu de jours, son mal, qui semblait léger, empira. Au bout de la semaine, le médecin ne conservait plus aucun espoir; une fièvre maligne vainement combattue la poussait vers le tombeau. C'était au cœur de l'été. Dans cette grande maison si pleine de rires, un grand silence. On marchait sur la pointe du pied, on s'interrogeait du regard, on pleurait dans les coins; la consternation était partout. Mon père faisait mal à voir. Les domestiques n'avaient pas moins de chagrin que les amis. Les petites gens du voisinage arrivaient dès le matin pour avoir des nouvelles. Le soir, on se rassemblait dans la grande cuisine ou sur le pas de la porte. On faisait brûler des cierges dans l'église. Ma mère fut admirable jusqu'à la dernière heure. Seule, elle avait du courage. Un soir, elle se pencha vers mon père, et lui jetant ses mains pâles autour du cou :

« Pardonne-moi si je pars la première, » dit-elle. Je me sauvai de la chambre en courant.

XXVII

Le surlendemain, nous étions réunis dans sa chambre. Je vivrais cent ans, qu'il me semblerait toujours que c'était hier. Le soleil entrait à flots par les vitres. Des insectes pareils à des pointes de feu dansaient dans la lumière. Un frisson de vent palpitait dans le feuillage, et faisait passer des ombres légères dans ces flots de clartés. Ma mère, immobile, les yeux tournés vers nous, respirait avec peine. Dans ce râle, un sourire flottait sur ses lèvres déco-

lorées. Le matin, dans le corridor, j'avais surpris un
prêtre. Tout à coup, elle jeta ses bras en l'air.

« Dieu bon! » fit-elle.

Un instant, je vis ses mains s'agiter dans le vide,
puis elles retombèrent inertes sur les draps.

« A genoux! c'est la mort, » dit mon père.

Il s'agenouilla au pied du lit, le dos courbé, les
épaules secouées par des sanglots qu'il comprimait;
j'étais prosternée à quelques pas de lui, anéantie.
Les terreurs de la mort passaient au dedans de moi.
Je ne sais combien de temps cela dura; il fallut
m'emporter. Dans la soirée, je me glissai vers cette
chambre qui était notre refuge, et d'où ne sortait
aucun bruit. Une bougie y brûlait. Mon père était
debout, devant l'alcôve. Dans la clarté pâle, je vis le
visage blanc de ma mère sur l'oreiller blanc. Ses
paupières étaient fermées. Jamais je n'avais vu ce
sommeil terrible. Mes jambes eurent de la peine à
me porter jusqu'à son lit. Je me penchai et l'embrassai. Le froid de ce baiser me pénétra jusqu'aux
os. Je retins un cri et me relevai toute blanche. Mon
père me prit par la main :

« Regarde-la, me dit-il, c'était une sainte. »

J'étouffais. Quelque chose d'elle cependant passa
en moi, et retenant la main qui pressait la mienne :

« Voulez-vous que je reste? » dis-je à mon père.

Il me fit signe de la tête qu'il y consentait, et je
restai une partie de la nuit auprès de lui. Son désespoir muet n'était pas moins effrayant que l'immobilité de ma mère. Un vague sentiment du devoir

dans ce qu'il a de plus austère me pénétra. Je sentais confusément que je devais m'efforcer de remplacer celle qui venait de nous quitter comme un moissonneur qui a fini sa tâche, et employer toutes mes forces à consoler l'être sacré qui la pleurait. Le visage rempli de pleurs, je pris la main de mon père et la portai à mes lèvres. Il devina ce qui se passait en moi.

« Tu viens d'entrer dans la vie, me dit-il, traverse-la comme elle ! »

XXVIII

Mon père n'était pas d'un caractère à s'appesantir dans la douleur. Son tempérament s'y refusait comme aussi l'expérience. Il savait que la vie a des exigences auxquelles, dès l'abord, il faut se soumettre, si on ne veut rien perdre de son ressort et de sa fermeté. Il faisait à son chagrin noir une place à part, comme on élève dans l'ombre un autel ; le reste appartenait à la vie. Il considérait un peu le monde comme un vaste atelier ouvert à tous les bras et à toutes les intelligences, et les créatures passagères qui le peuplent comme des ouvriers dont la mort seule a le droit d'abréger la tâche. Bientôt le mouvement de la maison reprit son allure. Il n'y avait qu'un grand deuil de plus au fond des âmes. Seulement, un matin mon père, me faisant entrer dans sa chambre, me mit entre les mains un trousseau de clefs.

« Dès aujourd'hui, me dit-il, tu remplaceras celle que nous pleurons.

— Moi! m'écriai-je épouvantée.

— Toi; le devoir d'une femme est de gouverner la maison. Tu l'apprendras de bonne heure pour le savoir mieux. »

Avec mon père il ne fallait jamais discuter. J'emportai le trousseau de clefs; les domestiques et les fournisseurs n'eurent plus affaire qu'à moi. Tout le linge de la maison passa par mes mains, et comme mes études ne devaient pas souffrir de ces occupations nouvelles, je me levai une heure plus tôt et m'habituai surtout à faire un emploi judicieux de mon temps. Je m'étonnai plus tard de ce qu'on peut faire entrer dans une journée. La règle me devint facile et la discipline aisée; dans cette activité régulière il n'y avait pas de place pour la rêverie et ces paresses molles de l'esprit d'où sortent mille désirs confus, mille vagues aspirations qui mènent à la fatigue et à l'ennui; toutes les heures en appartenaient au solide et à l'utile. Mon père avait des théories particulières sur la lecture. Il ne me poussait pas à ouvrir beaucoup de livres; même il estimait dangereux un grand nombre de ceux qui errent communément sur toutes les tables. Rien de ce qui exalte l'imagination ne trouvait grâce devant lui. Il lui suffisait de savoir qu'elle prendrait son vol, l'heure venue. Quelqu'un, au jour de l'an, m'avait apporté en cadeau un magnifique exemplaire de *Paul et Virginie*. Il eut quelque peine à me permettre d'en lire les pages immortelles. A quelque temps de là, il me surprit tout en pleurs le volume à la main :

« Ma chère enfant, me dit-il en souriant, tu n'habiteras jamais Pamplemousse, et jamais personne n'a rencontré le fils de Marguerite, à Paris. »

Je le regardai les yeux remplis de larmes :

« Je ne l'y chercherai jamais non plus, » lui dis-je.

Je rougissais cependant en parlant ainsi. Le fils adoptif de ma chère marraine s'appelait Paul, comme l'ami de Virginie, et son image avait lui subitement dans ma pensée.

XXIX

Cette raison froide, qui chez mon père s'alliait à la gaieté, cachait un fonds inépuisable de tendresse et de bonté. Cette nièce qu'il avait recueillie dans la maison, cette Jenny que j'aimais comme une sœur, n'était pas appelée à jouir d'une fortune égale à la nôtre ; mais vivant de la même vie, il voulait qu'elle eût les mêmes avantages. Il s'employait donc à lui constituer une dot qui ne laissât point de différence entre nous. Il en avait parlé à ma mère, dont le bon

cœur avait adopté avec empressement cette combinaison. Le premier soin de M. Pujol fut donc de
capitaliser le revenu de ce que Jenny possédait en
propre, et d'ajouter à la somme ainsi constituée une
part prélevée sur les économies de la maison. Il avait
calculé que le tout ensemble ferait de Jenny, aux environs de sa majorité, une héritière non moins bien
pourvue que moi.

Tout ce que mon père avait résolu, il le faisait
résolûment; mais il n'entrait pas dans ses habitudes
de rien cacher de ses projets, lorsque surtout leur
entière exécution pouvait intéresser d'autres personnes. Quand nous fûmes en âge de comprendre, il
nous fit part de ses intentions, à Édouard et à
moi.

« Ah ! tant mieux ! » m'écriai-je.

Mais déjà un changement brusque s'était fait dans
la physionomie de mon frère.

« Je le savais, dit-il d'un air de mécontentement,
mais je ne le croyais pas.

— Et pourquoi?

— Parce qu'il ne me paraît pas juste de frustrer
ses propres enfants au profit d'une étrangère.

— Édouard ! s'écria ma mère.

— Laisse-le s'expliquer, » reprit mon père d'une
voix calme, mais ferme et sonore.

Se tournant alors vers mon frère:

« Ainsi, poursuivit-il, à ton sens, je te dépouille et
je dépouille ta sœur de ce qui vous est légitimement
acquis. Je n'agis pas en bon père de famille?

— Je ne dis pas cela, répondit Édouard un peu troublé.

— Alors, que dis-tu?

— Je dis seulement que si vous faites des économies, je ne comprends pas qu'elles soient distraites de notre héritage.

— Oh! tu prévois les choses de bien loin.... mais en ne prenant ces mêmes choses qu'au point de vue pratique et matériel, et en les dégageant de tout sentiment moral, il me semble que cet argent, dont ta mère et moi nous disposons, est à nous.... Le crois-tu?

— Oui, répliqua Édouard en hésitant.

— Je te remercie de vouloir bien le reconnaître. Donc, si nous en avions le désir, nous serions libres d'employer ces économies en achats de meubles ou de chevaux, en voyages, en plaisir de toutes sortes.... Encore une fois, le crois-tu?

— Oui.

— Eh bien, suppose un instant que notre plus grand plaisir soit de penser à l'avenir de cette cou-ine que tu appelles une étrangère; ne sommes-nous pas dans notre droit? »

Édouard ouvrait la bouche un peu confus. Ma mère l'interrompit :

« Ne vois-tu pas qu'il regrette ce qu'il a dit? s'écria-t-elle; je suis sûre même qu'il n'en a pas compris la portée. Il aime Jenny comme nous l'aimons tous.... Réponds, et dis si ta parole n'a pas été au delà de ta pensée?

— C'est vrai, » dit Édouard en balbutiant,

Ma mère l'embrassa. Mon père le regardait en silence ; il avait le front soucieux. Quand nous fûmes seuls, Édouard frappa du pied avec violence :

« Cependant elle n'est pas ma sœur ! » s'écria-t-il.

XXX

La lumière se fit dans mon esprit. Je devinai pourquoi Édouard ressentait si peu d'affection pour la bonne Jenny. Malgré lui il supputait ce qu'elle coûtait à la maison, et, vaguement instruit par des propos saisis au vol dans des indiscrétions d'antichambre, il lui en voulait depuis longtemps de la part qu'on lui prélevait dans l'héritage paternel. Ne sait-on pas des fermiers qui pensent avec amertume aux épis glanés dans leurs champs? Toutes les charmantes qualités de sa cousine disparaissaient devant ce fait unique. Il l'accusait presque de vol : ce n'était plus une parente, c'était une ennemie, elle lui dérobait une part de son bien.

Qui donc avait déposé dans son âme le germe de ces sentiments bas? quelle influence malsaine en avait développé les éléments? Le même sang coulait dans mes veines, mes membres était pétris de la même chair, la même tendresse expansive nous avait réchauffés des mêmes baisers, et nos cœurs subissaient des entraînements contraires, comme on voit des orties se mêler aux moissons sur une terre ouverte par le même soc. Ainsi s'accentuaient les différences que le travail constant de l'éducation n'arrivait pas à niveler.

XXXI

L'époque de notre deuil achevée, mon père rouvrit sa maison. J'en avais le gouvernement; il voulut m'apprendre à en faire les honneurs. J'avais un peu plus de seize ans; une sorte de timidité innée me disposait mal à remplir ces fonctions délicates qui demandent un tact si parfait. Je ne savais pas sourire aux personnes qui de prime saut ne gagnaient pas ma sympathie; je restais froide ou guindée. J'ai pu remarquer plus tard que les relations du monde se composent d'une quantité inépuisable de petits mensonges qui sont la monnaie courante de chaque jour. On n'est pas maîtresse de maison si on ne pousse pas la politesse jusqu'à cette limite extrême où elle rencontre l'hypocrisie. Malheureusement mes impressions se manifestaient sur mon visage, comme les nuages qui glissent dans l'azur se reflètent sur la transparence d'un lac. Mon père recevait tous les mercredis ; la porte du salon ouverte, je devenais gênée ; déjà je me préparais à mon rôle. Quelquefois, prise d'un mouvement de colère enfantine et m'approchant d'une glace :

« Allons ! m'écriais-je, apprends à sourire, salue et complimente, soupire avec celle-ci et plaisante avec celle-là.... N'oublie pas la migraine de l'une et la névralgie de l'autre.... et surtout fais semblant de prendre un intérêt très-vif à des histoires que tu t'empresseras d'oublier dès que tu auras le dos tourné ! »

Et tout en parlant je faisais de grandes révérences à mon image à laquelle je donnais de vigoureuses poignées de main. Jenny riait aux éclats. Dans la même situation, rien ne l'embarrassait. Elle couvrait tout d'un manteau de prévenance et d'aménité. Au premier coup de sonnette je me serais volontiers cachée derrière sa jupe.

Il y avait des jours néfastes où je ne regardais pas le formidable piano à queue qui s'étalait à l'un des angles du salon sans des frissons de terreur ; mon père avait décidé que j'exécuterais un grand morceau ou que, mieux encore, je chanterais. C'était un supplice quand je voyais l'aiguille approcher de l'heure maudite où il me faudrait m'asseoir devant l'instrument fatal : le cœur commençait à me battre ; bientôt les pulsations augmentaient et coupaient ma respiration. J'aurais voulu qu'une trappe s'ouvrît sous mes pieds et m'engloutît. Il me fallut bien des fois m'appuyer aux meubles pour ne pas tomber ;

mon père s'en apercevait et tenait bon. Je devais me
roidir contre l'émotion qui m'oppressait. Des instants
venaient où je croyais que j'allais m'évanouir. Cependant mes mains se posaient sur les touches et j'atta-
quais le morceau. Mon père me remerciait du regard.

« Chère enfant, me disait-il après, apprends à
faire simplement les choses simples ; trop d'embarras
pourrait laisser croire que tu as des prétentions. »

Un soir une personne empressée et sensible s'avisa
d'intervenir en ma faveur.

« Elle va se trouver mal ! lui dit-on.

— Si elle se trouve mal, ce sera ridicule, et elle n'y
gagnera rien, » répliqua mon père en me regardant.

Je marchai tout droit au piano, comme autrefois,
à l'appel de cette même voix, j'avais marché vers le
fameux *Trou* de Valserre.

Ainsi il m'a brisée et mon âme assouplie l'en remercie à présent. Quand il est mort, j'étais armé
pour la vie.

XXXII

Nous avions dès cette époque auprès de nous une
institutrice que mon père avait acceptée, malgré sa
jeunesse, sur les bons renseignements qu'il avait
obtenus. Mlle Clotilde Guérin n'avait guère plus de
trois ans au-dessus de mon âge, mais elle possédait

une raison ferme et une rare intelligence. Elle agissait beaucoup et parlait peu, mais quand il fallait s'y décider, elle le faisait en termes nets et précis où il y avait une sorte d'éloquence qui entraînait avec elle la persuasion. Elle avait le cœur fier. Inclinée sur un travail d'aiguille, elle semblait froide ; quand tout à coup un morceau de musique ou quelque discussion l'animait, un rayonnement de vie se répandait sur son visage : c'était une transfiguration, on surprenait des flammes dans son sourire et ses yeux.

Un jour je lui en fis l'observation.

« Ah ! vous avez remarqué cela ? me dit-elle en rougissant ; c'est que la bête n'est pas domptée !

— Comment la bête ! m'écriai-je.

— Eh oui ! la bête, c'est-à-dire la femme.... Quand on est institutrice, il faut l'être entièrement, c'est-à-dire uniquement. Comprenez-vous ?

— Non.

— Alors nous en reparlerons plus tard. »

Cette réponse m'était restée dans la pensée. Je me sentais attirée vers Mlle Guérin quoique je n'obtinsse d'elle aucune complaisance. Il y avait en elle un sentiment de dignité qui commandait ma confiance ; j'étais disposée à l'aimer. Elle resta sur la réserve sans cesser d'être franche, droite et juste. Un instinct secret m'avertit que ce n'était pas une conduite ordinaire. Bientôt ma sympathie devint de l'attachement. Le jour de sa fête arriva. Mon père, dans la soirée, lui remit une montre d'or avec sa chaîne d'un travail solide et simple. Aucun ornement sur la montre, si ce n'est le chiffre de Clotilde admirablement gravé en relief.

« Ce n'est pas beau, lui dit-il, mais c'est comme vous, exact et sûr.

— Merci, » répliqua-t-elle, en lui serrant la main.

Le lendemain je me présentai de bonne heure chez elle, un gros bouquet de violettes entre les doigts.

« Voilà mon cadeau, lui dis-je, si vous voulez me permettre de vous embrasser, vous me rendrez bien heureuse. »

Clotilde m'ouvrit ses bras.

« Vous voulez donc que je vous aime ! s'écria-t-elle.

— Certainement ! De mon côté c'est déjà fait.

— Ah ! vous ne courez aucun risque, tandis que moi !... »

Elle s'interrompit.

« Voilà encore que je ne vous comprends pas, ajoutais-je en l'attirant vers un canapé où je m'assis, les mains dans les siennes.

— Ah ! oui, comme le jour où je vous parlai de la bête !... Pauvre bête ! Elle n'est pointe morte, hélas ! et je viens de vous en donner une preuve. Tenez, le cœur me bat encore.

— Eh bien ! est-ce un mal ?

— Non, mais c'est une sottise. »

Je la regardai avec étonnement.

« Voyons, reprit-elle en souriant, réfléchissons un

instant, et vous finirez par comprendre que la chose n'est point aussi paradoxale qu'elle en a l'air. Vous m'aimez et je vous aime, voilà qui est convenu. C'est un échange de sentiments sincères, rien de plus simple en apparence, et de plus égal; regardez au fond et l'égalité disparaît.

— Comment cela?

— Qu'êtes-vous? une héritière. Que suis-je? une institutrice. Déjà les niveaux ne sont plus les mêmes. Vous avez dans la vie des intérêts que je n'ai pas, un avenir qui m'échappe. De plus je suis seule, vous êtes entourée. Avec un cœur semblable au vôtre, je dois avoir fatalement les sentiments plus intenses et plus profonds. Je concentre où vous répandez. Je passe dans cette maison où vous resterez; et le jour n'est pas loin où la force des événements nous séparera.

— Quels événements?

— Le plus sûr et le plus redoutable : le mariage. Ce jour-là vous courrez vers des affections nouvelles qui rempliront la place qui m'était donnée.

— Mais le mariage est fait pour vous comme pour moi?

— Voilà que nous touchons à l'autre question.

— La question de la bête?

— Oui, je puis certainement me marier, mais c'est bien difficile.

— Pourquoi?

— Parce qu'il n'y a pas d'équilibre dans mon existence. Vous êtes jeune, ma chère Édile, toute jeune, mais vous avez une sûreté de jugement qui

vous permet d'entrer au fond des choses. J'ai reçu
une éducation recherchée, exquise, en quelque sorte
raffinée, qui me met à la hauteur de toutes les classes
et de toutes les conditions. Par la fortune, je suis au
niveau des plus humbles. Devinez-vous, et voyez-
vous déjà sortir du fond de son puits le fantôme de
la vérité? Pareille aux mieux douées, j'ai des aspirations, et pourquoi ne pas le dire? des besoins qui
m'interdisent toute alliance, ou, pour prendre le mot
dans sa brutale sincérité, toute association avec
quelqu'un qui n'aurait pas les mêmes habitudes d'esprit. Cette parenté intellectuelle, je ne puis la trouver
que dans les sommets; or je n'ai rien, et il m'est
défendu d'y prétendre. Vingt partis s'offriront à
vous; vous les méritez tous, mais ne les mériteriez-
vous pas, ils ne vous seraient pas moins assurés.
Aucun ne descendra jusqu'à moi : je n'ai pas de dot!
Et remarquez que dans le milieu où un imprudent
me prendrait, qui ne rapporte pas coûte. La bête
que vous savez a un cœur; mais à quoi cela sert-il?
Je ne veux pas savoir s'il bat; ses battements qui doi-
vent s'éteindre dans le vide me feraient mal. C'est
pourquoi mon grand travail est de l'étouffer. Pauvre,
il n'a pas le droit d'aimer; fier, son devoir est de ne
pas descendre. Ouvrière, piqueuse de bottines ou
ravaudeuse de châles, j'aurais un avenir moins incertain. Je compterais par centaines des pairs et des
amis autour de moi. Instruite et accoutumée à toutes
les élégances, je dois m'accoutumer aussi à toutes
les privations, à tous les renoncements, à tous les

abandons. Je traverserai votre maison, puis une autre, puis une autre encore laissant des oublis derrière moi, jusqu'au jour où mes forces seront à bout, heureuse si dans ces longues années j'ai ramassé de quoi assurer un abri et un morceau de pain à la vieille fille que vous serrez dans vos bras... Mon présent c'est la solitude, mon avenir c'est la solitude.

— Mais moi, je ne serai donc pas là? et avec moi....

— Ni vous, ni personne! continua Clotilde qui m'interrompit. Vous n'êtes pas plus votre maîtresse aujourd'hui que vous ne le serez demain. Savez-vous si le mari que vous rencontrerez supportera ma présence dans sa maison? On commence par être une amie, on devient plus tard un embarras. Je serai donc la première à partir pour avoir le droit de penser à vous sans amertume. Croyez-le, l'égalité des conditions peut seule fonder les solides amitiés. Vous donnez, je reçois : un salaire est entre nous; il y a donc infériorité de mon côté. »

J'étais un peu troublée et ne savais que répondre. J'entrais dans ce que me disait Clotilde, j'en pénétrais la justesse, et n'aurais pas voulu la comprendre. Je pris sa main et la serrai avec force; elle était un peu brûlante.

« Je viens de vous faire descendre en moi, me dit-elle un peu tristement, vous y gagnez d'être tristement émue, c'est le propre de la vérité de n'être point gaie. Vous ne m'en voudrez pas... vous m'avez provoquée. Une ébullition intérieure m'a poussée à parler ; mon cœur rejette pour un instant les pierres sous lesquelles je veux l'écraser, comme un oiseau les flocons de neige qui tombent sur ses plumes.... Tenez ! j'ai plus de jeunesse encore que je ne voudrais.... Ce bouquet que vous m'avez donné, je devrais le jeter au feu et je sens que je garderai toujours quelques-unes des petites fleurs dont le doux parfum a trouvé le chemin de mon cœur.

— Qui sait ! m'écriai je tout à coup, il y a des sympathies qui portent bonheur.

— J'y consens, » reprit-elle.

Cette conversation n'eut pas de suite immédiate ; Mlle Guérin ne voulut pas me la rappeler par un sentiment de fierté peut-être ; moi je n'osai pas la renouer ; mais il me sembla à de frêles indices qu'elle ne l'avait pas plus oubliée que moi ; pour qui nous aurait vues en passant, rien n'indiquait qu'un lien d'intimité s'était établi entre nous. L'une restait élève comme l'autre institutrice ; seulement parfois un sourire avait une expression que chacune de nous comprenait.

XXXIII

Depuis que mon père était rentré dans le mouvement des affaires et de Paris, quinze ou dix-huit mois après la mort de ma mère, Édouard avait quitté la maison pour suivre un cours de droit. Il avait un appartement dans le quartier latin et un petit budget calculé sur les exigences de sa vie de garçon. Il dînait avec nous deux ou trois fois par semaine. Je remarquai qu'il ne tenait pas en place ; ses pieds remuaient comme s'ils avaient été plongés dans un baquet d'eau bouillante. Cette impatience coïncidait avec le départ d'une ouvrière qui travaillait en journée à la maison, où je la voyais depuis un très-long temps. Brigitte, plus âgée que moi de quelques années, était originaire d'un village voisin de Valserre, ce qui était cause qu'à différentes reprises on l'avait emmenée avec nous à la campagne, où elle faisait des séjours d'un mois ou six semaines. Sans être remarquable, Brigitte pouvait être remarquée. Elle était assez jolie, avec une tournure et des manières au-dessus de sa condition ; grande, svelte, les attaches minces et les extrémités délicates, elle avait une rare légèreté dans la démarche. C'était plaisir de la voir entrer dans un salon, les mains chargées d'un plateau où fumait une théière, les longs rubans dé son bonnet flottant sur ses épaules. Personne n'avait la taille plus souple, le parler plus doux. Les enfants se prennent à la grâce sans la comprendre ; Jenny et moi nous aimions beaucoup Brigitte, qui était la complaisance même. Quand une femme de chambre était malade, elle la suppléait auprès de ma mère, qui trouvait son service prompt, silencieux, aisé, et nous laissait sans crainte sous sa surveillance durant les promenades qu'elle nous faisait faire aux environs du château. Petites filles, nous l'employions à tailler des robes de poupée ; aucune couturière ne les confectionnait ni mieux ni plus vite. Plus grandelettes, elle nous lisait des histoires dans de beaux livres d'images dont nous avions toute une bibliothèque. Édouard assistait souvent à ces lectures. Brigitte appartenait en quelque sorte à la maison.

Veuf, mon père la laissa autour de nous. Il ne parut pas dans les commencements que notre séjour plus long à Paris eût rien changé à ses habitudes ; elle avait seulement une mise plus soignée, mais comme un rien la parait, on n'y prenait pas garde. Elle demeurait dans les environs, rue Pigalle, et avait un grand nombre de pratiques, ce qui expliquait cette élégance relative. De plus, disait-elle, les personnes chez lesquelles elle allait en journée lui faisaient de petits cadeaux.

XXXIV.

A cette époque se rapporte un événement dont le s cret n'a pu m'être révélé que plus tard et sur lequel j'aurai occasion de revenir. Mon père, entraîné par le mouvement toujours croissant de sa fortune, qui avait pris un grand vol, s'absentait assez fréquemment pour de petits voyages en Lorraine, en

Bourgogne, en Alsace, où lui-même surveillait l'aba-
tage des bois qu'il achetait sur pied. Dans ces circonstances il laissait auprès de nous une gouvernante âgée, dont la seule mission était de nous
accompagner partout, Mlle Guérin lui paraissant
trop jeune et trop bien tournée pour cet emploi de
duègne. Mme Bordier était une personne parfaitement bonne. Elle m'a toujours fait penser à ces
vieilles monnaies qu'un long frottement a usées sur
toutes leurs faces et qui n'ont plus ni relief ni millé-
sime. L'usage seul leur conserve une valeur. La règle
était sa loi, moins la règle encore que l'habitude;
depuis vingt ans, et elle allait en avoir cinquante,
Mme Bordier se levait et se couchait à la même
heure, prenait deux œufs à la coque et deux tasses
de thé à son déjeuner du matin, et faisait toujours
les mêmes choses aux mêmes moments : avec elle
on n'avait point besoin de pendule. Si Mme Bordier
faisait de la tapisserie, il était dix heures; si
Mme Bordier prenait un livre, il était midi; si
Mme Bordier apparaissait en robe de soie mauve, il
était deux heures, et ainsi de suite jusqu'à onze
heures du soir, où elle se levait brusquement de son
fauteuil pour rentrer dans sa chambre, nous poussant devant elle comme deux nonnes conduites à
leur cellules par une abbesse. Aucune prétention, si
ce n'est celle d'avoir le secret de certaines pâtisseries dont elle nous régalait une fois par semaine et
qu'elle déclarait d'avance excellentes. Elles étaient
fort bonnes, en effet, et je n'ai jamais pu les souffrir,

parce qu'on n'en pouvait goûter que le jeudi, à quatre heures, ni plus tôt, ni plus tard, et qu'il fallait tout quitter pour y mordre.

Cette excellente personne, qui n'eût pas fait de mal à une araignée, m'a rendue bien malheureuse par le formalisme mathématique de son existence. Je crois qu'elle s'était appliquée à ne prononcer chaque jour qu'un certain nombre de mots. Quant à ses robes, je suis sûre qu'elles n'ont jamais eu le lendemain d'autres plis que la veille. Si par hasard il lui arrivait d'être en retard ou en avance d'un quart d'heure sur quelqu'une de ses occupations quotidiennes, tout était en désarroi dans sa cervelle.

Jenny, qu'on eût pu mettre sous un laminoir sans en extraire une goutte de fiel, s'avisa un jour de pousser d'une bonne heure les aiguilles de la pendule sur laquelle Mme Bordier réglait sa vie. Ce jour-là, la bonne dame mit sa ceinture à l'heure où elle devait jouer du piano, et joua du piano à l'heure où elle devait s'habiller, et ne pouvant plus se rattraper, elle faillit devenir folle. On la voyait s'agiter de tous côtés comme un chien de berger qui aurait perdu son troupeau.

Vers dix heures, accablée et oubliant pour la première fois d'étendre du beurre sur la tranche toute chaude de pain grillé qu'on plaça inopinément devant elle, Mme Bordier tomba dans un fauteuil. Il était dix heures et elle n'avait pas fait sa patience quotidienne !

« Il faut que je sois malade, s'écria-t-elle tout éperdue.

— Non, madame, non, la pendule avance ! » répondit Jenny, qui n'y tint plus.

XXXV.

Avec Mme Bordier deux personnes, la mère et la fille, et l'une à peu près du même âge que l'autre en apparence, étaient entrées dans la maison. Jamais on ne voyait Mme Denèvre sans Mélanie et Mélanie sans Mme Denèvre. On aurait dit deux ombres jumelles : celle qu'on apercevait la première semblait toujours la plus maigre ; mêmes tailles, mêmes toilettes, mêmes voix, mêmes soupirs. Elles avaient fait de leur vie un duo de plaintes et de gémissements, avec des variations de menues méchancetés et d'acrimonies qu'elles déversaient indifféremment sur tout le monde. La seule différence qu'on pût remarquer entre la mère et la fille, c'est que l'une avait plus d'esprit que l'autre, sans avoir moins d'aigreur et de curiosité. Elles avaient un art prodigieux de se faufiler dans l'intimité des familles où le hasard les faisait pénétrer. Au bout d'un mois, et sans savoir comment, on les voyait tous les jours. Elles s'invitaient à déjeuner ou à diner, et apportaient leur ouvrage au coin du feu. Ah! quelles mains infatigables! Elles n'avaient de plus actives que la langue et les lèvres, confites en médisances.

On aurait pu croire que la mère et la fille avaient des doigts au bout des yeux et des yeux au bout des doigts. Rien ne leur échappait. Je n'ai jamais pu savoir comment Mme Bordier les avait introduites chez nous. Un jour elles n'y étaient pas, le lendemain je n'ai plus vu qu'elles. Et que de caresses! que d'embrassements! Leurs griffes étaient ointes de miel. Mme Denèvre et sa fille avaient le culte des anniversaires. Point de fêtes qui ne fussent un prétexte à des averses de petits cadeaux qui s'amoncelaient dans les armoires et dont il eût été impossible de se débarrasser sans le concours des loteries qu'on organise si volontiers dans les salons. Pelotes, pantoufles, bourses, sachets, capuches, sacs à ouvrage, que sais-je encore? mille objets inutiles en fausses perles, en tapisserie, en chenille sortaient de leurs mains et vous assaillaient. D'une voix douce, en vous les offrant, elles donnaient à ces petits présents le nom prétentieux de souvenirs du cœur.

« Ce sont les fruits de nos veilles, disaient-elles à l'unisson, le pauvre donne ce qu'il a. »

Quelle récolte ne rapportaient pas ces fruits si bien cultivés! Des suites de hasards faisaient qu'elles ne choisissaient jamais pour ces offrandes que des personnes riches ou aisées. Ne fallait-il pas dès lors reconnaître tant de belles attentions par des présents qui ne fussent pas en moins grande quantité? Mais elles possédaient une telle provision de choses qui ne servent à rien, qu'on ne pouvait décemment répondre à leur mitraille de souvenirs que par des cadeaux utiles : robes, coupons d'étoffe, chapeaux, dentelles et menus bijoux tombaient dans leur giron.

« Non ! c'est trop ! » disaient-elles toujours, et jamais elles ne refusaient.

C'était comme une dîme prélevée sur toutes leurs connaissances, une sorte d'impôt ténébreux qui me rappelait ce *black-mail* dont les highlanders d'Écosse frappaient autrefois les habitants des basses terres. Il figurait dans le budget de l'année.

Je n'ai connu à personne cette manière d'entrer dans un salon. Mme Denèvre s'y présentait d'abord suivie de sa fille. Du premier regard leurs yeux en avaient fouillé tous les coins. Deux chattes paresseuses qui promènent leur fourrure sur des tapis ne soulèvent pas plus de bruit. Elles glissaient comme des ombres, armées chacune d'un terrible sac à ouvrage d'où sortaient ces menus objets qu'elles tenaient en réserve pour leurs victimes. Elles avaient tout vu avant de s'asseoir, les plantes fraîches dans leurs jardinières, un bouquet dans un cornet de porcelaine, une fantaisie nouvelle, un meuble neuf. Soudain elles souriaient comme si des ficelles invisibles eussent du même coup détendu leurs lèvres, et nous embrassant :

« Ah! tant mieux ! disaient-elles en duo, on vous

gâte ; cela nous fait plaisir de voir ces belles choses. »

Puis avec un soupir : « Nous n'avons pas de ces bonheurs ; on ne vient pas dans notre humble retraite. Qui songe à de pauvres délaissées ! Mais nous ne sommes pas égoïstes…. et si vous êtes heureuses dans ce luxe que nous ne connaîtrons jamais, nous le sommes avec vous. »

Quelquefois la mère embrassait la fille :

« Pauvre petite ! » murmurait-elle.

XXXVI.

J'avais cette mendicité hypocrite et plaintive en horreur. Il me fallait l'exemple de Jenny pour ne pas rompre en visière à Mme Denèvre ; les impertinences me venaient d'elles-mêmes aux lèvres. J'en retenais des douzaines par quart d'heure. Je leur en voulais de ne pas rendre leur infortune respectable. Quant à les voir moins souvent, il n'y fallait pas songer. Elles se faisaient de leur pauvreté une cuirasse et une pique. Si, étant occupée au moment de leur arrivée, on les faisait prier d'attendre un instant :

« Oh ! ne vous pressez pas, nous en avons l'habitude, » répondaient-elles.

Si par aventure on était coupable d'un oubli ou d'une négligence, dès le premier mot d'excuse elles vous arrêtaient:

« Pourquoi vous excuser? Est-ce qu'on se gêne avec nous? »

Un soupir terminait ce bout de phrase et lui donnait toute sa clarté. Parlait-on devant elles d'une comédie ou d'un opéra nouveau :

« Écoute bien, ma fille, disait la mère, et comme tu n'auras jamais occasion de voir cette pièce, remercie les personnes qui veulent bien te tenir au courant de ce qui se passe. »

Leur demandait-on par hasard ce qui pouvait leur être agréable à l'époque d'une fête ou du jour de l'an :

« Cherchez dans votre défroque..., tout nous suffit.... Est-ce que nous ne faisons pas nos régals de ce que vous ne portez plus? »

On savait ce que cela voulait dire. Elles avaient des paroles d'une douceur mielleuse qui sentait l'aigre; en cherchant tout au fond de leurs caresses, on y trouvait toujours quelque goutte de venin; leurs moindres discours faisaient l'effet d'une tasse de lait bien sucré dans laquelle on aurait fait dissoudre une parcelle d'arsenic.

Rien à reprendre d'ailleurs dans leur conduite. Leur vertu avait la sécheresse et la solidité du buis; mais cette vertu était encore pour elles une arme de combat qu'elles maniaient avec une complaisante dextérité. Elle leur servait de prétexte à toutes les médisances. Sur ce chapitre, elles ne tarissaient pas. On savait des personnes qui avaient l'art de se faire vingt mille francs de rentes avec dix-huit cents livres de revenus.... Ainsi, par exemple, Mme de C..., qui croquait des faisans à tous ses repas.... C'était là un gibier que Mme Denèvre ne mangerait jamais. Si elle n'allait plus chez la baronne de N..., c'est que sa fille n'avait pas eu pour le baron l'indulgence de Mme R..., dont la voiture éclaboussait Mélanie. Comme tant d'autres, elles auraient pu descendre du cinquième étage au premier. Certes les occasions ne leur avaient pas manqué ; mais la fille de Mme Denèvre n'était pas d'un sang à suivre l'exemple de Mlle B..., qui se vantait d'avoir un oncle millionnaire.

On parlait volontiers chez Mme Denèvre, et d'un air de modestie orgueilleuse, de l'origine de la famille. Il y avait eu un Denèvre qui était lieutenant général des armées du roi sous Louis XV ; plus tard, et après avoir tenu son rang dans la province, la famille, poursuivie par l'infortune, s'était perdue dans le tourbillon de Paris, où le dernier des Denèvre, mort depuis un petit nombre d'années, comptait parmi les lumières de l'administration. La vérité voulait que de son vivant il eût été simple commis à la direction des hypothèques. C'était honnête ; mais pourquoi entourer cette ombre d'une auréole ? O vanité, que de sottises tu fais dire, sans parler de celles que tu fais faire !

XXXVII.

Naturellement, Mme Denèvre et Mélanie détes-
taient la jeunesse et la beauté ; elles possédaient un
instinct merveilleux, en quelque sorte le flair du
chien de chasse qui suit à la piste une perdrix, pour
découvrir le défaut de la cuirasse. Entre elles et
Clotilde aucune sympathie. Quand elles étaient ensemble, on aurait dit un jeune et brave faucon entre
deux chouettes. La mère et la fille exécraient l'institutrice, qui ne laissait pas tomber un mot méchant
sans le relever ; mais elles la craignaient : de là des
minauderies caressantes et des mots tendres dont le
bourdonnement laissait Mlle Guérin parfaitement
indifférente et calme. Avec Brigitte, c'était une autre
affaire : on avait sur elle l'avantage de la naissance
et de l'éducation, et on le lui faisait sentir. On lui en
voulait, en outre, de ce qu'elle était avenante et
jolie. La grâce ne se mésalliait-elle pas en s'oubliant
chez une ouvrière? Peut-être aussi Mme Denèvre lui
gardait-elle une rancune secrète de ce qu'elle fût
plus avant que Mélanie dans les prévenances de mon
frère.

Une guerre sourde éclata ; après les sourires et
les réticences, vinrent les allusions. Mme Denèvre

était de cette école de femmes qui font dé l'indiscrétion un sacerdoce ; elle disait tout, jusqu'aux choses
les plus désagréables, dans l'intérêt des gens. Ses
yeux toujours en éveil ne pouvaient manquer d'apercevoir au plus vite ce que ma jeunesse ne m'avait
pas permis de découvrir. Bientôt Brigitte fut atteinte
et convaincue d'avoir tout mis en œuvre pour détourner un fils de famille du respect qu'il devait à la
maison paternelle. On la déclara criminelle bien
plus qu'il n'avait été coupable. Le premier coup
porté, ce furent des chuchotements sans trêve et
des discours sans fin, auxquels Jenny et moi ne
comprenions rien. Édouard paraissait anxieux, Brigitte inquiète ; des rougeurs lui passaient sur les
joues. Un matin, Mme Denèvre parut dans la maison,
suivie de Mme de Brassannes, à qui, durant ses absences, mon père laissait la plus large part d'autorité.
Dans notre petite république, elle remplissait les
fonctions de grand-juge. Comme elles entraient,
Édouard sortit d'une pièce où travaillait Brigitte.

« Vous voyez ! » dit Mme Denèvre, qui sourit.
Édouard lui jeta un regard furieux.

« Cher enfant, répondit Mme Denèvre, j'obéis au
cri de ma conscience... Un jour vous me remer-
cierez. »

J'étais dans un salon qui communiquait avec la
pièce dans laquelle Brigitte se tenait. Clotilde m'appela. J'obéis, mais assez lentement pour voir Mme
de Brassannes qui s'enfermait avec l'ouvrière.

« Que se passe-t-il donc? demandai-je à Mlle
Guérin.

— Une chose utile peut-être, mais dont certainement je ne me serais pas chargée, » répondit-elle.

Une heure après, Brigitte sortait de la chambre où
je l'avais vue pendant tant d'années. Elle avait les
yeux rouges et agrafait sa mante sur ses épaules. Je
voulus m'approcher, elle me fit un petit signe de la
tête comme pour me dire adieu et s'éloigna. Je fus
étonnée de l'expression de sa bouche, où l'on voyait
la trace de la colère et d'une résolution prise. Édouard
était à l'autre extrémité du salon auprès de Mme de
Brassannes. On lisait sur les traits de Mme Denèvre,
qui rangeait des bobines et des écheveaux dans une
grande corbeille, une sorte de contentement veni-
meux et de triomphante humilité.

« Mademoiselle, dit-elle tout à coup en rappelant
Brigitte, voilà, ce me semble, un dé qui vous appartient ; il est en or, je crois. Celui de ma fille et le
mien sont en argent. »

Brigitte revint sur ses pas, le visage en feu, et disparut après avoir mis le dé dans sa poche.

« De quoi vous mêlez-vous, madame? s'écria mon
frère, que je n'avais jamais vu si pâle.

— Je fais mon devoir, » répliqua Mme Denèvre.

Édouard allait répondre, Mme de Brassannes in-
tervint.

« Mon cher Édouard, dit-elle, tu sais si je t'aime ;
ce que je viens de faire, ta mère l'aurait fait.

— Oh ! vous, c'est différent.... Mais Mme Denèvre....

—C'est juste, je suis pauvre !... et ma pauvreté me défend de faire le bien. Est-ce cela que vous voulez dire? »

Un regard de ma marraine imposa silence à mon frère, qui se retira chez lui.

« Voilà une personne qui ferait haïr la vertu, » murmura Mlle Guérin, dont le regard s'était arrêté sur Mme Denèvre.

Elle me prit alors par la main et me ramena dans la salle de travail, d'où je m'étais échappée.

« Votre piano vous attend, » me dit-elle.

XXXVIII.

Je restai malgré moi songeuse pendant quelques jours. Il se passe dans l'intérieur des familles les plus unies et les plus tranquillement assises dans la vie des événements dont rien ne perce à la surface et qui troublent les jeunes esprits. Ce sont comme des éclairs qui préparent aux tristes lumières de l'expérience. On entrevoit des abîmes, on a la révélation brusque de sentiments et de passions que l'on ne soupçonne pas, et l'on devine par instants qu'en dessous des choses que l'on sait et de l'existence familière, aisée, qui vous enveloppe de ses faciles habitudes, s'agite un monde obscur, violent, plein de tempêtes, vers lequel la pente des jours vous pousse invinciblement. Pourquoi Brigitte était-elle partie subitement, les yeux mouillés, sa corbeille toute remplie d'ouvrage inachevé? Pourquoi cet entretien avec Mme de Brassannes? Pourquoi tant de furie dans les yeux de mon frère et tant de chagrin? Que signifiaient ces paroles dont le sens m'échappait et dont les syllabes énigmatiques grondaient encore à mon oreille? Pourquoi ces reproches? Qu'avait fait Mme Denèvre? Dans la soirée j'interrogeai Jenny. Qu'avait-elle compris?

« Moi! rien, me répondit-elle.

— Et que supposes-tu?

— Rien encore.

— Et cela ne t'agite pas? La maison est en l'air depuis ce matin. Ma marraine a pris Édouard dans un coin après dîner. Mme Denèvre a les lèvres pincées. Mme Bordier soupire et n'a vidé qu'à demi sa tasse de thé. Mlle Guérin s'est acharnée à jouer du piano et ses doigts en frappaient les touches comme des marteaux. Et Brigitte, sait-on seulement si elle reviendra?

— Qu'est-ce que tout cela prouve? Si Mme de Brassannes a pris ton frère à part, c'est qu'elle avait apparemment quelque chose à lui dire. Je n'imagine pas que les lèvres de Mme Denèvre aient rien changé à leurs habitudes en se montrant telles que tu les as vues. Si Mme Bordier soupire et n'avale point sa tasse de thé jusqu'à la dernière goutte, c'est qu'elle aura négligé de compter les points de sa tapisserie.

Quant à Mlle Guérin, il ne faut pas faire des efforts d'intelligence bien rares pour comprendre que si elle s'est vouée au culte de la sonate jusqu'à dix heures, c'est qu'elle n'avait point envie de parler.

— La merveilleuse explication ! Et cela te suffit?

— Parfaitement.

— Mais Brigitte?

— Eh bien, nous saurons dans huit jours à quoi nous en tenir. Si elle revient, à quoi t'aura servi de te tourmenter? Si elle ne revient pas, c'est que ta marraine aura eu d'excellentes raisons pour la prier de rester chez elle.

— Tu ne la regretteras donc pas ?

— Si, beaucoup.

— Et tu comptes cependant ne rien faire pour elle?

— Je ferai tout ce que je pourrai. Je serais même très-affligée de ne plus la revoir. Elle était douce et bonne, et je m'étais attachée à elle depuis le temps où je la voyais travaillant et riant autour de nous. Elle me trouvera en toute occasion prête à lui venir en aide; mais enfin, Brigitte, ce n'est pas toi....

— La belle raison !

— Très-belle. D'abord je n'ai jamais pensé que je dusse vivre et mourir avec elle ; ensuite, mes regrets ne feront rien à la décision de Mme de Brassannes. Tu sais, elle est comme ton père : ce qu'elle veut, elle le veut bien.

— Et là-dessus tu vas te coucher?

— Tout naturellement.

— Et dormir?

— Je l'espère. »

Ce grand calme m'exaspérait.

« Bonne nuit donc ! lui dis-je brusquement.

— Bonne nuit, Édile, » me répliqua-t-elle avec tranquillité.

XXXIX

Brigitte ne revint pas. Personne ne nous en parla plus ; mon imagination se tourmentait à savoir ce qu'elle était devenue. Je bâtissais des romans. Il y avait en moi les racines de mille attachements qui me faisaient mal en se déchirant ; combien qui s'étaient brisées déjà ! Je me rappelais Brigitte avec son air d'élégance, sa démarche légère, ses mouvements pétris de grâce ; elle me plaisait par des côtés auxquels on ne devrait peut-être pas s'arrêter, mais qui séduisent. Laide ou lourde, peut-être ne fût-elle point entrée dans mes préférences.

XL

Un jour, longtemps après, et je saute par-dessus bien des événements pour arriver à cet épisode qui a laissé sa marque dans mon souvenir, j'étais en deuil de mon père, lorsqu'au coin de la rue Laffitte, tout à coup Brigitte m'apparut. Je la vois encore avec sa robe de soie aux couleurs vives frissonnant autour de ses pieds, un filet de dentelles répandu sur ses fines épaules, les mains emprisonnées dans des gants clairs, des boutons de rose sous la voilette blanche de son chapeau. Elle descendait de voiture et s'avançait en plein soleil sur le trottoir, souriante et rapide. On aurait dit le printemps qui passait.

« Brigitte ! » m'écriai-je.

Elle se retourna, me reconnut, sourit, fit un mouvement comme pour venir à moi, puis hésita. Mes vêtements de laine noire faisaient-ils peur à sa toilette de papillon ? Je m'élançai. Une main m'arrêta, la main de Mme de Brassannes, dont le visage était devenu sévère tout d'un coup. Brigitte rougit et s'écarta ; ses yeux avaient rencontré les miens. J'y vis comme un éclair de joie, puis une ombre, et elle regagna sa voiture sans retourner la tête.

Je ne dormis pas cette nuit-là. Cent questions s'agitaient en moi comme des oiseaux qui battent de l'aile dans une cage.

XLI

J'ai dit que j'étais en deuil de mon père. Il était mort des suites d'une pleurésie qu'il avait rapportée de l'une de ses excursions pendant les brumes et les pluies de l'automne. Il avait encore la solidité d'un chêne et l'entrain fougueux d'un jeune cheval. Vaincu par le mal, il luttait encore. Quand la triste vérité qu'il avait voulu connaître lui fut révélée, il fit appeler M. de Brassannes, et nous poussant de son côté, Jenny et moi :

« Je vous les donne, » lui dit-il.

Il fit signe à Mme de Brassannes qui priait dans un coin, et joignant leurs mains dans les siennes :

« Vous serez leur père et leur mère, » reprit-il avec une autorité douce.

Son regard qu'il arrêta sur moi était baigné de tendresse :

« Mon enfant, ajouta-t-il en m'attirant au bord du lit, ne pleure pas trop ; un moment vient dans la vie où lorsqu'on a beaucoup travaillé, une grande fatigue vous saisit ; la mort n'est plus qu'un repos ;

on s'y plonge comme dans le sommeil. Embrasse-moi; j'emporterai là-haut ton baiser à celle qui m'attend. Je t'ai appris la chose que je crois la meilleure, la soumission. Elle est dans les devoirs de la femme et dans sa destinée. C'est une vertu patiente qui protége et console. Elle n'a de limite que la conscience.... »

J'étais anéantie; mais la fermeté de ce langage, m'arrachant à moi-même, me faisait croire que mon père allait nous être rendu. Mes yeux interrogèrent le médecin. Son regard me répondit. Le moribond m'avait devinée :

« Mets ton espérance en Dieu et veille sur toi, » me dit-il alors avec un accent qui fit passer un frisson dans mes veines.

Jenny était agenouillée, le visage dans les draps. Il sourit, et passant sa main sur sa tête :

« Toi, tu es simple et douce; la vie sera bien méchante si elle ne te rend pas heureuse; je t'ai aimée comme ma fille; aimez-vous l'une l'autre comme deux sœurs. »

En ce moment s'éleva de la rue la voix chevrotante d'un vieil aveugle qui traînait sa misère et ses chansons par la pluie et le vent. Il était infirme et cassé. De longues années de souffrance pesaient sur ses épaules, et chaque jour il passait, mendiant son pain. Pourquoi lui debout, qui était seul, et pourquoi mon père, abattu qui laissait deux orphelines? Même dans cette heure auguste le grand pourquoi m'assaillait. Dans ce silence que troublait la

voix d'un passant, la voix de mon père appela
Édouard.

« Toi, leur frère, sois leur ami, » reprit-il.

Édouard courba la tête. J'avais les yeux ardemment fixés sur le visage de mon père, comptant les minutes, hors de moi, déchirée. M. de Brassannes se tenait auprès de lui. Mme de Brassannes vaquait aux derniers soins que demande un moribond, avec cette fermeté douce et ce sentiment du devoir, dont elle donnait sans cesse des exemples. Mme Bordier respirait des sels dans une pièce voisine. Je sentis tout à coup une main qui pressait la mienne. C'était celle de Clotilde qui s'était glissée à mon côté, sans bruit, comme une amie. Jenny pleurait abattue dans un fauteuil. J'attendais quelque chose, je ne sais quoi, un miracle peut-être. Il me semblait impossible que la mort enlevât du milieu de nous ce père si plein de vie, si bon, si résistant, et cependant une angoisse me remplissait qui me laissait sans haleine. Tout à coup, celui qui semblait n'avoir plus de la vie que des tressaillements se souleva à demi, et, d'une voix qui vibre encore à mon oreille, m'appelant à son chevet : « Tu obéiras ! » me dit-il. Et son doigt me montra M. de Brassannes immobile auprès de moi. Tout mon corps se mit à trembler. Je vis bientôt ses mains qu'il avait levées sur mon front retomber lourdement sur le drap qu'elles effleurèrent de mouvements convulsifs.

Un voile passa dans ses yeux Ses regards qui ne voyaient plus nous cherchaient encore. Subitement la palpitation s'arrêta sur le bord de ses lèvres et quelque chose de blanc s'étendit entre nous : c'était le drap de lit que M. de Brassannes venait d'abattre sur le visage de mon père. Il me sembla qu'un voile derrière lequel j'avais vécu heureuse se déchirait, et la vie m'apparut comme un désert où dorénavant je devais marcher seule; mes genoux fléchirent et Mme de Brassannes me reçut dans ses bras.

XLII

Un temps s'écoula qui reste obscur dans mes souvenirs. Nous n'habitions plus la rue Saint-Georges, mais un petit hôtel de la rue de la Pépinière qui faisait partie de la succession, et derrière lequel s'étendait un vaste jardin. M. et Mme de Brassannes demeuraient avec nous. Mme Bordier et Mlle Guérin ne nous avaient pas quittées. Édouard vivait en garçon. Il achevait ses études de droit. Ai-je besoin d'ajouter que Mme Denèvre et Mélanie nous avaient suivies de la rue Saint-Georges à la rue de la Pépinière, les mains pleines de résilles noires, de bourses noires, de guimpes noires, comme on voit les guêpes tournoyer autour des paniers de raisins qu'emporte un vigneron. J'avais appris de mon père à réagir contre les douleurs violentes et à me roidir contre le mal.

Avec lui les évanouissements, les attaques de nerfs
eussent été des hôtes incommodes. C'était sa maxime
qu'on vient au monde pour tout accepter et tout regarder en face. Mais, dès les premiers temps, il me
fut aisé de comprendre que cette révélation de la vie
que j'avais eue au moment où l'âme de mon père
s'envolait, était l'exacte interprétation de la vérité.
J'avais jusqu'alors marché dans l'existence comme
un chevreau sur des sentiers herbus ; bientôt mes
pieds se heurtèrent à des cailloux, et les épines pous-
sèrent autour de moi.

XLIII

J'étais une héritière, et Jenny l'était avec moi. Que
de choses dans ce mot ! Comme un coup de clairon
réveille des centaines de soldats endormis, et les fait
courir aux armes, ainsi ce mot sonore réveille en
sursaut mille convoitises qui se jettent à la curée.
Nous approchions de l'âge où une jeune fille peut
être pourvue, et chacune de nous possédait une fortune limpide et liquide qu'on pouvait évaluer, sans
exagération, à une somme ronde de sept à huit cent
mille francs. On ne parlait pas encore de millions à
cette époque avec l'aisance et la familiarité qu'on y
met à présent. Nos huit cent mille francs donnaient

des éblouissements aux pères de famille nantis de fils majeurs. En six semaines, avoués et notaires furent en campagne. M. de Brassannes, investi par testament de tous les droits d'un tuteur, les éconduisit tous. Il était déterminé à ne penser à notre établissement qu'après l'expiration de notre deuil.

« Je ne t'ai pas consultée, me dit-il, mais je suis sûr qu'en répondant comme je le fais, je vais au-devant de tes propres sentiments. »

Il avait raison. Pour le plus charmant prince des contes de Perrault, je n'aurais pas sacrifié un seul des jours que je devais à la mémoire de mon père. Mais ces refus ne lassaient pas l'ardeur des candidats. Il en venait un, il en venait deux, il en venait dix. J'étais surprise de la quantité de personnes en habit noir qui demandaient à causer avec M. de Brassannes.

« Parbleu ! me dit-il, ta tutelle n'est pas une sinécure. Jamais homme d'armes gardant une tour n'a fait un pareil métier !

— C'est donc de moi qu'il s'agit?

— De toi et de Jenny.... on n'a point de préférence.... »

Ce dernier mot me fit rougir.

« Les personnes qui nous font l'honneur de penser à nous ne nous connaissent donc point?

— Et pourquoi faire? »

L'étonnement qui se peignit sur ma physionomie fit sourire M. de Brassannes. Il carressa ses fines moustaches grises.

« Il est clair que si tu n'avais pas la moindre fortune, on prendrait plaisir à causer avec toi ; mais riches comme vous l'êtes toutes deux, Mlle Pujol ou Mlle Lassalle, n'est-ce pas la même dot?

— Ah ! les vilaines gens ! m'écriai-je.

— Très-vilains , mais si tu tiens à les apprécier a leur juste valeur, prends la peine d'entrer dans ce cabinet noir. C'est une comédie dont je veux t'offrir le régal. Tu pourras tout entendre sans être vue, et si ton éducation t'a laissé quelque ombre de vanité, ce dont je doute, elle sera prompte à s'évanouir. On sonne, entre vite. Que ce soit M. Verdais le notaire, où M. Collardon le procureur, nous aurons un résultat pareil. »

Ce que je faisais me laissait quelque scrupule ; mais, le désir de juger des choses par moi-même me poussant, je cédai.

Le premier personnage qui se présenta portait sous le bras un grand portefeuille noir ; une cravate blanche tordue comme une corde serrait son cou. Il salua profondément M. de Brassannes, qui lui montra un fauteuil, et posa le portefeuille noir carrément sur ses genoux.

« Nous sommes l'un et l'autre des gens pratiques, dit mon tuteur, épargnons les préliminaires. On vous a dit sans doute que j'avais l'intention formelle d'ajourner à un an tout projet de mariage ; cependant, comme vous avez insisté pour avoir un entretien, causons. »

L'homme à la cravate tordue toussa légèrement.

« Il se peut, en effet, que certains avantages mo-
difient bien des résolutions, dit-il.

— Votre client a donc une position exceptionnelle,
mon cher monsieur Collardon?

— Je ne connais que des clients d'élite ; mais celui
que je vais avoir l'honneur de vous proposer est véritablement en situation de prétendre aux partis les
plus considérables.

— J'écoute. »

M. Collardon toussa de nouveau et ouvrit son
grand portefeuille.

« Je ne vous parlerai pas de la famille de M. de
Férolles, reprit-il, elle est alliée aux meilleures maisons du faubourg Saint-Germain; quant à ses biens,
voici des papiers qui prouvent qu'il a, du chef de sa
mère, un château et une terre dans le Poitou, d'une
valeur approximative de six cent mille francs.

— Sans hypothèques? »

M. Collardon eut une quinte de toux assez vive.

« Oh! fit-il, une bagatelle, deux ou trois cent
mille francs, à peu près.

— Peut-être quatre cents.

— Mais M. Fernand de Férolles, M. le comte de
Férolles, veux-je dire, car le père qui vit encore, est
marquis, a un oncle, M. le baron de Maurvoix, qui
lui laissera tout au moins la moitié de sa fortune
estimée à quarante bonnes mille livres de rentes.

— En prendriez-vous l'engagement?

— Un engagement écrit et signé?

— Oui, une donation entre-vifs.

—Non, je l'avoue; mais les avantages d'une alliance avec une famille si bien posée dans le monde aristocratique compensent, et au delà, ces petites questions d'intérêt.

— C'est peut-être vrai; mais, dites-moi, M. le comte de Férolles connaît-il Mlle Pujol?

— Il a eu l'honneur de la voir à la messe, à Saint-Philippe-du-Roule; et là, son maintien, sa parfaite distinction, l'expression candide de son visage attristé par un chagrin récent, ont produit la plus vive impression sur son cœur.

— Je n'en doute pas. Mlle Pujol a tout ce qu'il faut pour plaire; malheureusement, des considérations de famille me forcent à penser tout d'abord à l'établissement de sa cousine, Mlle Lassalle. Édile ne doit passer qu'après Jenny.

— Ah !

— Il est donc inutile de prolonger cet entretien.

— Et pourquoi donc?

— Mais parce que Mlle Pujol, que votre client a remarquée à la messe, n'est point encore à marier.

— J'entends bien ! mais Mlle Pujol et Mlle Lassalle n'ont-elles pas à peu près le même âge et les mêmes avantages?

— A peu près, en effet.

— M. de Férolles, en admirant l'une des cousines, a rendu hommage aux charmes de l'autre. Il comprend qu'on hésite entre elles deux, et nous avons un tel désir de nous allier à une famille si honorablement connue, qu'à défaut de Mlle Pujol....

— Vous tourneriez vos visées....

— Vers Mlle Lassalle, oui, cher monsieur.

— Eh bien, je lui ferai part des intentions aimables de M. le comte de Férolles, et vous aurez notre réponse demain. »

M. Collardon repoussa les papiers dans son portefeuille et sortit radieux, comme s'il avait eu déjà ville gagnée. J'étais indignée. La question des personnes était indifférente à ce fils de famille qui m'avait si bien regardée; sans même le consulter, sûr de son assentiment, son mandataire passait outre; le chiffre de la dot suffisait! J'allais éclater. On entendit une voix de femme dans une pièce d'attente :

« Mme Verdais! Cache-toi! me cria M. de Brassannes. La comédie a deux actes, et je ne veux pas que tu en perdes rien! »

Je refermai précipitamment la porte du cabinet sur moi. Il était temps! Une femme jeune encore, habillée avec élégance, mais avec recherche, entra d'un air de pétulance et donna galamment une poignée de main à mon tuteur.

« Que vous avez bonne mine! c'est comme moi, lui dit-elle avant qu'il eût le temps de la saluer. J'ai fait cette remarque qu'à Paris personne ne vieillissait. Les rides n'attrapent que ceux qui leur donnent l'hospitalité. »

Et sans reprendre haleine :

« On se porte bien ici?... tant mieux! Qui donc se porterait bien si ce n'était deux héritières! C'est même à propos de l'une d'elles que vous me voyez

céans. Vous devez vous en douter, n'est-ce pas ?
M. Verdais devait venir ; il m'a envoyée à sa place.
Il a pensé que dans une question de mariage une
femme pouvait avoir l'éloquence d'un homme, et
j'ai idée qu'il ne se trompe pas.

— Et moi non plus, répliqua M. de Brassannes,
tandis que Mme Verdais respirait.

— Elle est charmante, Mlle Pujol. Je l'aime fort
et me suis mis en tête de faire son bonheur.

— Je vous en serai bien reconnaissant.

— Oh ! ne me remerciez pas encore ! Il y a toujours une part d'égoïsme dans les meilleurs sentiments, et j'ai pensé à votre pupille en pensant à un
de mes amis.

— Un prétendant alors ?

— Vous l'avez dit. Un homme que je voudrais
avoir pour mari, si je n'avais pas M. Verdais. Un caractère qui a la douceur du duvet de cygne, et la
meilleure éducation qu'on puisse rêver. Chaque année il sortait du collége les mains chargées de prix.
Vingt-neuf ans, les yeux bleus, l'humeur gaie, une
santé à l'épreuve de tous les hivers, et une voix !...
une voix qui est tout au moins cousine de celles qu'on
entend à l'Opéra. Personne ne valse mieux que lui.

— C'est un phénix !

— Vous croyez rire ! On battrait les quatre coins
de Paris avant de trouver un jeune homme qui le
vaille.... Je m'y connais !

— J'en suis convaincu. Et que fait cette merveille
du règne masculin ?

— Rien. Cependant M. Gustave Piersaulx est avocat, comme tout le monde.

— Il ne doit pas avoir une minute à lui.

— C'est la vérité. Les invitations le harcèlent. Il mènera sa femme dans tous les ministères et la rendra parfaitement heureuse.

— Voulez-vous me permettre une question, ma chère madame Verdais?

— Deux.

— Pourquoi M. Gustave Piersaulx se marie-t-il?

— Ah! voilà! Il a fait quelques folies et croqué deux ou trois cent mille francs avec les personnes ébouriffées qu'on voit dans les avant-scènes de nos petits théâtres.... Le gouvernement devrait bien prendre des mesures contre ces pérouelles qui nous enlèvent nos danseurs.

— Le gouvernement ne pense pas à tout.

— La famille s'est émue, et on a décidé en conseil qu'il fallait au plus vite marier le pauvre garçon. Quand il aura une femme à lui, il ne songera pas aux femmes de tout le monde. Il n'a fait aucune résistance et se laisse conduire vers le mariage.

— Comme une victime vers l'autel du sacrifice.

— Non pas, mon cher monsieur de Brassannes, mais comme un pécheur repentant vers le paradis.

— M. Gustave Piersaulx connaît certainement Mlle Pujol?

— Mais pas du tout! à quoi bon?

— Ah!

— Il m'a donné carte blanche. Que lui faut-il?

Une jeune personne d'une famille honorable, bien élevée, douce, aimable, jolie si faire se peut.....

— Et riche?

— Naturellement. M. Piersaulx a encore trente mille francs de rentes bien liquides, malgré les dépouilles qu'il a laissées aux mains de ces demoiselles, et s'il apporte le déjeuner, comme on dit entre gens d'affaires, il désire que Mme Piersaulx apporte le dîner. Or Mlle Pujol répond de point en point à ce programme; et présentée par moi, il l'acceptera les yeux fermés.

— Quand on choisit une ambassadrice telle que vous, c'est ce qu'on a de mieux à faire.

— Voulez-vous à présent que nous fixions le jour de la présentation?

— Je ne pourrais le faire qu'après avoir pris l'avis de ma pupille. Orpheline, elle est presque émancipée.

— Eh bien! j'attendrai votre réponse demain. »

Mme Verdais se leva, et tendant la main à M. de Brassannes qui la reconduisait :

« Vous direz à cette chère Mlle Pujol que M. Piersaulx va aux Tuileries, » reprit-elle.

J'ouvris la porte du cabinet qui m'avait cachée. Je suffoquais. Dans ces mariages dont j'étais le but, il était question de tout, excepté de moi; ma personne n'était comptée pour rien. L'un m'avait à peine regardée, l'autre ne m'avait pas regardée du tout.

« Eh bien, qu'en penses-tu? me dit M. de Brassannes après qu'il eut reconduit Mme Verdais.

— Voilà donc ce qu'on appelle le mariage! m'écriai-je: que suis-je dans tout cela? quelle part m'y laisse-t-on? ma naissance, mon âge, mon éducation, ma dot surtout! voilà ce qui les occupe; mais moi, Édile, je disparais. On ne me fait pas l'honneur de me demander si je sens, si je pense, si j'existe. Ai-je un cœur, ai-je une âme? que leur importe? Eh bien! je leur ferai voir qu'ils se trompent. Je ne voudrai jamais de quelqu'un que si ce quelqu'un veut de moi pour moi; je ne me marierai que si j'aime et si je suis aimée.... Sinon, non!

— La! la! fit M. de Brassannes, est-ce donc une héroïne de roman que j'ai sous les yeux, et t'appelle-t-on Héloïse ou Clarisse? »

Je rougis, mais sans baisser les yeux :

« Trouvez-vous donc que j'aie si grand tort de ne pas vouloir que la main aille sans le cœur? répliquai-je; quelle plus forte garantie espérez-vous pour le bonheur et la dignité d'un ménage que la libre disposition de soi-même et le don volontaire, ému, spontané de toute sa personne? Je n'ai pas bien réfléchi à ces choses-là, mais un sentiment intime me dit que la première condition du mariage est dans un mot que j'oserai prononcer pour la première fois parce que je le prononce devant vous : l'amour. »

M. de Brassannes devint sérieux, et m'attirant vers lui :

« Il y aurait bien des choses à répondre à cela, reprit-il. L'amour! le mot est sonore et va bien à des lèvres roses. Il séduit et fascine! Mais que d'abîmes

dans ces courtes syllabes si douces à prononcer et
quelle base fragile à donner à la plus redoutable
institution!.... Un sentiment éphémère, incertain,
fugitif, sera donc la seule loi d'un lien éternel?...
Non, je ne le crois pas, et là-dessus ma conviction
se sépare de la tienne. Que peux-tu savoir de la vie,
à ton âge, et du mariage, qui pour les femmes est
toute la vie? As-tu bien réfléchi à la terrible signification de ce mot : *toujours?* Ce n'est pas demain, ni
après-demain, ni le jour d'ensuite ; c'est le mois qu'on
attend, le mois qui suit, et l'autre encore, et sans
cesse, et toujours, les mois sur les mois, les ans sur
les ans ! Et parce qu'un jour tes yeux, — et ne t'y
trompe pas, les yeux sont le grand chemin du cœur,
— auront rencontré un joli visage, voilà ta vie en-
chaînée et prise tout entière ! Le cœur a battu, l'a-
mour a brillé, foin du reste !

— Et pourquoi? Est-ce que ma raison ne subsis-
tera pas? mon intelligence sera-t-elle fatalement
obscurcie? deviendrai-je aveugle subitement?

— Oui!... ne t'indigne pas ! Je vois l'éclair de la
colère et de la jeunesse dans tes yeux. D'autres ont
partagé tes illusions. Peut-être ont-elles les âmes
les plus hautes et les meilleures ; mais puisque ce
sujet redoutable et délicat a été abordé entre nous,
j'irai jusqu'au bout. »

Mon tuteur prit mes mains entre les siennes, et les
serrant avec force :

« Oui, poursuivit-il, oui, tu seras aveugle et
sourde, et tu le seras fatalement parce que ton cœur

aura parlé. Tu n'auras plus la libre disposition de ton jugement. Tu ne comprendras plus, tu seras tout entière à ta folie, et tu n'auras pas plus de guide pour savoir où tu vas qu'un enfant éperdu qui marche dans le brouillard. Je ne te dis point que l'être à qui ton cœur se donnera ne soit pas digne de toi par ce seul fait que tu l'auras choisi, mais il peut se faire qu'il ne te mérite en rien, et jamais alors tu ne t'en apercevras. Il y aura devant tes yeux des flammes et des lumières qui les éblouiront. Tu aimeras, c'est assez; et rien ne t'importera moins que de regarder au fond des choses.

— Mais c'est donc une loi que pour se marier il ne faille pas aimer?

— Non! mais ce n'est pas une loi qu'il suffise d'aimer pour aborder le mariage. Demandes-tu à un cheval emporté de choisir son chemin et de diriger sa course? Eh bien toute âme éprise est pareille à ce cheval. Je veux d'autres conditions à ce lien que rien plus tard ne peut rompre. Ainsi, par exemple, crois-tu que des parents qui n'ont pas d'autre pensée et d'autre but que le bonheur de leur fille n'aient pas un sentiment plus juste de ce qui peut l'assurer? Et je parle des pères de famille qui ne se laissent aveugler ni par l'ambition ni par l'amour des richesses. Leur raison reste entière, illuminée par une tendresse qui peut avoir le don de seconde vue. Ils chercheront moins l'exaltation d'un sentiment périssable que la solidité du caractère, la droiture de la vie, l'estime de tous, une existence bien rem-

plie et claire qui donne la mesure des qualités viriles.
Un cœur honnête, un esprit sain, une intelligence
active, voilà ce qu'il faut.

— C'est déjà quelque chose, je l'avoue.

— C'est beaucoup, et ce n'est pas l'amour.

— Tant pis ! »

Le mot partit comme une balle. Étonné, M. de
Brassannes me regarda.

« Parce qu'on a vu ces fillettes au berceau, reprit-
il, on croit toujours avoir affaire à des enfants !...
Est-ce que par hasard ?...

— Non, répondis-je en rougissant et d'une voix
mal assurée.

— Je te sais franche et en aucune circonstance
incapable de mentir. S'il en était autrement, tu me
le dirais ?

— Oui, je vous le dirais. »

J'étais sincère en parlant ainsi, n'ayant point encore une vraie connaissance de ce qui se passait en
moi, et cependant je me sentais troublée et comme
incertaine. Et tandis que ce mot qui dissipait les inquiétudes de mon tuteur tombait de mes lèvres, je
voyais passer devant mes yeux avec des rayonne-
ments l'image de Paul de Brassannes.

« Tu me tranquillises, chère Édile, continua mon
tuteur en m'embrassant. J'ai charge d'âme, vois-tu,
et si tu devenais malheureuse un jour, toi qui m'as
été confiée, jamais je ne m'en consolerais. »

Il remarqua mon émotion, et l'attribuant à l'entretien que nous venions d'avoir :

« Ne va pas tomber dans la mélancolie, ajouta-t-il en riant ; l'amour, vois-tu, est un sentiment qui trouble beaucoup de jeunes cervelles, on en parle souvent et à toute occasion, mais je n'ai pas vu qu'il fît autant de besogne que de bruit ; je désire qu'il ne te rende pas visite, mais si par hasard la chose arrivait, parle-m'en bien vite pour que j'avise à ce qu'il ne t'empêche pas d'être une heureuse femme et une bonne mère de famille. »

XLIV

Le langage de M. de Brassannes, le meilleur des hommes, m'avait surprise, affligée même, plus qu'il ne m'avait convaincue. Quelque chose protestait en moi contre la rigueur de cette condamnation. Mon cœur se débattait dans la contrainte où l'on voulait l'ensevelir. On lui retirait l'air, on lui retirait la vie. N'avait-il pas son instinct et ses besoins ? On l'exilait des sphères de l'enthousiasme et de l'ivresse morale, des purs enchantements et des rêves, et pourquoi ? Oui, des périls pouvaient se présenter, des chagrins accourir du fond de l'existence ; oui, le malheur pouvait être mon partage et mille souffrances accueillir mon réveil, mais j'aurais eu mon heure et tout mon être aurait tressailli. Un jour mon âme se

serait abreuvée de lumière, et je n'aurais pas traversé la vie ignorante des émotious dont le songe
précipitait le cours de mon sang dans mes veines
et qui font qu'une créature humaine est enlevée à
elle-même pour s'exalter dans une autre!

XLV

Depuis que nous avions transporté nos pénates
dans l'hôtel de la rue de la Pépinière, le cercle de
nos relations habituelles s'était agrandi. Parmi les
personnes que nous voyions alors dans une sorte
d'intimité relative, je dois mettre au premier rang
un certain M. de Saint-Hérel que j'avais aperçu par
instants chez mon père, autrefois, et un de ses parents, M. Félix de Mézin, qu'il appelait familièrement
son beau neveu, quoiqu'il ne fût guère que son cousin à la mode de Bretagne. Mon père avait fait la con
naissance de M. de Saint-Hérel à Nancy chez M. de
Mézin, conseiller à la cour royale et riche propriétaire de bols, auquel il achetait des coupes. Je n'ai
jamais bien su quel âge pouvait avoir M. de Saint-
Hérel, cinquante à soixante ans parfois le matin à
vue de rides, trente ou quarante au plus le soir,
quand il cambrait sa taille autour des belles dames
dans un salon. On disait qu'il avait servi dans les

gardes du corps, et qu'il avait chevauché à la suite
du roi Charles X sur la route de Cherbourg. Il aimait assez à ce qu'on l'appelât M. le comte. Il étai t
mince, effilé, long, toujours vêtu d'une redingote
noire boutonnée, avec une rosette brillant de toutes
les couleurs de l'arc-en-ciel à la boutonnière. Les
petits princes de l'Italie et de l'Allemagne l'avaient
criblé de leurs ordres, et il en tirait une innocente
vanité. Jamais je ne l'ai vu sans pantalon gris, gris-
perle, gris souris, gris-tourterelle, mais toujours
gris, ajusté sur la botte et dessinant la jambe, qu'il
avait leste, fringante et bien tournée. Les personnes
qui voulaient le carresser lui en faisaient compli-
ment.

« Oui, disait-il d'un air de complaisance, le bas
de soie ne me fait pas peur. »

Il était toujours tiré à quatre épingles, et son linge
exhalait un vague parfum de peau d'Espagne qui
faisait qu'on devinait sa présence avant de l'avoir
entrevu. Lorsque M. de Saint-Hérel causait, et il le
faisait avec un certain art, spirituel quoique prétentieux et un peu maniéré, il s'armait d'un lorgnon
d'or qu'on voyait éternellement pendu à son cou au
bout d'un ruban de soie noire et qu'il maniait alors
avec une grâce affectée. L'expression de son visage
était une sorte de bonhomie fine relevée d'un grain
d'impertinence. Il vivait galamment d'une rente via-
gère augmentée par intervalles de quelques em-
prunts qu'il faisait à M. de Mézin le conseiller.

A Paris, où il passait le plus clair de son temps en

promenades et en visites, M. de Saint-Hérel servait
de guide à M. Félix de Mézin, que son père voulait
pousser dans l'administration. En cette occurrence,
Mentor me paraissait avoir moins de tête que Télé-
maque. Volontiers au besoin il lui eût servi de guide
dans l'île de Calypso.

« Il faut que jeunesse se passe, » disait-il.

J'ai su plus tard ce qu'il entendait par ce mot de
jeunesse; quant à la sienne, il ne semblait pas qu'elle
dût avoir jamais de fin.

XLVI

La première fois que M. de Saint-Hérel nous présenta son beau neveu Félix, nous vîmes un aimable jeune homme, bien tourné, d'une physionomie
ouverte et douce, qui parlait peu, bien qu'il eût des
yeux tout à fait en vie. Par moments on reconnaissait en lui une nuance d'embarras.

« C'est l'air de la province, disait M. de Saint-
Hérel, en faisant tournoyer son lorgnon; mais je
suis là, et Paris le dégourdira. »

J'incline à penser qu'il comptait sur ses conseils
plus encore que sur Paris.

Félix dîna chez nous le dimanche qui suivit la
présentation. Dans la soirée, et après une conver-

sation où, à propos d'une pièce nouvelle qui faisait
grand bruit, il était sorti de sa réserve pour discuter
en bons termes, M. de Saint-Hérel, à qui je venais
de servir une tasse de thé, pencha la tête de mon
côté, et de nouveau agitant son lorgnon :

« N'est-ce pas que mon beau neveu est de l'étoffe
dont on fait les maris ? » dit-il.

Ces mots me firent dresser les oreilles. J'exami-
nai M. Félix de Mézin plus attentivement. Il était
véritablement aimable, poli, bien élevé avec un fonds
solide d'instruction, et tout à fait digne d'être remarqué. On ne sait pas combien de regards inquisiteurs
les jeunes filles jettent autour d'elles dans un salon
et quelle curiosité agite les plus timides. Dans tout
inconnu qui passe il y a pour elle l'ombre, le fantôme
d'un époux, et telle qui semble ne pas entendre et
ne rien voir a passé en revue tous les habits noirs
qui peuplent un bal. Son opinion est déjà faite sur
la moitié d'entre eux. J'étais défendue de cette préoccupation par une sauvagerie naturelle qui me
poussait, à me tenir dans l'ombre, et peut-être aussi
par une préférence inavouée, latente, exclusive, dont
les racines s'enfonçaient dans les limbes de ma première enfance. Je n'en avais qu'un sentiment confus, et déjà elle me dominait. Sans cette préférence
mystérieuse, j'ai la conviction que Félix aurait fini
en s'y appliquant, par gagner ma sympathie. Sa timidité, qui revenait vite après des instants d'oubli.
ne lui messeyait pas ; elle marchait de pair avec
une grande franchise qui faisait qu'on l'estimait

de prime abord. Jenny qui le regardait dans les yeux et le traitait déjà en ami de la maison, déclarait tout uniment qu'il était charmant.

Je ne tardai pas à m'appercevoir que M. de Brassannes l'accueillait avec des prévenances plus màrquées. Il manquait rarement à nos réunions du dimanche, et quand il s'en allait, quelquefois le dernier, on ne manquait pas de lui dire :

« A bientôt, et dans tous les cas, à dimanche prochain.

— Certainement, » répondait-il toujours.

Et sa voix avait dans ces occasions des sons d'une douceur que ne comportait pas cet adverbe banal.

Son dernier regard cependant n'était pas pour moi. J'aurais voulu connaître l'opinion de Paul sur M. de Mézin ; malheureusement Paul voyageait en ce moment pour des affaires qui relevaient de notre succession et dont M. de Brassannes l'avait chargé. Il ne devait pas revenir avant un mois ou deux. En attendant c'était dans la maison un concert perpétuel d'éloges qui petillaient autour du nom de Félix. M. de Saint-Hérel ne négligeait plus, quand il arrivait, de me baiser la main d'un air de galanterie paternelle. Il me semblait que ce baiser prenait possession de ma personne. Quelquefois il me complimentait sur les progrès de Félix en esprit, en délicatesse, en urbanité.

« Il se forme, disait-il, et une bonne part de l'honneur vous en revient. »

Tout en parlant il faisait voltiger son lorgnon

autour de son doigt et m'offrait des pastilles qu'il tirait d'une bonbonnière d'émail. Je sentais des fils invisibles se nouer autour de moi et cela m'irritait. Mais, à qui s'en prendre? on ne me disait rien. Une chose encore m'agaçait, c'était l'empressement de Mme Denèvre à chanter les louanges de M. de Mézin sur le mode majeur. Mélanie y mêlait des roucoulements de tourterelle. Ils avaient pour effet de diminuer l'amitié qu'il m'inspirait.

« Il est charmant, disaient-elles en duo, si charmant même que ce n'est pas possible et qu'on finira par découvrir quelque chose. »

Ici la goutte de poison tombait dans la phrase. Il y a toujours une parcelle d'injustice dans le cœur d'une femme, si droite et si sincère qu'elle soit : j'en voulais à Paul d'être absent dans une telle occurrence, je savais pourtant qu'il ne l'était pas de son plein gré et que le soin de nos intérêts le retenait loin de nous ; n'importe ! il aurait dû être près de moi, avec moi. Comment? cela ne me regardait pas ; ne devait-il pas deviner qu'on tournait autour de ma personne? Les femmes ont de ces logiques contre lesquelles rien ne prévaut.

XLVII

L'attitude de M. Félix de Mézin ne laissait pas de
me surprendre. Le silence même de M. de Brassannes, le sourire doux et railleur de ma marraine,
les pastilles de M. de Saint-Hérel, la présence assi-
due de son beau neveu, tout m'autorisait à croire
qu'on pensait à moi pour me faire entrer dans la famille des Mézin. Cependant aucun mot, aucune allusion même qui me permît d'en avoir la certitude.
J'éprouvais un désir extrême de m'en ouvrir avec
quelqu'un. Mlle Guérin m'inspirait une confiance
absolue. Je lui parlai. Contre mon attente, elle fut
impénétrable. Sa réserve eut même une nuance de
roideur qui m'étonna. Je n'obtenais que des mono-
syllables.

« Mais enfin, que pensez-vous de lui ? m'écriai-
je impatientée.

— Ce qu'en pensent tous ceux qui le connaissent, » répondit-elle.

Elle venait de prendre un bougeoir qu'elle avait
posé sur un meuble au moment où je l'avais retenue. J'insistai.

« Et que feriez-vous à ma place? lui dis-je
encore.

— Vous avec presque vingt ans…. Décidez vous-même. »

Elle me serra la main là-dessus et sortit brusquement en tirant la porte sur elle.

XLVIII

Dès le lendemain matin j'étais chez M. de Brassannes.

« Grâce à vous je ne dors plus, lui dis-je. Or, j'ai le sommeil en grande affection, expliquons-nous. »

Mon tuteur qui était accoutumé à mes algarades sourit.

« Qu'il y a-t-il donc ? répliqua-t-il.

— Il y a M. Félix de Mézin. On le rencontre partout dans la maison.

— Tu commences à t'en apercevoir ?

— Bon Dieu ! je ne fais que cela depuis trois mois ! Qui vient-il faire et pourquoi l'y voit-on ?

— C'est peut-être parce qu'il a envie de se marier.

— Et vous me tenez en réserve pour qu'il ait occasion de passer sa fantaisie ?

— Te déplait-il, par hasard ?

— Je ne dis pas cela, et ce n'est pas la faute de

Mme Denèvre si ce beau résultat n'a pas été obtenu.... Mais encore, entre ne pas déplaire et plaire il y a loin comme d'ici à Moscou!

— Ma chère enfant, tu connais là-dessus mes idées, et puisque tu as rompu la glace, causons sérieusement.

— Vous tenez donc positivement à ce que j'épouse M. de Mézin?

— Je serais du moins parfaitement heureux si tu choisissais quelqu'un qui lui ressemblât.

— Hum! jusqu'à présent la perspective de m'appeler Mme Félix de Mézin ne m'éblouit pas.

— Je ne te demande pas d'être éblouie, je te prie de regarder. Et maintenant veux-tu me permettre de m'expliquer?

— Faites! »

Je pris place sur un fauteuil, en affectant l'air grave d'un juge qu'on va bombarder d'une plaidoirie; mais le cœur me battait en sourdine. Je sentais qu'une grave question était en jeu et que mon tuteur avait sur ce mariage une opinion arrétée.

« D'abord, reprit-il, ton père était l'ami de M. de Mézin, si on peut appliquer ce titre à une personne que des relations d'affaires constantes et loyales vous ont appris à connaître et à estimer. M. de Mézin jouit d'un considération généra'e à Nancy, où il passe pour une des lumières de la Cour.

— J'y consens; mais je n'épouse pas le conseiller, j'imagine.

— Mon enfant, quand on se marie, il faut regarder un peu partout, en bas, en haut et à côté. Voilà pourquoi je me méfie de l'amour qui ne **regarde** qu'au visage. La famille est donc bien posée, honorable et dans une position solide de fortune. M. de Mézin vit largement et ne dépense pas ses revenus.

— Bref, il thésaurise.

— Es-tu mauvaise !... Non, il ne thésaurise pas ; mais il pense à l'époque où il aura des petits-enfants. Et à ce propos, comme tu ne parviendras pas à me faire croire que tu as l'esprit pointu, épargne-toi de nouvelles méchancetés. J'arrive à présent à Félix.

— Félix déjà ! Félix tout court !

— Oui, Félix, pour moi, en attendant mieux. Tu as pu juger de ses manières, de son langage, de son instruction ; il a plus d'esprit qu'il n'en fait voir, et un fonds plus solide que ne peut lui faire supposer sa jeunesse.

— Ce n'est pas un aigle cependant !

— Non certes, et tant mieux ! Les aigles vivent aux dépens de ce qui les entoure ! Donc, ma chère, laissons les grands hommes dans l'histoire et les poëtes dans les livres ; ce qu'il faut à une honnête fille, c'est un bon mari, et comme je t'aime de tout mon cœur, j'en voudrais un excellent pour toi. »

L'émotion vraie qui perçait dans ces dernières paroles me désarma ; j'embrassai mon tuteur subitement.

« Et en t'aimant, je sais bien que je n'ai pas tort, ajouta-t-il. Je ne prétends pas forcer tes inclinations, je te demande seulement d'attendre et d'examiner. Aide-moi par ton bon vouloir à remplir ma tâche. Notre porte est ouverte à M. de Mézin, permets qu'elle ne soit pas fermée.

— Soit, lui dis-je, ne soyez pas étonné seulement si désormais je prends garde aux moindres actions et aux moindres paroles de M. Félix de Mézin.

— C'est ce que je désire. »

Je le quittai là-dessus. J'avais le cœur gros et sans savoir pourquoi, les larmes me gagnaient. Je m'en voulais d'avoir cédé, et je m'en serais voulu bien plus encore si je m'étais obstinée dans mon refus. La pensée que Paul ne venait pas à mon secours me suivait toujours. Je me couchai de bonne heure et pleurai toute la nuit.

XLIX

On assure qu'un grand nombre de jeunes filles s'accommodent au mariage avec une complaisante facilité; moi, j'en étais effrayée. Bien loin de partager l'opinion de celles qui voient dans cet état l'indépendance et qui le souhaitent pour promener leurs robes neuves dans les rues, j'y voyais l'assujettissement à des devoirs que je voulais bien accepter dans des circonstances particulières, mais dont je redoutais la durée et l'austérité. J'avais vu ma mère à l'œuvre : elle avait été heureuse, adorée de son mari, estimée de tous, et jamais une plainte ou l'expression d'un regret n'était sortie de ses lèvres. Seule cependant je savais au prix de quels efforts elle avait atteint ce résultat. Aurais-je la même constance, voulant faire aussi bien qu'elle, et la même énergie douce dans la volonté? Elle ne m'avait pas ménagé les leçons et les avertissements, pas plus que l'exemple. La patience était sa règle, le travail son habitude. Elle me disait : « La femme se doit toute au mari, et avec le mari aux enfants. Son empire est fermé par les quatre murs d'une maison. » Quand je la surprenais le matin distribuant l'ouvrage, examinant toute chose, et passant de la lingerie à l'office, si je lui demandais tout étonnée pourquoi elle ne laissait pas cette ingrate besogne à des femmes de chambre lorsqu'il lui eût été si facile de faire un signe pour qu'une brillante voiture l'emportât vers les plus beaux magasins de Paris : « Et cette voiture, qui l'a payée? me disait-elle; les chevaux qui la traînent, qui les nourrit? le travail de ton père, n'est-ce pas? S'il gagne la fortune par son labeur infatigable, moi je dois la maintenir par la surveillance et l'économie. A chacun son lot. » Un jour en souriant, mais plus tard : « Je combats des ennemis invisibles », ajouta-t-elle.

Je ne la compris pas alors; un temps vint où j'ai pu voir autour de moi quels ravages faisaient dans les cœurs faibles l'oisiveté, l'ennui, la satiété, la fa-

tigue des plaisirs, tous ces ennemis invisibles, dont
ma mère parlait. Mais j'étais préparée à la lutte, et
si je ne les ai pas connus, c'est à elle, à son enseignement que je le dois.

L

Ainsi que je l'avais dit à M. de Brassannes, je me
mis à observer M. de Mézin avec le secret désir de
lui découvrir quelque bon gros défaut. Ma terreur
inexpliquée eût été de le trouver parfait. Rien ne
m'échappa plus. Il me surprit bientôt par son air de
trouble; il était quelquefois sans haleine, comme
une personne dont le cœur bat à l'étouffer. M. de
Saint-Hérel avait beau me faire les honneurs de cette
émotion, un instinct m'avertissait que je n'en étais
pas la cause. Il y avait des jours où Félix ne tenait
pas en place; brusquement il tombait dans des silences profonds ou répondait tout de travers.

« Vous lui faites perdre la tête, » me répétait
l'homme au pantalon gris.

Il perdait la tête, je le voulais bien, mais ma petite personne était bien innocente de ce malheur.
Mlle Guérin, sous différents prétextes, ne paraissait
plus au salon, le dimanche soir. Quand par hasard
elle y restait, elle ne prenait aucune part à la conversation, s'asseyait dans un coin et s'emparait d'un

ouvrage d'aiguille. Par instants, sa main devenait immobile, ses yeux s'attachaient fixement sur un objet qu'elle ne voyait peut-être pas, et de grandes pâleurs se répandaient sur son visage. Une interpellation la faisait tressaillir; quand je l'interrogeais, elle me répondait que ce n'était rien, qu'elle était sujette à ces malaises, et que s'ils continuaient, elle irait respirer l'air natal. Je l'aimais beaucoup, et ces projets de départ m'attristaient. Un jour qu'elle en parlait plus sérieusement :

« Pourquoi vous éloigner? lui dis-je; voici que la belle saison approche, nous irons à Valserre.

— Oh! non, pas là!» me répondit-elle vivement.

Cette vivacité me surprit. Je me rappelai que Mlle Guérin, il n'y avait pas bien longtemps encore, avait fait avec nous une excursion de quelques jours dans notre chère abbaye. M. de Mézin, sur l'invitation de M. de Brassannes, était venu nous y rejoindre. Bien qu'on fût alors tout au commencement d'avril, la douceur du temps invitait aux longues promenades. Clotilde en était toujours. Jamais je ne l'avais vue si gaie et jamais Félix n'avait paru si libre. Il fallait que Mme de Brassannes vînt en aide à Mme Bordier pour nous séparer le soir. A minuit, on causait encore. Des voisins restés dans leurs terres nous rendaient visite quelquefois, et l'on organisait des sauteries.

« Vous étiez heureuse à Valserre cependant? lui dis-je.

— N'insistez pas, » reprit-elle.

Ses yeux se remplirent de larmes, et je restai tout interdite devant elle.

Mme Denèvre et Mélanie l'accablaient de questions sur sa santé. Elles ne trouvaient pas ces malaises naturels, et voulaient absolument qu'elle consultât un médecin. Jamais je ne les avais vues se préoccuper de personne. Cet intérêt m'étonnait. Le matin, le soir, elles revenaient à la charge, elles l'appelaient, la regardaient, lui prenaient la main.

« Comment avez-vous passé la nuit? disait l'une ; je vous trouve l'air fatigué.

— Hier, vous sembliez mal à votre aise pendant qu'on jouait; au moment où M. de Mézin se baissait pour ramasser cette carte que vous aviez laissée tomber, je vous ai vue pâlir, disait l'autre.

— A présent encore, vous avez la peau brûlante.

— Est-ce un chagrin que vous avez et dont vous ne voulez parler à personne ?

— Ne sommes-nous pas vos amies et pauvres comme vous?

— Des soirs se passent sans qu'on vous aperçoive....

— Vous qui aimiez tant la musique, pourquoi n'en faites-vous plus?

— Adieu vos fraîches couleurs! vos amis s'affligent de vos tristesses muettes. M. de Mézin en faisait la remarque l'autre jour.

— Ouvrez-nous votre cœur. »

Et ainsi de suite, pendant un bon quart d'heure!

Mlle Guérin pâlissait, rougissait, se défendait de

son mieux et ne répondait rien. D'autres fois, c'était une autre gamme.

Voyons! riez, montrez-nous ces belles dents qu'on aime à voir mordre dans un beau fruit, disaient la mère et la fille.

— Le piano est ouvert; vite, chantez-nous une romance : la mélancolie est une vilaine parure à votre âge.

— Voulez-vous danser? Mélanie prendra votre place, et voilà M. de Mézin qui vous fera faire un tour de valse.

— Il faut vous distraire; un ami qui a compassion de notre solitude nous a fait la surprise d'une loge à l'Opéra-Comique; vous y avez une place, et votre présence doublera notre plaisir. »

Clotilde refusait : je voyais des éclairs dans ses yeux. Dans ces occasions, l'accent bref de sa voix m'étonnait; mais la brusquerie même de ses réponses ne lassait pas Mme Denèvre, qui redoublait de caresses. Lorsque Mlle Guérin s'éloignait, Mélanie la suivait des yeux. Mme Denèvre soupirait, et hochant la tête :

« Décidément, disait-elle, il y a une anguille sous roche.... Pauvre petite! »

LI

Tant de prévenances attiraient l'attention sur Clotilde et augmentaient son embarras. Son visage portait la trace d'une fatigue réelle. Mme de Brassannes finit par s'en émouvoir.

« Si vous êtes souffrante, comme je le crains, lui dit-elle avec bonté, prenez un congé que vous passerez dans votre famille ; notre maison vous sera toujours ouverte, vous le savez.

— Eh bien ! j'accepte, et je partirai, répliqua Mlle Guérin.

— Mais vous reviendrez ! m'écriai-je.

— Quand vous serez mariée.... à quoi bon ? »

Je la suivis dans sa chambre, elle me pria de la laisser seule, et j'appris dans la soirée qu'elle s'était mise au lit avec la fièvre. Mme Denèvre, qui en fut instruite, sourit en jetant un coup d'œil de côté sur Mélanie, qui pinça les lèvres. Pendant une heure ou deux il y eut des chuchotements entre elles. J'allais et venais de la chambre de Clotilde au salon.

« La fièvre redouble, je viens d'écrire au docteur, dis-je au moment où Mme Bordier beurrait sa première tartine.

— Vous êtes un ange ! » s'écria Mme Denèvre, qui se leva pour m'embrasser.

Je la regardai d'un air de surprise.

« Est-ce à cause de ces quatre lignes ? Avec vous, madame, on gagne des ailes à peu de frais.

— On fait quelquefois de belles actions sans le savoir, ma toute belle.

— Je ne vous comprends pas.

— Faut-il que je m'explique ? demanda Mme Denèvre qui se tourna du côté de sa fille.

— Je crois que c'est votre devoir, dit Mélanie.

— Je parlerai donc ; on peut se fier à toi pour savoir ce qui est bien et ce qui est mal. »

Elle s'approcha soudain de Mme de Brassannes, qui brodait au coin du feu.

« Oh ! oh ! quelque histoire ! fit ma marraine d'une voix qui aurait découragé toute autre que Mme Denèvre.

— Oui, chère madame, une histoire qui vous prouvera que je tiens par le bon bout l'anguille dont je vous parlais l'autre jour.

— Faut-il verser le thé ? dit Mme Bordier, que rien ne pouvait distraire de ses préoccupations mécaniques.

— Versez toujours, » répondit Mme de Brassannes.

La tasse de Mme Bordier était déjà pleine, et ses narines flairaient avec délices l'arome du liquide brûlant.

M. de Saint-Hérel entra.

« Approchez, monsieur, reprit Mme Denèvre, ce

que je vais dire vous regarde un peu.... et vous aussi,
mignonne.

— Merci, madame, je ne suis pas curieuse, » dis-
je en me dirigeant vers la porte.

Je ne l'avais pas franchie que déjà les mots de manége, d'intrigue et d'hypocrisie frappaient mon
oreille. Mon cœur se souleva de dégoût.

Quand je rentrai, plus d'une heure après, et je ne
l'eusse pas fait si je n'avais voulu embrasser ma
marraine comme j'en avais l'habitude chaque soir,
M. de Saint-Hérel faisait voltiger son lorgnon autour
de son doigt et ricanait.

« J'en ai vu bien d'autres, disait-il, mais dès demain je tirerai l'aventure au clair!

— Je viens de chez Mlle Guérin, elle dort, dis-je
à mon tour.

— C'est le sommeil de l'innocence, » murmura
Mme Denèvre.

J'aperçus Félix qui était arrivé en mon absence et
qui feuilletait un album avec l'attention la plus soutenue. Cette attention même était trop exclusive
pour être sincère. En m'entendant parler, il se leva
de son fauteuil et me salua profondément; après
quoi il rentra dans l'examen approfondi de son album, qu'il avait bien feuilleté trente fois déjà.

Mme de Brassannes paraissait préoccupée;
Mme Denèvre fermait son sac à ouvrage, tandis que
Mélanie apprêtait son châle et son chapeau. Il y avait
comme de la glace dans le salon. La bonne Jenny
arrachait péniblement quelques paroles à Mme Bor-

dier, qui dormait à demi devant la théière fumante.

« Que se passe-t-il donc? lui demandai-je à voix basse.

— Je ne sais pas; on a beaucoup causé dans ce coin; j'ai surpris deux ou trois fois, et sans le vouloir, le nom de Mlle Guérin.

— Que lui veut-on?

— Et que veux-tu qu'on lui veuille, si ce n'est sa guérison? »

M. de Saint-Hérel prit son beau neveu par le bout de l'oreille.

« Mauvais sujet, lui dit-il, présentez vos respects à ces dames, et suivez-moi. »

Félix devint pourpre jusqu'à la racine des cheveux et se leva.

LII

Le lendemain Clotilde vaquait déjà à ses occupations quotidiennes avec l'activité qui lui était habituelle; il ne lui restait de son indisposition de la veille qu'un peu de pâleur sur les joues. Son énergie avait vaincu la fièvre. Je glissai mon bras autour de sa taille.

« Ainsi vous ne partirez pas? » lui dis-je tendrement.

Elle pencha la tête sur mon épaule et m'embrassa sans répondre.

M. de Saint-Hérel parut dans la journée; jamais je n'avais vu sa redingote noire si finement serrée autour de ses reins cambrés, son pantalon gris si bien tendu, son lorgnon si luisant; un sourire voltigeait sur ses lèvres; il pria Mlle Guérin de lui accorder un moment d'entretien, et ouvrit la porte vitrée qui mettait en communication les appartements du rez-de-chaussée avec le jardin. Elle le suivit la tête haute.

« Mademoiselle, dit l'homme au lorgnon, il fait doux; le temps est clair; on peut causer. »

Il toussa, tira de sa poche sa bonbonnière, offrit une pastille à Clotilde, et souriant:

« Les Orientaux, nos maîtres en poésie, reprit-il, ont pour coutume de recourir à l'apologue toutes les fois qu'ils ont à faire entendre la vérité à certaines oreilles délicates. Me permettez-vous de les imiter?

— Faites, quoique la franchise et la netteté soient plus à mon gré.

— Chacun a ses petites habitudes; je commence donc. »

Il s'arma de son lorgnon, et l'agitant en cercles rapides à hauteur de son menton :

« Il y avait une fois, dans un beau pays, reprit-il, une jeune princesse qui faisait l'ornement de la cour, et qui était aussi remarquable par les qualités de son esprit que par les grâces de son visage. On avait réuni pour son éducation les professeurs les plus célèbres des contrées voisines, si bien qu'il n'y avait dans aucun royaume une personne plus accomplie Quand vint le moment où il fallut songer à son établissement, des prétendants accoururent des quatre parties du monde, ceux-là renommés pour leur galanterie, ceux-ci pour leur fortune. Tous furent écartés; un seul resta, le plus aimable, un prince qu'un puissant génie protégeait depuis le berceau. Tout semblait promettre une heureuse union à la fille du roi de Tingitane, lorsqu'on s'aperçut que le prince étranger perdait le boire et le manger et soupirait dans les coins. On s'empressa, on regarda, on interrogea, et on découvrit qu'il tournait complaisamment les yeux du côté d'une demoiselle d'honneur que jusqu'alors on n'avait point remarquée.

— Ah ! fit Clotilde.

— Cette demoiselle, placée auprès de la princesse, était parfaite en beauté et en esprit, mais elle n'était pas d'une naissance et d'une fortune à prétendre à la main d'un fils de roi. Le prince fut-il séduit par son air de modestie, ou un souffle d'ambition donnat-il à cette aimable personne la pensée d'appeler à son aide un brin de coquetterie, pour devenir maîtresse d'un cœur si haut placé?... On ne sait. Cependant il était urgent d'aviser. Que pensez-vous que fit le génie protecteur du prince en cette occurrence?

— Je vous écoute, monsieur.

— Il s'en alla tout droit trouver la demoiselle d'honneur et lui tint à peu près ce langage : « Vous êtes digne du plus beau sort, et quelque jour le don de

votre main et de votre cœur rendra heureux l'un
des plus nobles seigneurs de la cour. Mais le fils du
roi est promis à une autre alliance. Il ne saurait vous
aimer sans compromettre votre réputation, et comme
vous êtes une personne d'esprit, vous prendrez le
parti sage de vous éloigner. »

— Ce bon génie parlait-il au nom du jeune prince?

— Non; mais le prince avait trop de raison pour
ne pas l'approuver plus tard et oublier sa folie d'un
instant.

— Monsieur, dit Clotilde dont la main nerveuse
venait de casser une brance de sureau, s'il vous plaisait d'appeler la princesse Édile Pujol et la demoiselle
d'honneur Clotilde Guérin, je crois que nous irions
plus vite au but.

— Je vois que vous m'avez compris.

— Il s'agit de M. Félix de Mézin, n'est-ce pas? et
vous me faites l'honneur de supposer que je suis le
seul obstacle qui s'oppose à son mariage avec
Mlle Pujol? Il y en a peut-être un autre, mais passons.
Je vous gêne, dites-vous? Bien, je ne vous gênerai
plus. Il n'est rien que je ne fasse pour une personne
que j'aime, que j'estime et dont j'ai mangé le pain.
A présent, fixez vous-même le jour de mon départ.
J'irai où l'on voudra.

— Je n'attendais pas moins de vous, mademoiselle,
mais à Dieu ne plaise que nous vous laissions partir
telle que vous êtes venue! Pour n'être point un génie
du temps où il y en avait, on n'en est pas moins
homme, et homme du monde, ce qui vaut mieux

peut-être. Partez demain, mademoiselle, on aura le bon goût de vous choisir une retraite digne de vous être offerte, et une somme ronde sera mise à votre disposition par mes soins, en attendant qu'une circonstance heureuse répare les torts de la fortune envers vous. »

Il s'inclina d'un air de galanterie pour baiser la main de Clotilde; soudain elle se redressa.

» A présent, je reste, dit-elle. De l'argent à moi, et c'est à moi que vous l'offrez ! »

M. de Saint-Hérel, tout effaré, voulut répondre :

« Plus un mot, s'écria-t-elle en l'interrompant; je ne sais qui vous envoie, ni au nom de qui vous parlez; mais rappelez-vous bien que je ne sortirai de cette maison que si l'on m'en chasse, et alors on me connaîtra. »

Elle passa devant lui toute droite et rentra dans la maison. Je la vis au moment où elle traversait le salon. Des flammes illuminaient son visage. Je n'osais l'arrêter.

« Qu'a-t-elle donc ? » demandai-je à M. Saint-Hérel qui montait derrière elle le perron du jardin.

Il haussa les épaules:

« C'est une folle qui a le tempérament d'une chaudière, me dit-il : au premier mot elle éclate! »

Mme Denèvre prit soin de m'instruire de ce qui s'était passé; mais elle le fit à sa manière, en ayant soin de noircir Mlle Guérin, qui avait tout mis en œuvre, disait-elle, pour m'enlever le cœur de M. de Mézin. A présent et pour mettre le comble à son ingratitude, elle menaçait de faire un esclandre si on la remerciait.

« Vous savez, ajouta-t-elle, je me suis toujours méfiée de ses airs d'impératrice.

— Je lui parlerai, dit plus sérieusement Mme de Brassanes.

— Il s'agit de moi, en somme ; voulez-vous bien me laisser le soin de la voir ? » dis-je à mon tour.

Malgré les remontrances de Mme Denèvre, qui voulait qu'on expulsât la révoltée sur l'heure, Mme de Brassannes y consentit.

LIII

On est toujours femme par un côté. Si désintéressé que fût mon cœur dans la question, j'en voulais à Clotilde d'avoir tenté de détourner à son profit, près de moi, sous mes yeux, l'attention d'une personne que le choix de mon tuteur me destinait. Mon amour-propre était froissé autant que mon sentiment d'affection. J'avais donc été sa dupe pendant de longs mois ? Le premier mouvement fut celui de l'irritation ; la tristesse ne vint qu'après, mais elle fut la plus forte. Quoi ! trahie par une personne que je traitais en amie ! Il fallait donc se méfier des choses

qui donnent à la vie sa fleur et sa parure, la sympathie, la confiance, l'élan sincère et spontané ?

Je montai subitement chez Mlle Guérin, et frappai
à sa porte, sans avoir réfléchi à la manière dont je
commencerais l'entretien.

« Entrez, » me répondit une voix claire dont je
connaissais la sonorité.

Clotilde écrivait au moment où j'entrai; aux lignes
encore humides qui couvraient le papier, on devinait
que sa main fiévreuse faisait voler la plume. Elle la
jeta en m'apercevant.

« J'ai besoin de causer avec vous, lui dis-je.

— Ah ! vous aussi ? C'est donc la journée aux in-
terrogations? » s'écria-t-elle.

Et, repoussant le papier :

« Faites, je suis à vos ordres, » reprit-elle.

J'avais l'humeur peu endurante, et un pareil accueil pouvait aisément me faire éclater; mais je
l'aimais, et sa présence me disposait à la douceur.
Qui n'a subi l'influence de ce charme mystérieux
dont nul ne peut sonder la cause et mesurer l'étendue, pas plus l'être qui l'exerce que l'être qui le
subit? Je venais de voir Mlle Guérin, et j'étais dés-
armée. Je m'emparai de sa main, et d'une voix
émue :

« Clotilde, je vous en prie, ne me parlez pas ainsi:
irritée, vous me feriez connaître l'irritation, et je
n'en veux pas avoir avec vous, pour qui j'ai tant
d'amitié. »

éjà plus calme, mais encore sur la défensive :

« Eh bien, parlez, je vous écoute; que voulez-vous savoir ?

— La vérité.

— Il s'agit de M. Félix de Mézin, n'est-ce pas?

— Oui.

— C'est une torture, mais je dirai tout. La vérité, elle est là, dans cette lettre que j'achevais au moment de votre arrivée, et qui, dans une heure, allait partir. »

J'arrêtai sa main tandis qu'elle me la présentait.

« Vous êtes bien convaincue, n'est-ce pas, que ce n'est point une vaine curiosité qui me pousse à vous parler comme je le fais en ce moment? Je reculerais devant votre confiance, si vous ne sentiez pas que je suis votre alliée bien plus que votre ennemie?

— Et je la mérite, cette amitié que vous m'avez fait voir un jour et qui m'a gagnée! s'écria Clotilde avec force. Savez-vous seulement ce que j'ai souffert pour vous? J'ai passé mes jours dans les angoisses, et mes nuits dans les larmes. Je me suis déchirée, et cela parce que vous m'étiez chère.... Tout à l'heure vous avez nommé M. Félix de Mézin. Voilà six mois qu'il traverse la maison, en voilà six qu'il m'aime. Je l'ai vu, je l'ai senti avant même qu'il eût parlé. Un souffle a passé sur moi, et j'ai frémi d'une joie orgueilleuse en pensant qu'un cœur enfin m'appartenait. Non, ce n'était pas cette fois l'hommage vulgaire d'une fantaisie qui cherche où se distraire, ce n'était pas l'insulte déguisée sous le semblant de l'amour.... c'était le don libre et spontané d'une âme sincère. Pauvre et cachée, j'avais le droit d'être fière; mais il n'a rien su, et rien ne m'a coûté pour tenir mon émotion secrète et fermée. Quand sa pensée s'emparait de mon cœur, j'invoquais votre image, et je n'étais pas vaincue. Comprenez-vous à présent les amertumes de mon silence, quand vous m'interrogiez, lorsque vous me rappeliez notre rapide séjour à Valserre? Oh ! oui, j'y étais heureuse, et mon bonheur éclatait dans mes yeux ! c'est là que j'ai su qu'il m'aimait, c'est là qu'un soir, à la clarté mourante du soleil couchant, au bord du ruisseau le long duquel nous marchions, qu'il a parlé et que ma vie s'est illuminée. Vous aviez son nom sur les lèvres; moi je l'avais dans les entrailles.... Ma seule force a été de me taire.

— Pourquoi ne pas me dire alors ce que vous me dites aujourd'hui?

— Pourquoi? Et tous ces yeux ouverts autour de nous, tous ces soupçons, toutes ces méfiances ! Combien d'autres entre vous et moi ! J'avais mangé votre pain, dormi sous votre toit ; par le salaire, je vous appartenais, j'étais votre chose....

— Oh !

— Eh oui ! Un farouche orgueil, l'orgueil d'une âme froissée me dominait. Croirait-on à ma franchise, à mon désintéressement si je m'ouvrais? Ne verrait-on pas plutôt dans cet aveu le calcul d'un esprit ambitieux et cupide, jaloux de conquérir une fortune avec un mari? L'une des pires misères de la pauvreté, c'est d'engendrer le doute; inférieure à tous par ma position, je me sentais en butte à des surveillances odieuses qui m'offensaient. Et puis je n'ignorais rien des projets de M. de Brassannes; votre marraine m'en avait fait confidence, j'étais liée.... Si je n'ai pas pu éviter une rencontre qui m'a fait connaître l'amour que M. de Mézin avait conçu pour moi, du moins j'ai su rester libre de tout engagement. Un jour, lui-même vous le dira; dans les heures les plus cruelles de cette lutte aucune parole d'encouragement n'est tombée de ma bouche. Il aurait pu croire même que j'étais froide et dure si mon obstination à le fuir ne m'avait trahie.... »

— Mlle Guérin repoussa par un geste violent les cheveux qui tombaient en désordre sur son front.

« J'aime, je suis aimée, je m'écrase, et on m'insulte! reprit-elle.... Pour vous, j'avais mis la pierre du sépulcre sur mon cœur, je voulais partir, laisser le champ libre, disparaître; la résolution dernière était prise, et voilà qu'on m'offre de l'argent.... Et qui? M. de Saint-Hérel! L'imbécile! Il eût cherché le moyen le plus sûr de me faire accepter la lutte, il n'eût pas mieux trouvé. Je suis restée.... Félix ne savait rien; avant ce soir, il saura tout. Un jour il m'avait écrit.... il m'offrait la vie.... J'étais décidée à tout refuser. A présent, voici ma réponse, lisez. »

De nouveau elle me tendit là lettre.

« Si c'est un engagement, à quoi bon? » lui dis-je en souriant.

Elle eut un moment d'hésitation; puis approchant le papier d'une bougie:

« Pour vous, il n'est rien que je ne fasse, dit-elle

d'une voix expirante, il en est temps encore.... L'aimez-vous?

— Non.

— Alors il est à moi! s'écria-t-elle avec explosion. Pourquoi n'aurais-je pas ma part de vie et de bonheur! Regardez-moi.... mon miroir ment-il quand il me dit que je suis belle?... mon cœur me trompe-t-il quand il me répète que j'aime?... mes larmes, mes aspirations, cet enthousiasme qui me dévore, tous ces transports, ces espérances sans cesse renaissantes que je comprime, ont-ils le langage de la fausseté quand ils m'assurent que je suis intelligente et que telle que Dieu m'a faite je puis être la compagne fière et dévouée d'un honnête homme?... Des barrières nous séparent, je les renverserai. J'ai contre moi mon isolement et l'obscurité de ma condition.... mais j'ai le courage qui fait entreprendre la lutte, et la volonté qui rend la victoire certaine. Entre lui et moi, il n'y avait que vous.... Vous écartée, je serai la femme de Félix.... je le jure! »

Que le cœur me battait en l'entendant parler ainsi! que ce langage passionné répondait bien à mes instincts, à ce qui se passait au fond de moi! que ce visage illuminé me faisait envie et que je comprenais alors que dans cette exaltation de l'âme se trouvait la seule part de bonheur que la terre ait ravie au ciel!

« Tu as raison, aime, sois aimée et compte sur moi toujours! » m'écriai-je.

Clotilde tomba dans mes bras.

« Ah! toi aussi, tu mérites d'être heureuse! me

dit-elle. Que ceux qui n'ont jamais compris cette exaltation en rient.... Je plains ces pauvres âmes si tristement déshéritées. Le meilleur de la vie n'est-il pas dans ces heures fugitives où une force pure nous enlève à nous-mêmes et nous pousse vers ces hauteurs sublimes où tout est lumière et chaleur? »

LIV

L'accord rétabli entre nous, rien n'était encore résolu. Il n'y avait pour moi que le fantôme d'un mariage écarté. Je demandai à Clotilde ce qu'elle comptait faire.

« Je n'y ai pas encore réfléchi avec calme, me répondit-elle; j'avais accepté la lutte après mon entretien avec M. de Saint-Hérel sans en prévoir ce premier résultat; ce que je sais seulement, c'est que la conduite de nos affaires, à M. de Mézin et à moi, me revient. »

Elle sourit, et passant son bras sous le mien :

« Entre nous celui qu'on te destinait et que j'aime, reprit-elle, a plus de tendresse que de force, il peut résister, peut-être ne saurait-il pas vaincre. Mais je lui ferai voir que celle qu'il veut pour femme a le cœur d'un homme. Rester ici me paraît inutile. L'obstacle est à Nancy, j'irai donc à Nancy.

— Chez le père de Félix ?

— Oui.

— Seule ?

— Et pourquoi non !

— Une lettre de M. de Saint-Hérel t'y aura précédée.

— C'est bien pour cela ! Porter la guerre chez l'ennemi, n'est-ce pas le moyen de réussir ? Dieu sait sous quelles couleurs M. de Saint-Hérel m'aura dépeinte ! Quand il m'aura vue, M. de Mézin saura du moins que je ne suis pas noire comme un diable ! »

Cette résolution gaie et vaillante dans cette incertitude m'attachait de plus en plus à Clotilde.

« Aller à Nancy, c'est bientôt dit, ajoutai-je, mais nous ne sommes plus au temps où les génies mettaient des chars traînés par des licornes au service des princesses en voyage. Tout se paye, les auberges et les wagons. Et tu n'as pas un budget de ministre !

— N'es-tu pas là ? »

Je lui sautai au cou.

« A présent, je vois bien que tu m'aimes! J'avais une sœur, j'en ai deux, Jenny, qui est une enfant, et Clotilde....

— Qui est un homme ! » ajouta-t-elle en souriant.

LV

Ce dernier mot finit gaiement un entretien commencé sur un ton acerbe. Je m'en suis souvenue plus tard et il me donna la preuve qu'avec un peu de loyauté et de franchise bien des malheurs seraient évités. La réflexion me raffermit dans l'opinion que Clotilde voyait juste en formant le projet de se rendre à Nancy. Elle y gagnait d'abord de se dépouiller de ce rôle d'intrigante dont elle était certainement accusée, et, quel que fût le résultat de sa démarche, elle laisserait derrière elle la réputation d'une femme estimable. Je racontai notre conversation à Mme de Brassannes sans lui en dissimuler aucun des incidents. Elle avait l'âme trop haute pour ne pas s'en réjouir avec moi. De plus, je crus remarquer dans l'attention qu'elle mettait à m'écouter une nuance de contentement dont la cause ne tenait pas à la seule réhabilitation de Clotilde dans son esprit.

« Voilà un dénoûment qui met à néant tous les projets de M. de Brassannes, dit-elle ; mais je suis heureuse de penser que Mlle Guérin soit intacte et grandie de cette épreuve. Je ne m'étais jamais arrêtée aux accusations de Mme Denèvre, tu le sais, mais je suis bien aise de voir que ma sympathie ne m'avait pas-trompée. En outre, je t'approuve de venir en aide à cette aimable personne dans ce qu'elle veut entreprendre. Quand part-elle ?

— Elle attendra quelques jours. Elle ne veut pas laisser croire qu'elle bat en retraite devant des médisances.

— Oh! ces médisances tomberont d'elles-mêmes quand on la verra près de toi avec moi. »

Mme Denèvre, qui accourait pour savourer doucement l'humiliation de Mlle Guérin, mordit ses lèvres minces en la voyant tranquillement assise à mon côté, dans le salon, sereine et gaie. J'eus la méchanceté de la retenir à déjeuner pour qu'elle eût tout loisir de méditer sur notre intimité. Elle ne souffla mot, mais elle garda de cette aventure une rancune dont les éclaboussures m'atteignirent en maintes circonstances.

LVI

Sur ces entrefaites Paul tomba chez nous comme la foudre. On ne l'attendait pas avant deux semaines, un soir il entra brusquement. Il avait la fièvre dans les yeux. Quelques personnes étaient avec nous. Mon cœur se dilata à sa vue.

« J'étais triste loin de vous tous, dit-il ; tant de choses se passent quand on est loin ! »

Il me sembla que son regard glissait de mon côté. Que voulait-il dire? Félix de Mézin était près de moi. Paul le salua froidement et laissa tomber sans la prendre la main que Félix lui tendait. Savait-il quelque chose? Était-il jaloux? Je me sentis chaud dans tout le corps. Une vie plus active m'anima soudain. Je voulus savoir si je ne me trompais pas et affectai de rire et de plaisanter avec mon voisin. M. de Brassannes prit son neveu dans un coin pour l'interroger sur le résultat de sa mission. Il entrait dans tous les détails et l'accablait de questions. Paul répondait de son mieux et tout de travers.

« Tiens! tu n'as pas la tête à toi ce soir, va te reposer, dit mon tuteur.

— Très-bien, » répondit Paul.

Il se leva, fit quelques pas, et resta. Mme Denèvre, qui nouait des rosettes autour d'un sachet, lui montra une chaise libre auprès d'elle.

« Vous arrivez à propos, lui dit-elle, je m'occupe d'une loterie au profit d'une pauvre veuve. Moi, je donne mon travail et mon temps; plus heureux que moi, d'autres donneront une part de leur superflu. Je vous ai réservé cinq billets.

— Merci.... Toujours bonne.... vous ne changez pas, vous! »

Je souris; l'allusion, cette fois, était évidemment à mon adresse.

Mme de Brassannes le regarda. Paul avait donc oublié les habitudes de Mme Denèvre? Les veuves, les orphelins, les malades, n'était-ce pas elle, toujours elle? Il continua cependant sur ce ton. Il était ironique, paradoxal, irritable, recherchait la discussion, l'envenimait. Lui qui était l'indulgence même, il trouvait tout mal. Je sentais des milliers de flèches invisibles dirigées contre moi; seulement leurs pointes ne me déchiraient pas.

« Mais qu'a-t-il donc ce soir? dit Mme de Brassannes.

— J'ai l'absence; c'est tout et c'est trop, répondit Paul; on ne me comprend plus. Peut-être aussi est-ce moi qui ne comprends rien. »

Je m'approchai de Paul.

« Voulez-vous une tasse de thé? lui dis-je en riant.

— S'il est malade, du tilleul vaudrait peut-être mieux, reprit la bonne Mme Bordier.

— Non, le thé suffira, j'espère.

— Je n'osais pas vous en demander; j'avais peur de vous déranger, » me répondit-il d'un air contraint.

Il prit la tasse que je lui offrais et s'écarta. Je le suivis, le sucrier à la main.

« Vous ne rejoignez pas M. de Mézin? reprit-il.

— Et pourquoi? l'histoire qu'il me racontait est finie.

— N'importe! Dans la position où vous êtes, votre place est auprès de lui.

— Quelle position? »

Je voyais la tasse trembler dans sa main.

« Mais n'êtes-vous pas sa fiancée, reprit-il; ne devez-vous pas l'épouser?

— Moi! vous savez bien que non ! »

Nos regards se rencontrèrent. Il était comme transfiguré. Je baissai les yeux. Il me sembla que quelque chose entrait dans mon cœur qui ne devait plus en sortir; je brûlais, je tremblais, j'étais heureuse. Un éclair nous avait donnés l'un à l'autre. Autour de moi et dans moi il n'y avait plus que lui.

« Édile! chère Édile? » murmura-t-il.

Sa voix m'arriva comme un souffle; un bonheur sans nom m'envahit tout entière, avec une violence et une intensité que je n'avais pas rêvées. La vie commençait pour moi. Avais-je existé jusqu'alors? Je ne le savais plus.

Une voix me tira de cette ivresse. C'était celle de Mme Denèvre. Je ne sais ce que je lui répondis. J'aurais voulu me jeter dans les bras de ma chère marraine; je ne voyais que Paul, et n'osais plus le regarder. J'avais le ciel dans le cœur et une envie singulière de pleurer. Je prétextai une grande fatigue et me retirai dans ma chambre. A peine seule, je me jetai à genoux et fondis en larmes.

LVII

Bien d'autres émotions ont traversé ma vie et lui ont fait connaître le rire et les pleurs, mais jusqu'à la dernière heure rien ne pourra effacer le souvenir de cette minute éblouissante. J'étais prête à tout, et il me semblait qu'aucune blessure ne pouvait plus m'atteindre. Quelles que soient les épreuves que j'ai subies, je plains celles qui n'ont pas connu cette extase et ce ravissement.

On sait que Mlle Guérin devait partir pour Nancy. Sûr d'elle après, la crise provoquée par M. de Saint-Hérel, Félix rédoutait ce projet et la pressait cependant de le mettre à exécution. Elle n'avait pas besoin d'être encouragée pour les résolutions hardies. Un matin elle entra dans ma chambre :

« J'ai fait mes adieux à Mme de Brassannes, me dit-elle, embrasse-moi, et donne-moi bien vite de quoi subvenir aux premiers frais. Je pars aujourd'hui.

— Déjà !

— Ma position est fausse, j'en veux sortir ; le plus tôt est donc le mieux.

— Reviendras-tu ?

— Je ne crois pas.

— Je te reverrai cependant ?

— Toujours ! Où et comment, je ne sais ; mais demain, par exemple, si demain tu as besoin de moi. »

Je l'embrassai. « Et cela ne te fait pas peur d'aller seule ainsi dans une ville où tu ne connais personne, pas même celui que tu vas voir, un ennemi peut-être ?

— Oui, j'ai peur, mais on ne ferait rien si on prenait garde à ces choses-là ! Les soldats tremblent au premier coup de feu ; après ils se jettent sur les canons.

— Et ils s'en emparent, n'est-ce pas ?

— Certainement. »

Je pris très-émue une bourse bien garnie que je lui mis dans la main. Avec ce sentiment de fière délicatesse qui était dans sa nature, elle la glissa dans sa poche sans compter.

« A présent laisse-moi écrire à M. de Mézin ; il ne faut pas que tu arrives à Nancy sans un mot d'introduction. »

La lettre achevée, je la lui présentai tout ouverte.

« Vois si c'est cela, » lui dis-je.

D'un seul regard elle lut ces quatre lignes :

« Cher monsieur, la personne qui vous remettra cette lettre est Mlle Guérin, ma meilleure amie ; veuillez, je vous prie, l'accueillir comme moi-même, en souvenir de mon père, votre vieil ami.

« Édile Pujol. »

« Merci, » répondit Clotilde qui me donna une poignée de main virile.

Elle serra la lettre dans un petit portefeuille et sonna.

« Une voiture de place, » dit-elle au domestique qui entra.

« A présent, reprit-elle en me sautant au cou, abrégeons les adieux, je m'attendrirais pour un mot, je le sens, et j'ai besoin de tout mon sang-froid. Songe donc que demain je serai en face de M. de Mézin ! »

11

LVIII

Quatre jours après je reçus une lettre de Clotilde
qui me faisait part du résultat de son entreprise. Que
je tremblais en l'ouvrant! La voici :

« Tu te fais une idée exacte, j'imagine, de l'état
dans lequel j'étais au moment de mon départ. Le
wagon qui roulait emportait Clotilde et sa fortune !
Pauvre fortune ! la conscience de mon honnêteté et
ta lettre ! Blottie dans mon coin, j'ai réfléchi toute la
nuit. C'est à peine si j'ai vu mes compagnons de
voyage. Je regardais la campagne éclairée par une
lune pâle à demi voilée de nuages diaphanes. J'entrevoyais des maisons dans la plaine ou sur la lisière
des bois, endormies et silencieuses. Que cachaient-
elles de bonheur ou de larmes entre leurs murailles? Elles disparaissaient et d'autres paysages me
découvraient l'horizon derrière lequel s'abritait
Narcy. Des tristesses m'assaillaient par bouffées ;
aurai-je un toit quelque jour, un abri, des êtres à
moi, ces biens que la vie promet? Repoussée, j'étais
résolue par instants à disparaître, puis je me révol-
tais et je me demandais pourquoi je n'arriverais pas
de haute lutte à la conquête de ces mêmes biens que
d'autres ont connus. Qu'avais-je fait pour ne pas les

mériter? Des nuages blancs pareils à des flocons de ouate passaient toujours dans le ciel. Ils me rappelaient ces paisibles existences qu'un souffle caressant pousse lentement vers la fin de toutes choses.... Que faible est la différence qui les sépare des plus agitées si on les mesure à la profondeur sereine de l'azur, à l'éternelle limpidité de la lumière!

« Cette philosophie ne m'empêchait pas de sentir de petits frissons entre mes épaules lorsque ma pensée s'arrêtait sur le grave conseiller que j'allais chercher si loin et sur l'accueil qu'il me ferait. Que la philosophie est une belle chose au coin du feu, mais qu'elle sert mal dans les difficultés de la vie, quand le cœur bat et tremble! J'avais souvent parlé de M. de Mézin avec Félix — laisse-moi la douceur de l'appeler ainsi avec toi — et il m'apparaissait comme un de ces vieux magistrats austères dont les musées conservent les graves portraits. Je cherchais à m'en faire une image. Je le savais bon, intègre, mais froid, sévère et plongé dans une étude opiniâtre qui ne lui a peut-être pas laissé le temps de connaître la jeunesse. Que lui dirai-je? de quel air m'écoutera-t-il? Je composais des discours qui me semblaient tout d'abord imprégnés d'une éloquence persuasive et qu'un instant après je rejetais avec un sentiment de surprise et de dédain. Cela n'était pas dans le ton simple et vrai que je voulais. Il est si difficile de ne pas tomber dans l'exagération quand on aime! Je me faisais l'effet d'une héroïne de roman, j'en étais une dans l'apparence, et rien ne m'inspire plus d'éloignement que ces sortes de personnages. Cependant le wagon roulait toujours et mes préoccupations n'étaient ni moins vives ni moins confuses. Au petit jour j'étais à Nancy, et bientôt après dans une chambre d'hôtel garni où j'éprouvai en entrant une singulière sensation de froid, le sentiment de malaise qui vous saisit quand on entre dans une maison inconnue, après une nuit de fatigue. J'avais quelques heures devant moi. Je me couchai et, chose qui t'étonnera peut-être, je m'endormis profondément. Le soleil qui entrait à flots dans mon réduit, me réveilla. Le souvenir de ce qui m'amenait dans cette ville inconnue me saisit tout à coup; une certaine émotion ne m'avait pas quittée, mais j'étais rassérénée et rafraîchie. C'est un phénomène bizarre qui se produit en moi quand viennent les crises; elles m'effrayent par la pensée et, au moment où elles éclatent, je me sens raffermie et prête à les affronter.

« Quand je jugeai que la matinée était assez avancée pour qu'on pût se présenter sans importunité chez M. de Mézin, je me fis indiquer son adresse et m'avançai le long des rues, la main dans la poche qui contenait ta lettre, bien sûre que grâce à elle je ne passerais pas pour une aventurière. Le ciel était gai, le soleil clair : j'en tirai un favorable augure. Une église se trouva sur mon chemin, j'entrai et priai Dieu avec cet élan qui fait monter le cœur tout en haut. En somme ma cause était juste ; ma conscience ne me reprochait ni manœuvre ni calcul ;

j'avais combattu contre *lui* et contre moi de toutes mes forces. Si mon âme s'était donnée, était-ce bien ma faute? Je me représentais l'état de Félix en ce moment. Comme il devait trembler! Il me semblait que son ombre invisible marchait à mon côté.

« Quelques centaines de pas me conduisirent chez M. de Mézin. On m'introduisit dans un grand appartement silencieux, et un domestique qui parlait bas me pria d'attendre un instant. Il allait prévenir son maître. Il revint presque aussitôt.

« — M. de Mézin est fort occupé, me dit-il, et si ce n'est pas pour une affaire urgente....

« — Veuillez lui dire qu'il s'agit d'une accusée, » répliquai-je nettement.

« Il s'inclina et sortit de nouveau. L'affaire était engagée, j'étais contente de moi; le cœur battait mais sans défaillance, ma voix avait de la sonorité; mes yeux firent le tour de la pièce où je me trouvais; elle était haute, vaste, froide, avec quelques vieux meubles d'acajou d'une forme sèche; des rideaux de taffetas d'un cramoisi un peu passé, tout garnis de glands et de passementeries jaunes encadraient les fenêtres. Par l'une d'elles on apercevait les bordures de buis d'un jardin planté de quelques arbres taillés en charmilles.

« Le domestique rentra.

« — Suivez-moi, je vous prie, mademoiselle, » me dit-il de sa voix lente et douce.

« Il poussa une porte en tapisserie et je pénétrai au bout d'un couloir dans un grand cabinet au

milieu duquel, debout, la tête nue devant une cheminée inondée de lumière, se tenait un homme
couvert de vêtements noirs, sec, mince et grand,
dont les yeux me cherchaient. A ma vue il laissa
échapper un geste de surprise.

« — On m'avait dit une accusée, dit-il.

« — Je le suis en effet, car je m'appelle Clotilde
Guérin.

« — Ah ! fit-il.

« — Et voici une lettre qui me permet d'arriver
sans crainte auprès de vous, » ajoutai-je.

« Tout en parlant, je lui tendais le papier que tu
sais, mon firman ; il le prit et me fit signe de m'asseoir ; j'obéis immédiatement.

« J'avais eu le temps de le voir tout entier dans la
lumière qui l'entourait. Sa physionomie rappelait
celle de son fils avec un caractère de fermeté bien autrement accusé ; dominée par la colère, cette expression pouvait aller jusqu'à la dureté ; la tête était
finement modelée, le sourcil mince et droit, la lèvre
expressive, le menton puissant ; on comprenait
vaguement que M. de Mézin paraissait plus vieux
qu'il ne l'était en réalité. Le travail et l'étude l'ont
fatigué plus que le temps. Son attitude froide, un peu
hautaine, qui semblait dire aux visiteurs : dépêchez-
vous, je suis pressé, était relevée d'une élégance
native. On devinait l'homme du monde sous le magistrat : certains détails extérieurs peuvent quelquefois donner la clef d'un caractère ; il y a des analogies
secrètes entre l'individu et l'appartement dans lequel

il vit. Contre un revêtement de boiseries grises à moulures un peu sèches mais fines, qui recouvraient les murailles, s'appliquaient quatre grands corps de bibliothèque noirs, surmontés de bustes de bronze. De beaux livres en garnissaient les rayons; au centre du cabinet, une large table chargée de papiers empilés avec ordre; rien ne traînait. La pendule, les flambeaux, les vases qu'on voyait sur la cheminée, les chenets éclatants étaient d'un beau modèle, les meubles du même bois que les lambris, offraient des siéges amples et commodes, propres à la conversation et à la lecture. Tout cet ensemble clair, rehaussé par les tons plus chauds de l'ébène et du cuivre, donnait le sentiment d'une existence régulière et digne, gouvernée par l'idée du respect de soi-même.

« Quand mes yeux se reportèrent sur le conseiller, je vis qu'il me regardait par-dessus ta lettre. Je soutins son regard; un sourire poli entr'ouvrit ses lèvres et sans changer d'attitude :

« — Avant d'avoir lu les quelques lignes que Mlle Pujol m'a fait l'honneur de m'écrire, vous m'aviez déjà été présentée, dit-il.

« — Pas de la même manière alors, et par une lettre conçue en d'autres termes?

« — C'est vrai.

« — Et par une personne qui ne m'aime pas?

« — Je l'avoue. Par exemple on ne m'avait point parlé de votre visite.

« — C'est une résolution que j'ai prise à la dernière heure; d'ailleurs si l'on vous eût averti, peut-être n'auriez-vous pas voulu me recevoir, et je tenais à vous parler.

« — Alors je vous écoute.

« — Vous n'ignorez rien certainement du motif qui m'amène auprès de vous?

« — Rien. Mais je ne serai pas fâché d'en avoir la confirmation par vous-même.

« — Je ne sais pas ce que M. de Saint-Hérel peut vous avoir dit de moi, mais, quelle que soit l'opinion qu'il ait émise sur mon compte, les quelques lignes que vous avez entre les mains lavent tout. »

« Le conseiller s'inclina.

« — La main qui les a écrites est honnête, le cœur qui les a dictées est jeune, reprit-il avec une nuance d'ironie douce dont le sens ne m'échappa point.

« — Ce qui veut dire que si vous avez une grande estime pour la personne qui m'introduit auprès de vous, vous n'avez pas une confiance entière dans la solidité de son jugement?

« — Je ne le nie pas.

« — Eh bien, m'écriai-je en me levant, j'aime votre fils et il m'aime. Regardez-moi au fond des yeux, dans la pleine lumière, vous qui avez l'habitude des coupables et savez lire sur leur visage, cherchez, fouillez, et vous n'y verrez rien de vil et de bas; si fière que soit votre âme, la mienne ne l'est pas moins. Ma vie est claire, je vous la livre; j'ai lutté et je lutte avec l'horreur innée du mal. Si je n'avais pas un sentiment profond de dignité, un orgueil farouche suffirait à m'indiquer dans quel chemin je dois marcher. Quand j'ai senti que mon cœur ne m'appartenait plus, ma première pensée a été de courir à vous et me voici.

« — Mon fils a-t-il été prévenu de ce projet?

« — Certes! pourquoi mentir et me cacher?

« — Et il n'a pas eu l'idée de vous accompagner?

« — Il le voulait, je l'en ai détourné. Il y a de ces démarches hardies qu'on fait seule. Entrer avec lui dans votre maison, sans votre consentement, c'eût été manquer au respect que je vous dois, et j'en veux sortir sans une ombre à mon nom.

« — Vous avez bien fait.

« — Et puis votre fils vous craint autant qu'il vous aime; cette crainte m'eût peut-être empêchée de vous parler comme je le fais. Dans tout sentiment vrai il y a de la contagion; j'ai désiré qu'il n'y eût rien ni personne entre vous et moi. »

« M. de Mézin ne me perdait pas des yeux tandis que je parlais. Il me sembla que ses traits s'étaient détendus; toujours ferme, l'expression de son regard n'était plus sévère. Je continuai avec un sentiment de force qui augmentait à mesure que ma situation se dessinait mieux :

« Que voulez-vous savoir de moi? J'ai dit en me faisant annoncer que j'étais une accusée, je l'étais évidemment par M. de Saint-Hérel; je le suis peut-être encore dans votre esprit. Cependant aucune question ne me fera peur. Je veux devenir la femme

de votre fils, je le veux absolument, irrévocablement.
mais je le veux par des moyens honnêtes. Serais-je
ici sans cela? Ma pauvreté me défend les illusions, la
fierté me défend les bassesses; je n'ai donc jamais
porté les yeux sur lui, ni rien fait pour qu'il les
portât sur moi. Lorsque le hasard nous a mis en
présence, je pensais que mon avenir s'appellerait la
solitude. Un jour il m'a aimée; un jour je l'ai aimé;
des deux parts la sincérité a été notre lien. Je me
sens digne de porter son nom. Voulez-vous pour
votre fils une compagne qui soit la chair de sa chair,
le sang de son sang, qui soit son amie, et le pousse
dans les voies droites, dévouée et jalouse de ce
qu'il deviendra, voici ma main : prenez-la, c'est celle
d'une honnête femme. »

« Brusquement il me tendit la main par-dessus
la table.

« — Quoi qu'il arrive, mademoiselle, me dit-il, on
ne vous accusera pas de manquer de franchise.

« — Et je ne manquerai pas non plus de courage!
Je viens à vous, faites de moi ce que vous voudrez.
Si dures que soient les épreuves, je les accepte d'a-
vance. Peut-être croyez-vous que votre fils en m'aimant cède à un élan de jeunesse qui ne résistera
pas à la réflexion, au travail du temps et de l'absence.... que c'est une bouffée de printemps, le
souffle d'un matin d'avril, une fleur de passion sans
racines. Je ne le pense pas, mais c'est possible....
Eh bien! faites-moi vivre où bon vous semblera....
donnez-moi une retraite, j'y courrai.... mais si dans

un an, deux ans, trois ans s'il le faut, sa volonté n'a pas changé, donnez-le moi....

« — Et d'ici là?

« — Je ne le verrai pas, je vous en fais le serment.

« — Et vous ne lui écrirez pas?

« — Non, si vous l'exigez. »

« M. de Mézin parut réfléchir, ses yeux profonds sur mes yeux; ma vie était suspendue à ses lèvres. Je ne sais quelle exaltation me soutenait; il me semblait que le sentiment de la vérité éclatait sur mon visage; je ne pouvais pas croire qu'elle n'eût pas son ascendant.

« Dieu! qu'il sera malheureux si j'échoue! Et moi, donc, serai-je malheureuse! me disais-je.

« — Je vous crois sincère et loyale, me dit enfin le conseiller; tout sera fait comme vous le désirez. »

« Je m'emparai de sa main et la portai à mes lèvres avant qu'il pût s'en défendre; je voulus parler, la voix me manqua et mes yeux se remplirent de larmes.

« — Ne me remerciez pas, reprit M. de Mézin, avec un sourire qui me fit voir l'autre côté de son âme, le côté bon, le côté tendre; qui sait ce que pensera mon fils dans un an! »

« Je le regardais avec un sentiment de joie fière où n'apparaissait pas l'ombre d'un doute.

« — Vous avez l'heureuse confiance de votre âge, poursuivit-il. En attendant que l'avenir prononce, prenons bien nos petits arrangements

« — Ordonnez, j'obéis, dis-je alors.

« — Je vais écrire une lettre que vous porterez vous-même à une bonne dame qui est un peu de mes parentes et dont la famille habite Besançon; vous résiderez dans cette famille, où vous aurez les mêmes occupations qu'à Paris, chez Mlle Pujol.

« — Il y a une jeune fille dans cette maison?

« — Oui, un peu plus âgée même qu'Édile.... une éducation à terminer. Cela ne vous tiendra pas plus d'un an. Félix ira vous y chercher.... S'il n'y va pas, comptez du moins que mon amitié ne vous manquera jamais. »

« Mon cœur se remplit d'un sentiment de joie indicible; je sentais que j'avais cause gagnée dans le sien. Il prit une plume, et, s'asseyant devant la table :

« — J'ai besoin de quelques détails précis, ajouta-t-il; vos noms d'abord, celui de votre père, le lieu où vous avez été élevée.... Parlez.

« — Clotilde Guérin, comme vous savez, fille du baron Constant Guérin....

« — Le baron Guérin?...

« — Oui; le titre avait été donné à mon grand-père par l'Empereur après la bataille d'Eylau; mon père le portait; il est mort colonel de cavalerie, en Afrique. Dans la condition modeste où le sort m'a placée, pourquoi eussé-je parlé de ce titre? Il eût fait croire à de la vanité. J'ai été élevée à Saint-Denis. Plus tard, j'ai pris mes diplômes d'institutrice à l'hôtel de ville de Paris.

« — Votre mère, Mme la baronne Guérin, vit-elle encore?

« — Non.

« — Point de famille alors?

« — Aucune, si ce n'est une tante, sœur de ma mère, qui vit en province.

« — Cette personne a-t-elle quelque fortune?

« — Elle n'a rien.

« — De quoi vit-elle?

« — Je lui rends ce qu'elle m'a donné.

« — Si bien qu'autour de vous je ne vois ni protection ni espérance?

« — Hier c'était vrai, aujourd'hui ce n'est plus cela. »

« Il écrivit sa lettre; j'étais heureuse; ma poitrine se dilatait; sa plume courait sur le papier.

« — A quoi pensez-vous? me dit-il tout à coup.

« — A Félix. Qu'il serait heureux s'il était ici! »

« Un air d'attendrissement se répandit sur ce visage austère, et d'une voix douce :

« — Si mon fils ne vous aimait pas dans un an, je le plaindrais, » me dit-il.

« Voilà où j'en suis, chère Édile. Que la vie m'apparaît belle et bonne! Se donner librement et compter devant soi un grand nombre d'années dont rien ne menace l'harmonie! Je me sens une force qui me permettra d'en mériter les promesses. La première heure de l'ivresse passée, nous avons causé, M. de Mézin et moi. C'est un père, dans le grand sens du mot, comme l'était le tien, préoccupé

du bien, appliqué à tous les devoirs, sévère à lui-
même. Il veut que son fils soit un homme, comprends-tu? un homme qui fasse œuvre de son intelligence et pour qui la fortune ne soit qu'un instrument
de travail. Je l'y aiderai de toute ma puissance,
c'est-à-dire de tout mon amour.

« J'ai bien vu, en échangeant nos idées, que M. de
Mézin avait pris des informations sur moi. La lettre
de M. de Saint-Hérel n'avait pas produit sur son
esprit, malgré l'aimable portrait qu'elle faisait de
moi, l'effet qu'en attendait le gentilhomme au pantalon gris. Elle avait surpris le conseiller, mais avant
d'ajouter créance aux accusations qu'elle contenait,
il avait voulu se renseigner. Il était donc disposé à
m'entendre quand je suis arrivée.

« Je ne retournerai point à Paris. Je le regrette,
parce que je t'aurais embrassée. J'ai mille choses à
te dire qui ne trouvent pas leur place ici. Plus tard
nous causerons. M. de Mézin m'a permis d'écrire à
son fils. Je lui ai montré ma lettre sans qu'il me le
demandât :

« — C'est bien, m'a-t-il dit; l'espérance et la foi,
c'est une parure à votre âge. »

« Je dois partir demain pour Besançon. J'y serai
bien et m'y ferai aimer. C'est facile quand on a le
bonheur pour complice. M. de Mézin m'a dit de me
préparer à une vie de retraite. La famille Pellegrin
ne voit presque personne, et passe la majeure partie
de l'année dans une maison de campagne où elle
n'est visitée que par un petit nombre de vieux amis.

Les distractions y sont rares; un peu de musique,
quelques lectures en font tous les frais. Que m'importe! ma pensée sera près de vous, dans cette maison où tu m'as aimée, où j'ai connu Félix. Une année,
cela passe si vite! Plus tard, si je ne me dévouais
pas cœur et âme au fils de M. de Mézin, je serais
bien ingrate. »

LIX

Cette lettre me jeta tout à la fois dans un ravissement profond et un grand trouble. Il y avait donc de
ces bonheurs qui remplissent l'âme et qui font perdre la pensée du hasard, de l'imprévu, des obscurités
de l'avenir? Tout alors n'est plus que lumière et
rayon. L'esprit vole dans les nuées. Je la relus deux
fois, et mon cœur s'épanouissait. Où Clotilde écrivait
le nom de Félix, je lisais le nom de Paul. Pour entrer
en plein dans cet éblouissement où elle vivait, il ne
me fallait aucune lutte, aucun effort. Paul de Brassannes et moi nous allions de pair; ma fortune avait
tenté bien des ambitions; elle lui servirait à conquérir un nom, à le pousser tout en haut, et je n'aurais pas, comme ma chère Clotilde, un noviciat d'un
an à subir.

Félix vint dans la journée; j'allai droit à lui et lui
serrai la main. Il était rayonnant.

« Que serait-ce donc si vous saviez tout ce qu'elle vaut ! » lui dis-je.

Paul arriva à son tour. Je vis ses yeux, et tout mon cœur se fondit dans un sentiment d'ineffable joie. Je ne l'oublierai jamais cette journée heureuse qui me fit connaître tout ce que la vie a de pures délices. Les illusions les plus chères palpitaient en moi. J'étais jeune, j'aimais et je croyais tout possible !

« Qu'as-tu donc ? » me dit Mme de Brassannes.

« Oh ! elle ne le dira pas ! » dit la voix sèche de Mme Denèvre.

Cette parole railleuse fut comme un point noir dans un horizon clair. J'eus un léger frisson, mais me redressant, et sans tourner la tête du côté de Paul qui me regardait :

« J'ai le cœur content, » m'écriai-je, et je jetai mes bras autour du cou de sa mère d'adoption.

LX

La confiance était dans ma nature; je ne voyais en outre, au fond de ma pensée, rien que je ne pusse avouer sans rougir. Il me semblait tout simple de trouver un mari où j'avais vu un frère. Je ne parlais pas cependant. Encore aujourd'hui je ne peux guère me rendre compte du sentiment qui m'empêcha de le faire. Ce fut peut-être un mouvement instinctif de timidité, cette révolte de la pudeur qui s'effarouche ; peut-être aussi un désir inavoué de prolonger un état charmant qui me faisait vivre comme enveloppée de parfums, dans une auréole. Hélas ! il ne devait avoir que peu de jours !

Jenny fut la seule personne à qui je livrai mon secret. Elle le devina même. Un soir, en tournant dans ma chambre, occupée de ces mille riens qui précèdent l'heure du sommeil entre deux jeunes filles et l'attardent, je fredonnai.

« Voilà un air que tu affectionnes beaucoup depuis quelque temps, dit-elle.

— Quel air ?

— Celui que tu chantes à demi-voix ; tu l'as toujours sur les lèvres ; c'est une mélodie de Schubert. Notre ami Paul l'aime beaucoup aussi. Il la chante fort bien. »

Elle parlait en souriant et je sentais mes joues en feu. Je ne chantai plus.

« Oh ! tu peux continuer, reprit-elle, tu ne seras pas seule à chanter.... ce sera un duo.... écoute. »

Jenny venait d'ouvrir la fenêtre. Un chant voilé par la distance s'élevait du milieu de la nuit. Je reconnus la même phrase musicale que je répétais tout à l'heure et la voix chère de Paul. Il nous avait quittées il n'y avait pas longtemps ; il revenait sur ses pas ; pourquoi ? Peut-être pour apercevoir derrière un rideau tremblant l'éclair d'une lumière ou l'om-

bre d'une forme vague. Quelque chose d'intime et de
doux le rappelait auprès de cette maison où j'étais.
Je ne respirai plus. La voix augmentait de volume
d'instant en instant. Paul s'approchait invisible ; j'entendais les paroles de l'*Ave Maria*. Ce chant pur qui
se répandait dans le silence, et de la rue, où tous les
bruits de la grande ville s'éteignaient, montait dans
le ciel, me remplissait d'un trouble délicieux. C'était
comme un souffle de poésie égaré dans Paris ; la
fraîcheur en venait jusqu'à moi et m'enivrait. Saisie
d'une émotion dont aucune langue ne saurait exprimer le ravissement, je tombai dans un fauteuil, tout
près de la fenêtre. La voix qui chantait dans l'ombre
avait toute sa puissance ; un pan du manteau de la
nuit m'en séparait. Elle passa, s'éloigna, s'adoucit et
finit par s'éteindre comme un rêve.

« Ah ! Jenny ! murmurai-je.

— Oui, oui, je sais, répliqua-t-elle, ce n'est pas
pour moi que Paul chante et que Félix soupire. Mais
quand tu seras Mme de Brassannes, tu songeras à
me marier.

— Tu crois donc qu'il m'aime ?

— Hypocrite ! Il ne faut que le regarder pour le
voir, il n'a d'yeux que pour toi. Il faut que je lui
frappe sur l'épaule de temps à autre pour l'avertir
que je suis là. Aveugle, je l'aurais deviné tout de
même. Rien n'est bien fait que ce que tu fais. Il
s'extasie sur un point de tapisserie.... Ce qui m'é-
tonne, c'est que les bans ne soient point encore pu-
bliés,

— Folle ! »

Je me rapprochai d'elle.

« Tu crois donc que rien ne s'opposera à notre mariage ? ajoutai-je.

— Et que veux-tu qui l'empêche ? Vous vous connaissez depuis l'enfance ; M. de Brassannes, ton tuteur, le traite comme un fils ; ton frère n'a pas de meilleur ami... C'est un mari mis par la Providence à côté de ton berceau. »

Je l'embrassai ; je n'étais pas entièrement rassurée cependant. M. de Brassannes, qui, depuis le départ de Clotilde, ne songeait plus à Félix, me parlait assez souvent de prétendants entre lesquels il hésitait. Jamais il n'avait prononcé le nom de Paul. Cet oubli m'inquiétait. Je fis part de cette inquiétude à Jenny.

« Eh bien, me dit-elle, demain nous le sommerons de s'expliquer.

— Oh ! non ! » m'écriai-je.

Que j'avais raison ! Je retardais ainsi de quelques jours le moment où tout mon espoir allait se briser contre un obstacle invincible.

LXI

Je venais de franchir l'époque fixée pour mon deuil ; la maison commençait à reprendre sa vie et son mouvement. Mme Bordier était un peu ahurie dans l'arrangement quotidien de ses heures ; déjà la ponctualité de ses occupations souffrait de graves atteintes. Elle s'en consolait par une consommation plus active de pâtisseries et de gâteaux, et se réfugiait dans la combinaison des menus et la préparation des thés autour desquels nos amis se réunissaient trois ou quatre fois par semaine. Mme Denèvre et Mélanie redoublaient de broderies et de petits cadeaux. Elles avaient l'art de découvrir des anniversaires au profit de tout le monde ; les almanachs n'avaient plus de mystère pour leurs souvenirs ; mariages et naissances, tout y passait ; tel jour elles avaient fait votre connaissance, et tel autre on était revenu de voyage. Elles devaient avoir un catalogue de dates. Si occupées que fussent leurs mains, leur langue ne chômait pas davantage. Leur attention se dirigeait alors avec un redoublement de zèle du côté de Paul. Éblouie par l'intensité de mon premier bonheur, je n'y prenais pas garde.

Parmi les personnes qui traversaient le plus souvent à cette époque l'hôtel de la rue de la Pépinière, il y avait un certain M. François Daubrin, fabricant de produits chimiques. Il passait pour extraordinairement riche, et on pouvait le croire à la parcimonie de ses dépenses. On lui connaissait des pièces de dix sous qui ne quittaient pas ses poches pendant des semaines ; mais, à l'entendre, et pour ces menus frais que cent occasions font naître, il n'avait jamais de monnaie. Que de courses de voiture, d'offrandes, de petits débours n'épargnait-il pas ainsi! Le même homme devenait prodigue lorsque sa vanité était intéressée. Quelque temps député, on l'avait vu donner des dîners de Pantagruel aux honorables électeurs de son quartier. Il ne lésinait pas sur la quantité des truffes et la qualité des vins; des unes il voulait les plus grosses et des autres les meilleurs. Le lendemain, il grondait pour un bout de bougie. M. François Daubrin devait sa fortune non-seulement à l'ordre et à l'économie qu'il avait introduits dans sa fabrique, mais encore à une découverte dans la manipulation de certains sels.

C'était un homme sec et vert, ferme sur les jarrets, d'une taille moyenne, bien proportionnée, et qu'on aurait pu croire, à la vivacité de son allure, d'une dizaine d'années plus jeune qu'il ne l'était réellement. Né bourgeois, dans une famille de bourgeois, il était tout à fait homme du monde par les manières et le langage. Il avait de l'esprit et une certaine élégance naturelle dont il tirait profit. On assurait qu'il avait eu de grands succès dans certains salons peu apparents où l'industrie coudoyait la finance, et cela ne surprenait personne. A la surface il était un Parisien coulant, aisé, poli, aimable, plein de mansuétude et de bonne humeur; au fond on rencontrait le roc sec et dur. Le tien et le mien étaient son culte et sa loi; seulement, dans ses rapports avec autrui le sien empiétait et faisait la tache d'huile. On citait de lui des traits qui, en mainte occasion, rappelaient la fable de la *Lice et ses petits*. Tout glissait sur lui comme

la pluie sur une ardoise luisante; son âme avait
comme un enduit de métal qui ne laissait passer ni
la pitié, ni la tendresse. Elle était comme emmail-
lottée dans de la tôle. Sa famille entière tremblait
sous son autorité; il l'avait absolue. M. François
Daubrin jouissait de la considération universelle.
Député démissionnaire, il n'était plus qu'adjoint au
maire de son arrondissement. Cela l'aidait dans le
courant de ses affaires. Le fabricant de produits chimiques n'avait aucune religion; il la voulait pour le
commun peuple.

Il était fort aimable autour de moi et fort em-
pressé. Il ne m'était pas sympathique et ses attentions ne me déplaisaient pas. Cette dissonance entre
mes sentiments intérieurs et l'accueil que je lui faisais me dépitait; je n'en pénétrais pas la cause.
Combien d'autres contradictions qu'on n'explique
pas mieux !

LXII

M. François Daubrin avait deux enfants : une fille
mariée en province à un armateur du Hâvre, âpre
au gain et dont là fortune faisait la boule de neige
dans le coton, et un fils plus jeune de trois ou quatre ans. Je n'avais jamais vu Mme Seigneuret,
Mme Alphonse Seigneuret et compagnie, comme

M. Daubrin l'appelait dans ses jours de gaieté. Il en parlait avec onction et ne la voyait pas une fois l'an; mais sa tendresse paternelle s'épanchait en belles phrases lorsqu'il apprenait par les bilans semestriels que son gendre avait fait de gros bénéfices sur les cargaisons qu'on lui expédiait de la Nouvelle-Orléans. Le fils pouvait avoir vingt-six à vingt-sept ans; grand et bien fait, robuste, en âge d'être émancipé, il marchait dans l'ombre de son père. Philippe Daubrin avait un visage véritablement bon, qui cependant ne m'attirait par aucun côté. On en parlait comme d'un jeune homme très-instruit et fort intelligent; il avait dans sa poche un diplôme d'avocat, et son père, disait-on, le voulait pousser dans la magistrature. Ses yeux brillaient par instants d'un feu extraordinaire. Il m'était impossible de juger de ses connaissances et de son esprit; Philippe ne se mêlait aux conversations les plus animées que par monosyllabes, mais ils avaient une singulière force. Deux ou trois fois en ma présence il entra dans une discussion d'un bond, comme un loup qui sort de son repaire et s'empare d'une proie. Il était alors impétueux, presque violent, rapide, plein de surprises et de mouvements, éloquent et sagace par éclairs, et mêlait aux paradoxes les aperçus les plus profonds. Son père le calmait d'un regard.

« La! la! lui disait-il, tu n'es pas encore au parquet! »

Presque aussitôt, Philippe rentrait dans son silence. M. François Daubrin expliquait ce silence par une timidité que le monde ne parvenait pas à dissiper; « il n'y échappe que par soubresauts, » disait-il. Il espérait que le temps passerait son rabot sur tout cela.

« Et de ce fonds d'inégalité, ajoutait-il, sortira un procureur modèle qui n'aura pas son pareil pour lancer un réquisitoire. »

M. François Daubrin, régent de la banque de France, président honoraire du tribunal de commerce, officier de la Légion d'honneur, était l'un des plus vieux amis de M. de Brassannes, avec lequel il n'avait aucun point d'affinité.

Philippe et Paul ne s'aimaient pas. Édouard, mon frère, se détachait de Paul pour se rapprocher de Philippe.

LXIII

À ce moment, et sous la surface paisible, calme, heureuse de notre maison, des troubles en agitaient le fond. Des scènes éclataient entre M. de Brassannes et Édouard, notre paix en subissait le contre-coup, bien qu'il me fût impossible d'en comprendre et la nature et l'importance. Ma marraine, qui voulait le bonheur de tout le monde et dont la gaieté surnageait, allait de l'un à l'autre pour calmer l'irritation de celui-ci et la colère de celui-là. J'entendais prononcer les mots de tutelle et de reddition de compte, auxquels un jour on mêla ceux de conseil de surveillance. Mme Bordier soupirait sans perdre une goutte de son thé à la bretonne et une miette de ses petits fours; Mélanie baissait les yeux. Un soir j'entendis dire à Mme Denèvre qu'en présence de tels écarts on en venait à regretter les lettres de cachet. Elles assuraient souvent le repos des familles, ajoutait-elle.

Je ne savais pas alors certains détails qui plus tard vinrent à ma connaissance. Pour bien comprendre quelles en furent les conséquences, je dois dire que par une disposition spéciale de son testament, mon père avait désiré que la fortune qu'il nous laissait, en y comprenant celle de ma mère, restât indivise entre ses deux enfants jusqu'à l'époque de notre établissement. La fortune de Jenny, liquidée de son vivant, était administrée à part.

Il résultait de cet état de choses que mon frère recevait des mains de M. de Brassannes une pension calculée largement sur ses besoins présumés, mais la vie qu'il avait adoptée depuis déjà quelque temps la rendait insuffisante. De là de continuelles réclamations au sujet desquelles M. de Brassannes faisait la sourde oreille.

Mon frère voyait toujours Brigitte; il en parlait comme d'une divinité. Ils n'avaient à proprement parler qu'un appartement, et il faisait pour elle des dépenses assez considérables. Édouard ne se cachait pas pour aller avec elle à la campagne, dans les restaurants, au théâtre, dans les bals publics, partout

enfin où la jeunesse cherche des distractions. La
pension annuelle que M. de Brassannes lui allouait
n'était plus qu'une maigre pitance pour cet appétit
déchaîné. Dès le premier trimestre, elle était dévo-
rée. Les appels de fonds devenaient incessants. Ob-
servations et réprimandes n'y pouvaient rien.
Édouard était comme ensorcelé. Sur ces entrefaites,
Brigitte lui donna un gros garçon; ce fut bien pis
alors. Les billets de banque fondirent plus vite
qu'autrefois les pièces d'or. A bout de remontrances, mon tuteur eut recours aux grands moyens.
La nomination d'un conseil judiciaire fut provoquée et obtenue. Édouard n'eut donc plus que la
jouissance d'un revenu dont le chiffre fut établi
par le conseil. De colère, il rompit avec M. de Brassannes. Quelle sortie et quel éclat! Je m'en souviens
encore! Édouard, pâle et les lèvres crispées, traversait le vestibule après une dernière explication;
il rencontra Paul :

« Acceptez-vous la responsabilité des actes de
M. de Brassannes, votre oncle? dit-il brusquement.

— Mon oncle! mais c'est mon père.... Tout ce qu'il
fait est bien fait!

— Votre père alors vient de se rendre coupable
envers moi d'une action méchante et lâche; c'est à
vous que j'en demande raison. »

Je poussai un cri.

« Je te défends de répondre, » dit mon tuteur à
son neveu d'une voix haute et claire.

Paul, qui allait répliquer, s'arrêta.

« M'avez-vous entendu ? reprit Édouard avec violence. Si les paroles ne suffisent pas, que faut-il donc que je fasse ? »

Il était hors de lui ; je m'élançai.

« Paul, tais-toi et viens ! » dit la voix impérieuse de M. de Brassannes.

Paul, tout frémissant, obéit. Je tombai dans les bras d'Édouard en le suppliant de se calmer ; il frappa du pied par terre.

« Ah ! les femmes à présent ! s'écria-t-il, et, me laissant à demi morte au pied de l'escalier, il disparut.

« Merci, dit mon tuteur en serrant la main de Paul ; ce n'est pas ton ami qui vient de parler, c'est la colère ; tu pardonneras et tu oublieras, comme je le fais moi-même. »

Je me relevai en ce moment, et, remontant lentement l'escalier, mes yeux remercièrent Paul.

LXIV

Édouard, qui rencontra Philippe dans notre rue, lui raconta tout ce qui venait de se passer. La conversation, ou pour mieux dire le long monologue de mon frère les amena devant la maison de M. Daubrin.

Ils y entrèrent, et le fabricant de produits chimiques apprit tout. Édouard ne parlait de rien moins que d'épouser Brigitte et de reconnaître l'enfant qu'elle avait mis au monde :

« Laissez-nous, » dit M. Daubrin à son fils.

Une heure après, mon frère sortait de chez M. Daubrin, dans un état d'esprit moins voisin de l'exaspération. Il avait trouvé auprès de l'ancien président du tribunal de commerce ce qu'il cherchait, la chose dont il avait le plus besoin, des ressources et des subsides, mais à la condition de laisser là ses projets.

Dès le lendemain, Brigitte avait des robes comme une héritière et des bijoux comme une comédienne à la mode. Quant au travail, c'était le moindre souci d'Édouard ; ses livres pourrissaient dans un coin.

Mon tuteur, qui ne cessait pas de s'intéresser à mon frère, malgré la violence de leur rupture, s'étonna de lui voir mener une existence qui n'était pas en rapport avec les ressources légitimes dont il disposait ; il prit des informations et il ne lui fut pas difficile de découvrir la vérité. Il demanda une explication à M. Daubrin.

« Rien de plus simple, répondit le fabricant de produits chimiques ; j'ai toujours remarqué que lorsqu'un pêcheur veut amener à la rive un brochet qui se débat au bout de l'hameçon, il lui rend de la corde et le laisse filer. S'il tend la ligne, tout casse et le poisson disparaît. Ici le brochet s'appelle Édouard ; le pêcheur, c'est moi.

— Hum! le raisonnement est spécieux. A ce compte-là, Édouard a toute liberté de continuer, rien ne l'obligeant plus à s'amender.

— Croyez-vous qu'il n'eût pas trouvé ailleurs le crédit que je lui ai ouvert? On le sait riche, et il faudra bien tôt ou tard que sa fortune lui revienne. Ce que je lui prête me permet de voir dans ses affaires, et j'exerce ainsi une surveillance qui nous échapperait sans cela.

— Elle n'est pas bien gênante, à ce qui me semble. Hier encore, Édouard s'est montré aux Champs-Élysées conduisant une américaine attelée de deux chevaux qui paraissaient de taille à mener un fils de famille en six mois du boulevard des Italiens à la prison de Clichy. Et ils ne traînaient pas que lui, ces chevaux!

— Patience! le brochet nage, mais il se rendra!

— Puisque vous avez l'amour des comparaisons, laissez-moi vous demander depuis quand on a vu un général d'armée fournir des provisions à la citadelle qu'il veut amener à capituler?

— Bon! On dit qu'Henri IV faisait ainsi pour sa bonne ville de Paris, et il a fini par l'avoir. D'ailleurs vous savez la fable :

> La fourmi n'est pas prêteuse,
> C'est là son moindre défaut....

Rassurez-vous donc, je ne prêterai à notre coureur d'aventures que tout juste ce qu'il lui faudra pour l'avoir sous la main quelque jour. »

Le sens de ces paroles échappa à M. de Brassannes, qui se mit à sourire; plus tard, il sut à quoi s'en tenir.

LXV

Sans ce trouble intérieur et le chagrin que j'éprouvais de ne voir mon frère qu'à des intervalles relativement éloignés, j'aurais été parfaitement heureuse. Paul venait chaque jour à la maison; il dînait fréquemment avec nous, et je savais qu'on cherchait à lui trouver une occupation sédentaire dans une usine à Paris. Le flot me portait et je sentais une grande douceur à me laisser porter par lui. Chaque élan me rapprochait du port. Jenny, que je poursuivais de mes confidences, m'entretenait dans cet espoir; elle m'écoutait avec une patience angélique. Je ne parlais que de Paul et ne m'en apercevais pas. Les moindres détails de nos entretiens faisaient le sujet des plus longs commentaires. Un jour il m'avait offert une fleur, un soir il m'avait apporté la romance que je désirais, un instant nous étions restés seuls dans le jardin. Je gardais un souvenir exact de toutes nos conversations. Un mot, un hasard, une rencontre prenaient la proportion d'événements considérables. Enfantillages et folies

que tout cela! disent les sages! Je me suis demandé
plus tard si les événements qui agitent le monde ont
plus d'importance et de fondement. Les destinées
d'un cœur sincère n'ont peut-être pas, dans la ba-
lance d'en haut, moins de poids que les destinées
d'un peuple en furie. Paul m'aimait, j'en avais la
certitude ; le reste ne valait pas la peine que je per-
disse une heure à y penser.

Moins occupée d'un sentiment unique, j'aurais remarqué dès lors la singulière attitude de Philippe
auprès de moi. On le voyait fréquemment chez nous,
mais il n'y venait jamais seul ; en toute occasion
son père l'accompagnait. Je le surprenais souvent at-
tentif à me suivre des yeux, et il les détournait aussitôt que mes regards se portaient sur lui. Il m'a-
dressait rarement la parole, laissait tomber la
conversation, m'évitait presque : mais si je manifes-
tais en sa présence le désir de quelque bagatelle, je
la recevais le lendemain. Dans ces circonstances
ce n'était même pas lui qui m'offrait la gravure de
modes, le dessin, le morceau de musique dont il
avait été question la veille, c'était son père. Si je le
remerciais :

« Remerciez Philippe, me répondait M. Daubrin,
c'est lui qui y a pensé.... Ma vieille tête n'a de mémoire que pour les affaires. »

Quand je me mettais au piano, il m'enveloppait
tout entière de son regard. Si je chantais, je le
voyais pâlir et rougir. L'air achevé, il s'éloignait ;
jamais de compliments. Il nous arriva deux ou trois

fois de valser ensemble dans des sauteries improvi-
sées ; il y cédait presque malgré lui, mais alors il
me semblait que j'étais emportée par un tourbillon.
Mes pieds ne touchaient plus le sol, je me sentais
enlevée et j'entrevoyais comme dans un rêve sa tête
pâle et son sourire blanc. Jenny me déclara qu'il
valsait comme un ange, c'était son expression. Avec
lui cependant j'étais mal à l'aise, sans qu'il m'eût été
possible d'expliquer pourquoi. Un soir quelqu'un
s'étant mis au piano, on dansa.

« Eh bien ! tu n'engages pas Mlle Pujol à valser ?
lui dit M. Daubrin.

— Je ne sais plus, répondit Philippe avec un air
d'embarras.

— D'autres savent toujours, » poursuivit Mme Denèvre en voyant Paul qui s'approchait de moi.

Étourderie ou caprice, la réplique de Philippe ne
me fâcha point ; j'étais délivrée d'un plaisir qui avait
toutes les conditions d'un supplice ; mais j'aurais dû
faire attention au mot de Mme Denèvre. Il sonna't
le commencement des hostilités.

LXVI

Je n'ai jamais bien pu comprendre le motif du
sentiment d'inimitié que Mme Denèvre éprouvait

contre Paul. Peut-être avait-elle espéré qu'il penserait à Mélanie, et je me rappelle en effet que dans les premiers temps elle était abondante en éloges et prompte à l'attirer auprès d'elle. Quand son nom venait à être prononcé, elle était tout rose et tout miel. Puis tout changea. La bise succéda au zéphir et ne cessa plus de souffler. Comme un bon limier dans un bois sent toutes les pistes, Mme Denèvre avait le flair de tout ce qui se passait dans un salon. Déçue sans doute de ses chimères à l'endroit de sa fille, Paul lui devint odieux. Il l'avait trahie sans le savoir et j'étais sa complice. Les louanges qu'elle prodiguait au neveu de M. de Brassannes se déversèrent à grand bruit sur Philippe Daubrin, comme les eaux d'un torrent qu'on détourne de son cours. Tandis que les flèches sifflaient autour de l'un, les cajoleries de toutes sortes caressaient l'autre. Philippe s'y prêtait mal. M. Daubrun, au contraire, se montrait d'une prévenance extrême à l'égard de Mme Denèvre. A différentes reprises, il lui apporta de petits présents qui étaient reçus avec l'expression d'une extrême reconnaissance, en même temps qu'ils excitaient un vif étonnement autour de nous. Un soir, à la vue d'un bijou que M. Daubrin offrait à Mélanie pour agrafer son châle, Mme Bordier oublia d'avaler son thé, qui refroidit dans la tasse.

« Vous avez fait un miracle, dit Jenny à M. Daubrin en lui faisant remarquer cette négligence.

— Oh! j'en ferai peut-être un autre! » répliqua le fabricant.

LXVII

Il m'était impossible de ne pas remarquer à la longue la guerre sourde mais opiniâtre que Mme Denèvre dirigeait contre Paul. Les allusions, les mots perfides, les sarcasmes, les réticences calculées s'échappaient de ses lèvres comme les moustiques d'un marécage J'en souffrais et mon impatience s'en accommodait mal. J'étais résolue à y mettre un terme. Un soir la conversation effleura une question de mariage qui occupait en ce moment l'oisiveté parisienne. La discussion s'engagea.

« Qu'en pensez-vous? demanda M. de Saint-Hérel à Mme Denèvre.

— Moi! rien.

— A d'autres ! Votre silence prouve que vous avez une opinion sur ces matières. Est-ce que le mariage n'est pas la grosse affaire? Toute comédie commence ou finit par là.

— Certes !

— Alors parlez.

— Et qu'ai-je à dire? En ces sortes de choses je comprends tout, j'approuve tout, je pardonne tout, une seule exceptée.

— Laquelle?

— Le calcul. »

Je tendis l'oreille. Un frisson à fleur de peau m'avertissait qu'un dard venait d'être lancé.

« Qu'entendez-vous par ce mot? poursuivit l'un des interlocuteurs.

— Tout ce qui est bas et vil, rampant et menteur. Et entre toutes les intrigues qui rôdent autour des jeunes filles, la plus coupable à mon sens est celle qui est menée par un coureur de dot.

— En voit-on encore? demanda M. Daubrin d'un air innocent.

— Toujours! Oh! la race est indestructible. Elle se transforme, elle se déguise, elle prend un masque, mais elle dure. On ne voit plus, comme au temps des aventures, un gentilhomme n'ayant que la cape et l'épée forcer à coups de dague la porte d'un castel et enlever une demoiselle au travers des serviteurs épouvantés, ou quelque étudiant franchir les grilles d'un couvent pour ravir une infante bien rentée, non; mais on voit de tout petits jeunes gens, tout parés de vertus comme de petits saints, qui tournent autour des héritières et, à force de soupirs, battent leurs cœurs en brèche.

— Vous en avez vu?

— Hélas! Par exemple, ils ont grand soin de ne s'adresser qu'à des cœurs tout en or.... Toute peine mérite une récompense, et leur flamme veut, pour s'étaler, un oreiller de billets de banque. Vous secouez la tête d'un air de doute, monsieur Daubrin, et tu nous regardes avec surprise, ma chère fille.

Toi, je le comprends, tu es jeune encore. Mais vous, monsieur le fabricant, ah! vous m'étonnez. Le coureur de dot, l'aimable jeune homme en quête d'une personne dont la petite main serre un portefeuille, le fils de famille qui a bonne envie de manger au râtelier d'un héritage, mais il est partout!... Si vous connaissez une fille qu'on sache grassement pourvue de rentes bien liquides, de fermes en plein rapport, cherchez autour d'elle. Le premier regard vous fera découvrir un jeune Parisien qui roucoule et fait le beau. Autrefois on voulait éblouir l'innocente par des ma gnificences empruntées à des usuriers; nous avons changé tout cela. On est pauvre et on l'avoue; très-pauvre même, et on le proclame. On spécule sur la pitié, et si l'on gagne la victoire dans cette bataille où l'on a pour soi la jeunesse, l'inexpérience, la compassion, on n'a point de frais à rembourser, et l'on arrive à la bonne affaire par le chemin de l'hypocrisie.

— Mais c'est horrible! s'écria la voix pudique de Mélanie.

— Rassure-toi! ces roueries ne te menacent pas, ma pauvre enfant; tu n'as rien, tu n'as donc pas la chance d'être aimée; mais si tu l'es, ce sera pour toi.

— Et moi qui n'ai pas le scepticisme de Mme Denèvre, je crois qu'un honnête homme sera assez avisé pour remarquer ce qu'il y a en vous de grâce et de qualités sérieuses, dit M. Daubrin.

— En attendant ce prodige, répliqua Mme Denèvre, rien ne m'inspire plus de dégoût que le spectacle de ces mendicités qui se font un marchepied de l'amour. »

Le regard de Mme Denèvre tomba sur Paul de Brassannes; j'en avais suivi la direction. Je le vis pâlir; mon cœur se serra.

« Oh ! la vipère! » murmura Jenny.

Si cette âme, bonne entre toutes, avait eu conscience de l'intention malveillante de Mme Denèvre, comment autour de moi ne l'aurait-on pas comprise? Mais que répondre à de telles insinuations? Les repousser, n'était-ce pas avouer qu'on avait quelques points de ressemblance avec les êtres qu'on mettait au ban de l'opinion? Cependant l'indignation me faisait sauter le cœur dans la poitrine. Subitement je traversai le salon et, m'adressant à Paul :

« Vous avez, je crois, l'*École de la médisance* parmi vos livres, lui dis-je. Faites-moi le plaisir de m'apporter demain cette fameuse comédie. L'œuvre de Sheridan est anglaise par la langue, mais par les idées elle est de tous les pays. »

Mme Denèvre devint blême. Mon regard croisa le sien. Je venais d'accepter la guerre.

LXVIII

Comme je retournais à ma place, la bonne Mme de Brassannes se trouva près de moi. Elle s'était levée sans bruit, et sans parler, elle m'embrassa sur le front. Ma mère avait de ces baisers-là.

J'avais livré mon secret; j'étais déterminé à ne plus reculer. On m'apprit le lendemain le retour de M. de Brassannes, qui avait été donner un coup d'œil à des réparations qu'on exécutait à Valserre; je me rendis chez lui.

« Tu arrives à propos, me dit-il, j'allais te faire appeler.

— Vous avez donc à me parler?

— Oui. La chose te concerne. Les demandes affluent depuis que tu ne portes plus de vêtements noirs. Mme Verdais revient à la charge avec son comte de Férolles.

— Vous confondez, mon cher tuteur. M. de Férolles appartenait à M. Collardon le notaire.

— C'est juste! mais c'est que M. Gustave Piersaulx non plus ne t'a pas oubliée.

— Je lui en suis d'autant plus reconnaissante qu'il ne me connaît pas.

— Et, en outre, j'ai trouvé ce matin une lettre de

M. François Daubrin qui me demande une entrevue;
je crois pouvoir deviner le sujet sur lequel roulera
l'entretien.

— Je puis le supposer aussi.

— Alors que penses-tu de M. Philippe Daubrin,
son fils?

— Ce n'est pas un homme qui ressemble à tous les
autres.

— C'est déjà quelque chose.

— Mais ce n'est pas la peine que je l'examine davantage.

— Permets-moi de te dire cependant qu'il est dans
des conditions telles, que beaucoup de jeunes filles
désireraient l'avoir pour mari.

— J'en suis certaine; mais vous me comprendrez
mieux si j'ajoute que vous n'aurez plus à vous occuper ni de lui ni d'un autre.

— Ah ! »

M. de Brassannes me prit la main et d'une voix
grave :

« On m'a parlé d'une scène singulière qui s'est
passée hier, ici même, reprit-il. Je n'en veux rien
conclure; mais si les paroles de Mme Denèvre sont
sans excuse, ta réplique est bien imprudente.

— Pourquoi le serait-elle si mon choix est fait? Je
venais justement vous en parler et vous dire que
Paul....

— Pas un mot de plus, tais-toi! s'écria M. de Brassannes, je ne veux rien entendre, je n'ai rien entendu ! »

J'étais atterrée. Jamais je n'avais vu à M. de Brassannes ce visage austère. Un sentiment de profonde douleur s'y peignait.

« C'était donc vrai ! » reprit-il avec l'accent du désespoir.

Et, comme je voulais répondre :

« Non, non, ajouta-t-il, ne dis rien, ne parle pas; à quoi bon? ne faudra-t-il pas toujours que je réponde : c'est impossible! comme je l'ai fait à ta marraine, ce matin ? »

Il s'interrompit tout à coup, et d'une voix frémissante, me regardant en face :

« Tu ne sais pas le mal que tu me fais, malheureuse enfant! reprit-il ; mais lui, dis-moi, un jour t'a-t-il dit qu'il t'aimait?

— Non, jamais ! mais qu'importe ?

— Ah! du moins c'est un honnête homme, et je puis l'estimer encore !

— Paul!

— Tu ne peux pas me comprendre…. Je lui parlerai, et il me comprendra, lui ! »

Je ne savais plus que penser ; une immense douleur m'anéantissait ; qu'y avait-il? quel secret me cachait-on? quel obstacle inconnu, terrible, menaçant, s'opposait à mon mariage avec celui que j'aimais? Mes yeux se remplirent de larmes.

« Ah! je vous en supplie! » m'écriai-je en joignant les mains.

Il me fit signe de m'éloigner, et comme j'hésitais:

« Si tu m'aimes, si tu me respectes, au nom de

l'autorité que ton père m'a laissée, je te demande de ne plus parler de ceci. Va trouver Mme de Brassannes, elle t'attend; ce soir j'aurai vu Paul.

— Et moi, le reverrai-je ?

— Oui, une fois encore, pour lui faire tes adieux. »

Ce dernier mot m'écrasa. Je sortis de chez mon tuteur en chancelant, mon imagination affolée faisait mille suppositions entre lesquelles je me débattais. Jenny, qui connaissait mon projet, accourut au-devant de moi. Elle fut saisie de pitié en m'apercevant.

« Tout est perdu ! » lui dis-je.

Elle m'entraîna chez Mme de Brassannes, que je trouvai dans un état d'anxiété indéfinissable; ma pauvre marraine se mit à m'embrasser en pleurant.

« Ah ! la coupable c'est moi ! s'écria-t-elle. J'aurais dû prévoir ce qui est arrivé.... et ne pas permettre que mon malheureux Paul.... Pauvre enfant ! je sentais qu'il t'aimait et le courage m'a manqué. »

Nous fondions toutes les trois en larmes.

« Mais pourquoi ? lui dis-je enfin.

— Tu oublies donc que tu es riche et qu'il n'a rien !

— N'est-ce que cela !

— Mais c'est tout ! Est-ce que M. de Brassannes n'est pas ton tuteur ? »

Un jour vague se fit dans mon esprit, obscur, douloureux, mais qui laissait place à l'espoir. Il était impossible que mon bonheur dépendît d'un scrupule.

« Nous parlerons à M. de Brassannes, repris-je, il se rendra à mes prières.

Mme de Brassannes secoua la tête.

« Vous ne connaissez que le côté bon, nous dit-elle, il y a l'autre! »

LXIX

Ma chère Jenny resta auprès de moi toute la nuit, s'épuisant en caresses et en consolations. Je l'écoutais à peine, et j'entendais sans cesse ce dernier mot qui m'avait déchirée. Quelque chose pouvait donc déterminer Paul à renoncer à moi! Je savais que mon tuteur était sorti presque aussitôt après notre entretien. Il n'était pas rentré pour le déjeuner, et il avait fait dire à Mme de Brassannes qu'il dînerait en ville. Il avait certainement vu son pupille. Que n'aurais-je pas donné pour connaître le résultat de leur conversation !

Dès le lendemain nous partions pour Valserre. Mme de Brassannes se montra pour moi d'une tendresse si délicate, si attentive, si minutieuse en quelque sorte, que je n'osais pas l'interroger. Il y avait comme de la pitié dans les témoignages de bonté qu'elle me prodiguait. Jenny essuyait des larmes à la dérobée. M. de Brassannes nous rejoignit dans la soirée. Il échangea quelques paroles avec sa femme et me fit appeler. Me prenant alors par le bras, il m'entraîna dans une allée de chênes qui côtoyait de son ombrage les ruines de cette abbaye dont chaque pierre me rappelait un souvenir. La saison avait cette fraîcheur animée et jeune que rien ne remplace et qui donne tant de gaieté au mois d'avril. Le printemps faisait éclater les bourgeons à la cime des arbres; les sureaux, les lilas, les saules semblaient rire dans leur parure verte, caressés par les vifs rayons du soleil. Les oiseaux se poursuivaient dans les haies d'où sortaient mille chansons. De petites fleurs s'épanouissaient dans l'herbe, une risée de vent passait dans le feuillage clair et tendre des bouleaux et sur les bruyères roses. Le ciel était en fête. Depuis lors je n'ai jamais vu la saison nouvelle dans sa splendeur joyeuse et brillante sans que de longs soupirs n'aient gonflé ma poitrine. Quelles heures tristes ne me rappelait-elle pas!

M. de Brassannes marchait lentement. Je l'observais du coin de l'œil, cherchant à monter mon courage à la hauteur de l'épreuve. Son visage n'avait rien perdu de son austérité; il me sembla seulement vieilli et fatigué, comme celui d'un homme qui relève de maladie. Quand nous fûmes un peu loin de la maison, dans un endroit où l'avenue faisait un coude, il saisit vivement la main que j'appuyais à son bras.

« Tu sais que je t'aime comme ma propre fille, me dit-il, tu en es bien convaincue, entièrement convaincue, n'est-ce pas ?

— Oui, je le crois, je le sais.

— Laisse-moi t'embrasser, j'ai le cœur gros.... Depuis hier je ne respire plus. Va! nous sommes bien malheureux tous les deux. »

Il prit ma tête à deux mains et m'embrassant dans les cheveux :

« Tous les trois, » reprit-il d'une voix affaiblie.

Ce fut comme un coup de hache donné à un arbrisseau qui ne tient plus.

« Ainsi, je ne l'épouserai pas! lui dis-je.

— Écoute-moi bien. C'est un homme à cheveux blancs qui te parle, le vieil ami de ton père.... Tu ne voudrais pas me faire faire une chose qui serait le déshonneur de ma vieillesse.... Tu aimes et tu crois que cela suffit! mais tu oublies que tu m'as été confiée, que je réponds de toi et de ta fortune, que tu es riche et que l'on pourrait m'accuser d'avoir spéculé sur ta jeunesse pour te donner à l'un des miens.

— Qui dirait cela ?

— Tout le monde, et je n'aurais pas le droit de me plaindre, les apparences seraient contre moi. Paul est mon fils adoptif; je l'ai fait ce qu'il est; il porte mon nom, et il n'a rien. Bien plus même, il est entré dans la vie avec des dettes qu'il aurait pu ne pas accepter, mais dont son honneur répond, et qu'il comblera par le travail. »

Je regardai M. de Brassannes toute surprise.

« Ce n'est pas tout, poursuivit-il; le petit patrimoine que j'avais sauvé provient d'un bien dotal qui appartenait à sa mère. A sa majorité, et avec un

élan qui m'a fait bien augurer de son cœur, il en a
fait abandon aux créanciers de son père. Mais ce
sacrifice n'a pas tout comblé.... Il y a un solde à
payer.... Je sais qu'à ma mort il le pourra. Mais en
attendant il doit.... et c'est dans de telles conditions
qu'il prendrait pour femme une héritière qu'à son
lit de mort un père a mise entre mes mains!... jamais ! Je n'ai pas vécu honnête homme pendant soixante ans pour faillir si près de la fin.

— Mais il y a moi !... Et si j'affirme que mon
choix s'est librement fixé sur lui....

— On ne te croira pas! Est-ce que ton frère n'est
pas là qui me hait aujourd'hui parce que je le sauve?
Il ne manquera pas de dire que j'ai été le complice
de Paul et que cette même fortune dont je l'empêche
de jouir, je l'ai captée au profit de mon fils adoptif,
de celui qui porte mon nom. D'autres viendraient à
la suite, qui ne manqueraient pas d'ajouter que tout
a été préparé, calculé, prémédité ; que j'ai profité de
ton inexpérience pour te faire tomber dans un piége;
qui sait même si la malignité du monde n'ira pas
plus loin !... Que répondrais-je ?

— Toutes ces choses-là, les avez-vous dités à Paul?

— Toutes, et il m'a compris. Il a été aussi sincère,
aussi spontané que toi dans son aveu. Et quand il a
bien vu que, non-seulement ma réputation de probité ferait naufrage dans cette affaire, mais que quelque chose de toi y serait compromis, son dévouement
s'est trouvé à l'égal de son désespoir.

— Il a cédé ?

— Je l'ai voulu. C'est la première fois que j'ai fait acte de mon autorité paternelle, mais elle a été absolue ; n'eût-il pas eu une âme pour me comprendre, il aurait senti que jamais je ne donnerais mon consentement à cette union.

— Quoi ! lors même que nous attendrions un an, deux ans, trois ans !...

— Jamais ! il y a des lois qu'une rigoureuse probité ne transgresse pas. Quand je serai mort, vous serez libres.... »

Ce dernier mot me donna le frisson. Fallait-il donc, pour que je fusse heureuse, que l'homme qui avait remplacé mon père cessât de vivre ? Une sorte d'horreur me saisit. J'avais peur de souhaiter qu'il ne fût plus là, et je me serais immolée avant de consentir à épouser Paul à ce prix. Je laissai aller ma tête sur l'épaule de M. de Brassannes et me mis à pleurer silencieusement.

« Rappelle-toi ce que je t'ai dit un jour, reprit-il avec la douceur d'un père, l'amour n'est pas tout dans la vie, il en remplit la plus courte part. Et puis es-tu bien sûre d'aimer sans retour ? Ce que tu éprouves pour un aimable jeune homme que nous avons eu le tort, ta marraine et moi, de laisser dans ton voisinage, n'est-ce pas ce premier éveil d'un cœur qui s'ignore, cette sensation qui suit l'éclosion de la jeunesse et la fait tressaillir au moindre souffle ? Je me méfie un peu de ces ardeurs juvéniles qui passent comme les lilas d'avril. On n'assoit pas une existence sur des fleurs si fragiles ! »

Il parla longtemps d'une voix caressante; je ne pensais qu'à Paul et à cette impossibilité où j'étais de me réunir à lui. Aucune promesse n'avait été échangée entre nous, et il me semblait que quelque chose se détournait de moi dont l'absence me faisait saigner. Ce départ subit qui nous avait ramenés à la campagne m'inspirait la crainte qu'une occasion de le voir ne se présentât plus. J'interrogeai M. de Brassannes.

« Paul, en effet, prépare tout pour s'éloigner, reprit-il; il ne paraîtra pas à Valserre. Lui-même a eu le courage d'y renoncer.

— Lui, ou vous?

— Lui et moi. Pourquoi aviver par des larmes une blessure dont le sang coule? »

Nous reprîmes le chemin de la maison. Que j'avais le cœur lourd en suivant cette avenue où de si vifs éclats do rire retentissaient autrefois! Ce paysage aimé des anciens jours me semblait triste, la maison déserte. Je sentais confusément que M. de Brassannes avait un fonds de scepticisme qui venait en aide à sa probité. Il ne croyait pas plus à la durée de mon amour qu'à la nécessité de ce sentiment. Pourquoi eût-il sacrifié les éternels principes de l'honneur aux tumultes passagers du cœur? Son renom n'eût-il pas été en cause, il n'eût pas vu d'un œil charmé un mariage dont l'amour eût été le guide unique et le seul conseiller. Au seuil de la maison il m'arrêta, et d'une voix ferme :

« Relève la tête, me dit-il; d'autres devoirs t'attendent dans la vie. Si tu crois que j'aie mérité quelque chose pour la tendresse que je te porte, oublie celui qui s'appelle Paul de Brassannes. »

Je me souvins de cette heure solennelle qui avait vu la mort de mon pauvre père; j'entendis la voix expirante qui avait dit : « Tu obéiras! » et je courbai la tête.

LXX

Deux ou trois jours se passèrent, interminables et lourds. Je ne me sentais vivre que par des tressaillements douloureux qui parcouraient tout mon être. Cependant cette habitude de l'effort à laquelle on m'avait pliée agissait déjà. Je combattais mon propre abattement sans relâche et me contraignais à des occupations régulières que j'accomplissais avec des mouvements d'automate, mais qui m'arrachaient à la contemplation de mon malheur. L'humeur égale et douce de Jenny, sa constante bonté m'étaient d'un grand secours. Elle ne cherchait pas à me distraire, et son amitié silencieuse m'entourait comme un manteau.

Un soir que je me promenais à l'écart dans les ruines de l'abbaye, dont le cloître et les arceaux brisés donnaient à la maison un si pittoresque voisinage, une petite pierre tomba à mes pieds entourée d'un morceau de papier blanc. Je levai la tête après l'avoir ramassée machinalement, et j'aperçus comme une forme humaine dans l'épaisseur d'un buisson dont les rameaux en s'écartant me firent reconnaître tout à coup le visage de Paul. Il était au sommet d'un massif de constructions auquel des broussailles et des arbrisseaux faisaient une toison, et dont le dernier escarpement s'adossait à la partie écroulée de Valserre.

« Lisez! » me cria-t-il.

Je me hâtai de débarrasser la pierre de son enveloppe, et sur la surface interne du papier je lus ces mots écrits au crayon :

« Je suis depuis ce matin dans la chambre grise.... je vous guettais!... Ce soir, je vous y attendrai.... Donnez une heure à qui vous donnera toute sa vie. »

Quelqu'un parut à l'extrémité des ruines; je cachai le papier dans ma poche et jetai un regard du côté du massif. Paul avait disparu. Un léger mouvement imprimé à la cime des rameaux indiquait seul que Paul rampait sous leur couvert dans la direction de l'escarpement.

J'étais dans un état de trouble inexprimable, partagée entre la crainte et la joie. Quand je rentrai au salon, il me sembla que tous les yeux me regardaient et pénétraient mon secret. Je me sentais rougir et pâlir alternativement; je voyais des allusions dans les moindres paroles. Je n'étais pas faite à la dissimulation, elle me répugnait instinctivement, et cependant pour rien au monde je n'eusse manqué à l'appel de Paul. Le jour ne finissait pas ; je consultais à toute minute les aiguilles de la pendule, elles me paraissaient immobiles sur le cadran. Une fièvre intérieure me poussait à ouvrir le piano, à prendre un ouvrage d'aiguille, à le quitter pour un livre que je rejetais bientôt après, à me lever, à m'asseoir, à rire et à chanter sans motif. Cette agitation que je me donnais pour détourner l'attention que je croyais dirigée sur moi, quand personne ne songeait à m'observer, finit par l'attirer.

« Qu'est-ce que tu as donc? me dit Mme de Brassannes, tu bourdonnes comme un hanneton.

— Tu étais tout à l'heure du côté des ruines, est-ce que tu as vu le moine blanc? » ajouta Jenny en riant.

Je m'arrêtai court, tremblant de la tête aux pieds.

« J'ai la migraine, répliquai-je sans trop savoir ce que je disais.

— Tu peux te vanter alors d'avoir une migraine active et bruyante, » répliqua M. de Brassannes.

Je ne remuai plus. Le soir vint enfin, je me glissai du côté de la maison qui touchait aux ruines et m'enfonçai à pas furtifs dans le long corridor qui menait à la chambre grise. Les baies ouvertes dans l'épaisseur des murailles éclairaient ma marche. Il y avait longtemps que je ne m'étais aventurée dans cette partie déserte de Valserre, j'en reconnaissais cependant chaque petit coin. La figure du moine blanc m'apparut dans cette clarté douteuse qui m'en-

veloppait, les mains jointes, le capuchon rabattu sur
le visage. Son immobilité de spectre ne me faisait
plus peur, mais j'étais agitée d'un tremblement bien
autrement profond. Je touchai enfin à la porte cher-
chée; une forme s'y dressa, me saisit la main et
m'entraîna. Je tombai dans un fauteuil, sans haleine
et sans voix.

« Enfin, c'est vous! » me dit Paul, qui se mit à mes
pieds.

On se souvient que la chambre grise ou la chambre à l'armure était située tout à l'extrémité de Valserre, dans un angle des bâtiments, et en quelque
sorte suspendue sur le gouffre que dominait un petit
balcon accroché comme un nid à deux fortes pierres
scellées dans le mur. La panoplie était toujours à sa
place, près de la fenêtre; quelques vieux meubles
disloqués garnissaient encore cette chambre perpétuellement inhabitée et dont le revêtement de boiseries grises se fendillait çà et là. Les briques disjoin-
tes du plancher craquaient sous les pieds. Je n'étais
pas entrée dans cette chambre plus d'une fois ou
deux dans ma vie, mais son aspect et les moindres
détails de son arrangement intérieur m'étaient restés dans l'esprit. Un large pan de lumière blanche
entrait par la fenêtre ouverte sur le balcon et venait
jusqu'à moi, éclairant la silhouette de Paul agenouillé; je ne respirais pas. Tout à coup, dans ce
silence profond, la porte chassée par le vent retomba
bruyamment dans son cadre. Je poussai un cri, Paul
se leva.

« Tenez ! lui dis-je, si M. de Brassannes apparaissait en ce moment, je mourrais sur place.

— Voulez-vous que je vous quitte? me répondit-il tristement; parlez, le chemin est là. »

Sa main me montrait le balcon, vers lequel il faisait un pas. Je l'arrêtai.

« Vous, dans ce vide, et dans la nuit! Oh! non! » m'écriai-je.

Il s'assit près de moi; mon cœur battait à se rompre, et je n'aurais pas voulu abréger d'une minute cette heure cruelle et délicieuse où je le voyais seul et tout à moi.

« Bientôt je serai loin de vous, reprit-il, rien ne me fera plus prévoir l'année où je vous reverrai ; mais avant de disparaître, j'ai voulu vous dire que rien non plus ne vous arrachera d'un cœur qui vous appartenait.

— Croyez-vous donc que rien de moi ne soit à vous? m'écriai-je.

— Vous ne savez pas, ajouta-t-il doucement, quelle place vous avez tenue dans ma vie.... Enfant, je ne voyais que vous, et seule vous me paraissiez charmante.... Jeune fille, pendant ces jeux qui vous entraînaient sous ces ombrages dont la ramure monte jusqu'à nous, mon regard vous cherchait. Je ne vous comparais à aucune autre.... Vous étiez seule, vous étiez Édile.... Quand votre main s'oubliait dans la mienne, quand vos cheveux chassés par le vent caressaient mon visage, sentiez-vous les pulsations de mon cœur? Que de fleurs touchées par vos mains n'ai-je pas pressées sur mes lèvres!... quels trésors ne me suis-je pas amassés avec des riens que vous portiez! Plus tard j'ai pensé qu'un jour vous pourriez m'appartenir.... cette pensée m'a rendu tout facile et léger : vous étiez mon but et mon espérance.... J'ai vécu avec votre image présente à mes yeux toujours.... Ce que j'ai souffert un jour le comprendrez-vous jamais? et ce qu'un jour j'ai été heureux, quelle chose pourra vous le dire? Ce n'a été qu'un jour, mais il illuminera ma vie jusqu'à la dernière heure! »

J'étouffais; jamais on ne m'avait tenu un pareil langage; j'en entendais les syllabes comme une musique; elles emportaient toutes mes timidités, toutes mes craintes comme l'eau d'un torrent balaye des branches mortes. Quelle force dans ces quelques mots qui impétueusement pénètrent dans le cœur et s'en emparent! Je me les rappelle et ils me ravissent; et combien de jours écoulés cependant depuis l'heure mystérieuse où je les entendis! Ils sont restés comme un trésor au dedans de moi; ni les tourments, ni l'absence, ni l'incertitude, ni la réalité plus implacable encore, n'ont pu en amoindrir la consolante vertu, et je peux dire que j'ai vécu de quelques paroles murmurées pendant les ténèbres d'une nuit!

Je m'efforçais néanmoins de cacher mon trouble à celui qui le causait. Ce don précieux de résistance qu'une éducation sévère avait développé en moi me faisait comprendre que puisque la séparation était commandée par une volonté supérieure, il ne fallait rien faire qui pût en augmenter la dureté par un lâche abandon de soi-même.

« Pourquoi n'êtes-vous pas venu à Valserre avec M. de Brassannes, mon ami? lui dis-je alors. Ne vous avait-il pas autorisé à le suivre?

— Je ne l'ai pas voulu. Il eût cédé peut être si j'avais insisté.... J'avais déjà conçu le projet de vous faire autrement des adieux acceptés par ma raison ; mais quelqu'un entre nous, même celui qui pleurait avec moi, c'était trop. Je n'aurai peut-être qu'une heure dans ma vie, mais cette heure j'en veux avoir le souvenir seul, et qu'elle soit à moi uniquement. »

Que je le comprenais et que mon cœur le remerciait de penser, de sentir comme moi ! Je serrai sa main doucement.

« Où que vous soyez, et quoi qu'il arrive, il y aura toujours une heure où ma pensée sera près de vous. Mais, dites-moi, ces raisons que M. de Brassannes m'a données pour me séparer de vous, votre raison les admet-elle? vous semblent-elles équitables et déterminantes, conformes à la justice et à ce que commande un fier sentiment de dignité? »

Paul fit un grand effort pour me répondre.

« Je dois tout à M. de Brassannes, il avait le droit de me parler ainsi qu'il l'a fait, dit-il.

— Mais en dehors du droit?

— Je vais dire un mot qui nous séparera peut-être à tout jamais, cependant il m'est impossible de ne pas avouer qu'à-sa place j'aurais agi comme il l'a fait. »

Je le savais, et pourtant une angoisse nouvelle me serra le cœur. Deux larmes descendirent lentement le long de mes joues.

« C'est donc bien fini ! m'écriai-je.

— Ainsi, dans mon désespoir, je puis croire que vous me regrettez ?

— Ah ! plus que la vie ! »

Cette illusion tenace qui reste au fond du cœur, après même que l'espoir en est parti, venait de s'envoler, et j'éprouvais cependant je ne sais quelle douceur amère à la pensée que l'être que j'avais choisi était à la hauteur de mon rêve et digne du plus pur amour.

Paul m'avait prise dans ses bras ; je me laissai aller sur son cœur et je sentis ses lèvres glisser sur les miennes.

«Tu ne sais pas combien je t'aime ! » me dit-il d'une voix qui passa comme un souffle sur mon visage.

J'aurais voulu que tout s'anéantît autour de moi. De tout ce qui m'entourait, je ne voyais plus que la lumière pâle où nos deux ombres se confondaient. Ce fut l'ivresse d'une seconde ; elle a laissé dans ma vie comme un sillon de feu, mais bientôt après un effort me rendit maîtresse de moi-même, et, me détachant des bras qui m'enlaçaient : «Paul, mon ami, lui dis-je, il faut nous dire adieu ! »

Je vis ses traits se décomposer.

« Il le faut, repris-je avec plus d'autorité. Si nous

devons un jour nous revoir, comme je l'espère, je veux que nous puissions nous tendre la main sans trouble et nous regarder sans rougir. C'est assez du lien que cette heure a mis entre nous. »

Il m'entraîna sur le balcon ; l'espace limpide et clair s'ouvrait devant nous ; un vent léger venait des profondeurs de l'horizon èt, passant sur le feuillage frêle des arbrisseaux épars au milieu des ruines, apportaient jusqu'à mes lèvres le frisson des bois et le parfum des plantes. Au-dessus de nous, dans la transparence du ciel pâle, brillaient des étoiles semées çà et là comme des gouttes de feu sur un voile d'azur. Paul tourna mon visage en plein vers la lumière de l'astre impassible qui rayonnait sur la colline.

« Je vous perds, me dit-il, et je vous perds pour toujours ; mais je jure par ces yeux bien-aimés, qui ne brilleront peut-être plus pour moi, que jamais aucune femme ne portera mon nom et que seule vous vivrez dans le silence de mon cœur ! »

Les vibrations de sa voix enthousiaste et désespérée entraient dans mon cœur et y laissaient leur trace. Pourquoi ne meurt-on pas dans de tels moments ! l'âme embrasée monterait vers le ciel d'un seul élan et traverserait l'espace comme un rayon. Je m'appuyai au bras de Paul avec confiance : c'était la dernière heure, et je la prolongeai malgré moi. Mes yeux cherchaient les sentiers que nous connaissions, les arbres sous lesquels nous avions joué ; ils prenaient en quelque sorte l'empreinte des lieux que

nous ne devions plus revoir ensemble. Ces souvenirs nous arrivaient en foule, comme des amis qu'on
a perdus en chemin et que le soir ramène l'un après
l'autre. Avec eux la paix redescendait en nous. La
lune rasait alors le bord de la colline; elle allait disparaître et laisser dans l'ombre tout un côté de ces
paysages charmants.

« Irez-vous loin? lui dis-je enfin.

— En Espagne. Une compagnie, qui a de grands
intérêts engagés dans les mines de l'Andalousie, m'a
pris à son service.

— Et vous resterez longtemps là-bas?

— Le plus longtemps possible, à moins qu'un jour
vous ne me disiez : « J'ai besoin de vous. » Mais cela,
je ne le souhaite pas.

— Pourquoi?

— Parce que cela me prouverait que vous êtes
malhcureuse, et la pensée de votre malheur est la
seule que je ne supporterais pas.

— Cependant c'est à vous que je m'adresserais certainement si ce que vous ne voulez pas prévoir m'arrivait. »

Il prit ma main et l'embrassa.

« Partirez-vous prochainement? continuai-je.

— Demain.

— Demain! et malgré moi je me serrai contre lui.

— J'ai voulu dormir une dernière fois sous le toit
qui vous abrite, emporter quelque chose de l'air
que vous respirez, m'enivrer de votre pensée, et disparaître après, reprit-il. Je connaissais la chambre

grise. J'y suis entré ce matin, me glissant parmi les ronces comme un voleur, et par ce même chemin, avant le jour, je m'en irai. »

La lune venait de s'effacer derrière la colline ; une ombre douce s'étendait dans la campagne, l'heure du dernier adieu allait sonner ; je sentais un flot de larmes gonfler mon cœur, je détournais la tête pour qu'il ne vît pas celles qui s'échappaient de mes yeux, et m'avançais lentement vers la porte ; il ne me retint pas. Quand elle fut ouverte, je lui tendis la main. Le sentiment que nous n'avions rien à nous reprocher, et que l'un et l'autre nous avions fait notre devoir, me soutenait.

« Dieu vous garde ! me dit-il.

— Dieu vous guide ! » murmurai-je.

Ce fut le dernier mot ; là porte se referma, et je me trouvai seule. La nuit venait de se faire autour de moi, mais elle n'était pas plus épaisse que celle qui soudain remplit mon âme.

LXXI

Je me jetai tout habillée sur mon lit, anéantie ; je n'appelai pas la mort, mais j'aurais voulu qu'un sommeil profond s'emparât de tout mon être et m'arrachât à moi-même. Mes paupières restaient lourdes mais ouvertes. J'entendais les pulsations pesantes de mon cœur. Qu'allais-je faire demain, et les jours suivants? Et lui, que ferait-il? Il souffrirait du même mal, mais il aurait du moins le mouvement du voyage, l'aspect des pays nouveaux, et cette distraction inévitable qui naît de l'activité de la vie. Moi je devais rester dans les mêmes lieux, enveloppée des mêmes souvenirs, toujours nourrie des mêmes regrets. J'écoutais vaguement le tic tac de la pendule et l'insomnie se prolongeait. Un jour pâle qui filtrait à travers les persiennes me rappela soudain que le moment était proche où Paul devait s'éloigner de Valserre. Un mouvement impétueux me porta à courir vers la fenêtre d'un corridor voisin, d'où l'on pouvait voir le côté de la maison où le balcon de la chambre grise s'ouvrait sur les ruines. Une silhouette noire m'apparut sur l'étroite plate-forme dont l'arête se dessinait au-dessus de l'abîme. Tout le monde dormait encore, de douteuses clartés baignaient à peine le sommet des collines. Penchée en dehors de mon observatoire, je vis Paul se suspendre à la grille du balcon et s'aidant de quelques pierres qui faisaient saillie sur la muraille, se laisser glisser jusqu'à l'escarpement de ce massif de maçonnerie, qui, de chute en chute, gagnait le parvis de l'abbaye. Je reconnus le chemin qu'il avait parcouru la veille, et cette ondulation des branches écartées par sa marche qui faisait croire au passage d'une bête fauve. Bientôt après il atteignit le sol d'un bond léger et disparut derrière un pilier. A quelques pas plus loin, je l'aperçus encore dans la transparence du matin, qui traversait un bout de prairie et montait la colline, où sa forme indécise s'effaçait par instants parmi les buissons. Que de fois ne l'avions nous pas descendue en courant ! Arrivé à son extrémité, il s'arrêta et se retourna vers la maison qu'il abandonnait. Sa forme se détachait nettement sur le fond clair du ciel. Je dus me cramponner à l'appui de la fenêtre, tant mes genoux tremblaient. Il jeta ses bras en l'air, comme un homme qui prend une dernière résolution, et s'élança de l'autre côté de la colline. Avec lui tout mon bonheur s'en allait : l'espace me sembla vide subitement.

LXXII

Je n'ai pas conservé un souvenir bien exact des jours qui suivirent ce départ; je vivais comme une personne qui sort d'un rêve. A quelque temps de là, M. de Brassannes reçut une lettre datée de Bayonne; il me la montra, elle se terminait par ces mots :

« Je vous obéirai, je travaillerai; vous serez content de moi. »

« Feras-tu moins que lui? me dit-il.

— Rassurez-vous, je m'appelle Édile Pujol, » répliquai-je avec un certain orgueil.

J'ai rencontré des personnes qui se complaisent dans la douleur. Elles lui font comme un nid dans leur cœur, et l'y bercent et l'y caressent. Elles s'en imprègnent et se laissent emporter par elle comme une épave au fil de l'eau. Moi, je la combats et je la hais. Pliée un instant sous son effort, bientôt je me révolte et me relève, et je mets toute mon énergie à lui échapper.

Je ne voulais pas oublier Paul, mais je voulais reprendre possession de moi-même et sortir enfin de cette torpeur qui m'engourdissait. J'appliquai donc ma constance et ma force à continuer dans leur régularité mes occupations habituelles; je les multipliais même pour fuir l'obsession d'une pensée qui s'acharnait à me poursuivre. De longues promenades, durant lesquelles Jenny m'accompagnait, la lecture, l'étude, le dessin, devinrent mon refuge. La matinée appartenait à la maison, aux soins du ménage, à la lingerie. Je voulais tout voir et que tout passât par mes mains. Mme de Brassannes, qui me devinait sans que j'eusse besoin de m'expliquer, se prêtait à mon désir en se déchargeant sur moi d'une part de la responsabilité qu'elle avait acceptée.

Les premiers jours furent douloureux, j'irritais mon chagrin et ma fatigue en était plus grande, mais je persévérai et l'apaisement se fit. J'ai cette ferme conviction que les âmes vaillantes peuvent toujours venir à bout d'elles-mêmes, et, animées par un juste sentiment de fierté, d'orgueil peut-être, se redresser contre les coups du sort et ne leur rien céder. On ne déserte pas la douleur, on la tient garrottée.

Vers ce temps d'épreuves, j'entretenais déjà une correspondance suivie avec Clotilde. Elle devint plus active. Clotilde m'était chère par son courage, sa droiture; une sorte de parenté morale nous unissait à présent. Je connaissais les mêmes blessures qui l'avaient conduite en exil dans une ville de province; mais tandis que j'en étais brisée, elle y avait trouvé l'espérance la meilleure et la plus forte. Pauvre, elle était plus heureuse, et née dans l'isolement, elle courait vers un avenir brillant et clair. Riche, j'étais déshéritée, et sevrée de ces biens sans lesquels

la vie est comme un arbre qu'un vent d'orage a dé-
pouillé de ses rameaux. Je ne l'enviais pas et je l'en
aimais davantage; la source où nous puisions, elle
sa force, moi ma résignation, n'était-elle pas la
même? Tant mieux si elle ne trouvait que des sourires où je n'avais trouvé que des larmes!

LXXIII

« Je suis tranquille, m'écrivait-elle à cette époque,
et mes jours s'écoulent avec la rapidité d'une eau
limpide qui coule sur un lit d'herbes molles. Point
de murmures, aucun bruit; un travail assidu, constant, égal. La famille à laquelle j'étais adressée m'a
reçue sans vives démonstrations, mais de prime
abord j'ai senti que je marchais sur un terrain solide,
et qu'on serait pour moi le lendemain ce qu'on avait
été la veille, peut-être même avec une nuance plus
accusée d'attachement. Les Pellegrin sont unis entre
eux comme les doigts de la main; une même pensée
les anime, un même soin les occupe : vivre honorablement et accroître le bien-être des enfants qui
trébuchent parmi eux. A ce point de vue l'économie
même a sa poésie.

« Je m'explique mieux à présent cette existence
de province que je trouvais par l'imagination si

pauvre, si froide, si monotone. On a un but qui est un but commun ; les sentiments y atteignent parfois un degré extraordinaire de profondeur, comme la sonde qu'on pousse toujours dans le même sens et qui perce le rocher. La vie ne s'y émiette pas en mille détails et les affections sur mille personnes. On s'y concentre et on s'attache aux choses qui ne changent pas. Les objets extérieurs auxquels on laisse une part de soi à mesure qu'on grandit acquièrent une sorte d'existence propre qui augmente le charme et l'intensité des habitudes. Il en sort des volées de souvenirs, comme ces bandes d'oiseaux qui s'échappent d'une haie au passage d'un voyageur. Ainsi de cet ensemble se dégage une harmonie un peu grise peut-être, mais dont la douceur manque absolument à Paris. La vie moins agitée y est peut-être plus rapide. Cela rappelle ces paisibles suites d'années dans les couvents qui mènent si promptement les cénobites du silence des cloîtres au silence des tombeaux.

« La maison que j'habite est ample, commode, bien pourvue de tous les objets qui peuvent en rendre le séjour confortable. On y jouit d'une vue qui a de la grâce et quelque étendue. Un jardin s'arrondit tout autour. Les hommes, il y en a trois, le père, le fils et un beau-fils, partent chaque matin après déjeuner pour la ville où ils ont leurs occupations. Ils reviennent le soir pour dîner. Il est rare que l'un d'eux passe la soirée hors de la maison. Les femmes, il y en a cinq, dont deux jeunes filles, ne sortent pas quatre fois l'an, si ce n'est pour aller à la messe ou rendre quelques visites. Tout se fait au logis, le linge, les robes, le repassage, la lessive ; je ne parle pas des confitures et de la pâtisserie. On m'a appris à pétrir des galettes dont tu me diras des nouvelles. Ai-je ri la première fois que, retroussant mes manches jusqu'au coude, j'ai plongé mes bras nus dans la pâte ! On m'a félicitée sur l'excellence de mes produits. Je ne me suis point aperçue qu'on s'ennuyât ici. Les visages sont calmes et reposés. Tout paraît amusant à ces natures pliées à la règle : la cueillette des fraises et des pommes, la cuisson des fruits dans les grandes bassines de cuivre, l'arrangement du linge dans les vastes armoires où l'on entasse des piles de serviettes bien pliées par douzaines et coquettement entourées de rubans rouges ou bleus, le compte de provisions qu'on met en ordre dans les resserres.... Le matin touche au soir sans qu'on ait remarqué une minute de lassitude.

« J'ai l'éducation des deux jeunes filles à diriger, et plus particulièrement le gouvernement de l'aînée. Elles ont l'une et l'autre des intelligences droites, mais courtes. C'est peut-être un bien dans le milieu où elles sont appelées à vivre. J'ai trouvé des caractères soumis, ce qui rend ma tâche facile. Elles savent qu'elles seront mariées aux environs de la vingtième année et qu'elles seront à leur tour mères de famille. D'avance elles acceptent les maris que leurs parents auront soin de choisir parmi les jeunes gens les plus honnêtes de la ville. Leur voie est tracée ;

15

elles ne regardent ni à droite ni à gauche. Je ne sais pas si elles peuvent connaître le bonheur tel qu'on le rêve en des circonstances exceptionnelles, mais à coup sûr elles ne connaîtront jamais d'autres chagrins que ceux qui naissent des conditions mêmes de la vie. Toutes deux se sont mises à m'aimer sincèrement. Je les aime aussi, mais ce n'est pas la même chose.

« Voilà donc la cage; quant à l'oiseau sur lequel on en a fermé la porte, il n'est pas mécontent de son sort. C'est un temps d'épreuves; je le subis sans angoisses, sûre que je suis de moi-même. Quand on peut être l'ouvrier de son propre bonheur, aucune tâche n'est lourde. J'ai les yeux tournés vers l'avenir; les heures passent dans cette lumière qui vient de l'espérance. Des indices me font croire que M. de Mézin ne prolongera pas ce que j'appelle mon noviciat jusqu'à l'époque qu'il avait fixée. J'ai par lui des nouvelles de Félix. Il travaille. Un bon signe encore, c'est que ce cher Félix y met une ardeur plus suivie et plus constante.

« Que je voudrais que ton sort fût pareil au mien! Tu m'inquiètes, non pas toi précisément, mais ta destinée. Ta dot, ce gros demi-million qui chaque jour fait la boule de neige, est un appât formidable et qui tente bien des cupidités. Autour de toi ce doit être comme une meute qui hurle et se démène; et celui-là qui te conviendrait se tient peut-être à l'écart. Le respect de sa propre dignité, qui devrait le servir, lui est un obstacle. Je sais quelqu'un, qu'à ta place

j'aurais choisi, mais une lettre de M. de Brassannes
m'apprend à l'instant même qu'il est parti. »

Ainsi Clotilde ne l'avait pas oublié! Elle m'avait
en quelque sorte devinée. Je ne terminai pas la
lecture de sa lettre ce jour-là.

LXXIV

Depuis le départ de Paul pour l'Espagne, M. de
Brassannes m'entourait d'une tendresse plus émue.

« Il faudra bien que tu me pardonnes un jour, me
disait-il sans cesse... Laisse-moi faire, tu verras ! »

Je n'avais rien à pardonner, puisque la pensée du
devoir avait été son guide unique, mais surtout je
n'aurais voulu rien voir. Je ne pouvais pas douter
cependant que M. de Brassannes ne s'occupât acti-
vement à me trouver un mari. J'en étais humiliée
dans la partie la plus délicate de mon être, et il
m'était impossible néanmoins de lui témoigner
aucun mécontentement, puisqu'il voyait dans le
mariage le seul moyen de réparer le mal qu'il m'avait
fait. Il donna plusieurs fêtes à Valserre où il invita
plusieurs jeunes gens qui étaient en âge de songer à
un établissement ; en même temps il multipliait les
distractions autour de moi. Je n'en avais nul besoin,
mais je m'y soumettais pour lui faire plaisir et aussi

parce que cela amusait Jenny. Plus clairvoyante alors parce que j'étais moins occupée d'un seul objet, je remarquai le manége de M. Daubrin et l'attitude singulière de Philippe, son fils. L'un évidemment me désirait pour belle-fille ; je ne savais pas si l'autre me souhaitait pour femme. Dans le fond, cela m'importait peu ; je restais toujours maîtresse à la dernière heure de dire : Non.

Une lettre que j'écrivais en ce moment à Clotilde fera mieux voir quels sentiments m'agitaient et dans quel ordre d'idées je vivais :

« Oui, tu as presque raison ; c'est une meute qui tourne autour de moi : non, je me trompe autour de ma dot. Mais elle ne hurle pas, elle roucoule. Je ne sais pas ce qui lasse le plus. Ah ! que cette chasse paraît ridicule quand le cœur n'y est pas intéressé ! Dans la vieille maison de Valserre je suis comme une de ces princesses des contes de fée qui, du sommet de leur tour, voyaient passer la foule de trousbadours et des paladins. Je n'ai pas leur beauté, mais j'ai des rentes, quelques centaines de mille francs qu'on sait bien liquides et bien nettes.

« Quel beau morceau à mettre sous la dent d'un fils de famille un peu endetté ! L'un arrive superbe et d'un air vainqueur. Il a des chevaux anglais, un habit de chez Pomadère ou Chevreuil, un coupé acheté chez le carrossier à la mode, le jargon du jour, une canne légère dont la pomme d'or a été ciselée par Froment-Meurice, et quelques fonds chez un agent de change. L'autre appartient au corps di-

plomatique ; il a déjà le visage gourmé et la cravate
irréprochable ; on lui connaît des protections et on
parle avec des sourires des succès qu'il a eus à Bade
et à Berlin. Un autre encore est en passe de devenir
millionnaire. Les billets de banque papillotent dans
sa conversation ; il fait courir et jouit de ses libres
entrées dans les coulisses de l'Opéra. J'ai cru comprendre qu'il immolerait une danseuse sur l'autel
du mariage. Aimable jeune homme ! Un quatrième
mêle l'enjouement à l'austérité. Il gravite sous l'aile
de M. le garde des sceaux. C'est un jeune magistrat.
Je n'en sais pas de plus joli. Ses gilets font l'admiration des connaisseurs et il cultive l'anecdote avec
non moins d'aisance que le *Bulletin des lois*. Personne
n'a de plus coquettes épingles de cravates. Il est
de toutes les fêtes du monde officiel et ne dédaigne
pas de s'aventurer dans des bals moins riches en
habits brodés ; mais il veut se corriger. Une ride
est venue, et on se doit de l'encourager dans la
bonne voie.

« J'en passe et par douzaines !

« Une étourderie de langage m'a fait entendre que
je tirais mon principal mérite de ma qualité d'orpheline. Avec moi tout est clair et limpide. On n'a
pas à compter avec de grands-parents qui ont l'impertinence de prolonger leur vie au delà d'un terme
honnête : aucune de ces chances aléatoires qu'on
embellit du nom d'espérances et que le caprice du
hasard ou d'une méchante spéculation met à néant,
mais d'aimables réalités représentées par des cou-

pons de rentes et de grasses métairies. On prend une
fortune entière en me prenant. Voilà ce qui fait que
j'ai la taille bien faite et le sourire séduisant. Point
d'illusions à nourrir là-dessus. Je serais bien plus
charmante encore, si mon frère venait à mourir
subitement ! Je me rappelle encore l'air de jubilation
d'un prétendant auquel Mme Verdais, qui me porte
un intérêt inébranlable, racontait que je n'avais point
de famille.

« — Pas de famille, ni père, ni mère ! s'écria-t-il
avec l'air du ravissement le plus sincère.

« — Rien qu'un tuteur toujours prêt à rendre ses
comptes.

« — Mais elle est adorable !

« Le cœur se soulève à de tels cris partis des entrailles.

« Quand j'assiste à cette course au clocher dont je
suis l'enjeu, un invincible dégoût s'empare de moi ;
des flots de neige s'infiltrent dans mes veines. Je me
demande à quoi bon attendre, et ce n'est pas sans
une sorte d'envie que je regarde dans sa jupe d'in-
dienne quelque fille de basse-cour endimanchée, à
qui un garçon lourdaud décoche en passant une
grosse plaisanterie qu'il appuie d'un geste brutal.
C'est bien à elle au moins que va la galanterie....
Ses sabots, voilà sa dot!

« Il faudrait un miracle pour me faire échapper
aux imbéciles. J'aime à croire qu'ils sont en majorité ;
mais dans leur bande il est impossible que de vilaines
gens n'aient pas réussi à se glisser. Une héritière !

n'est-ce pas comme un phare vers lequel volent tous les appétits? Il me prend des frissons quand je songe que dans cette cohue de niais quelques fripons penseront à moi comme les autres, et leur première habileté n'est elle pas de dissimuler assez pour n'être point reconnus? Tu ne seras donc pas étonnée si je t'avoue que ma pensée incline à la tristesse. Je trouve les choses mal arrangées, sans proportions et sans équilibre. J'en cherche la raison, elle m'échappe et j'en éprouve de sourdes irritations qui grondent en moi comme des bêtes fauves emprisonnées dans une cage.

« Te dirai-je que bien souvent l'idée me prend de demander un asile à la religion? Te souviens-tu des bonnes sœurs que nous avons eues à Valserre pendant une épidémie qui traversa notre vallée comme un torrent? Quel courage et quelle douceur! Elles combattaient le mal avec l'héroïsme du soldat et la patience des mères. Mais ce que j'admirais le plus en elles, ce qui me frappa surtout, ce fut cette quiétude profonde dans laquelle leur esprit se reposait comme un enfant dans un berceau. Point d'agitation, aucune lutte, mais la certitude entière et confiante. Elles marchaient dans une voie sûre; elles connaissaient leur but; la pente de leurs jours les menait vers le port. Pourquoi ne ferais-je pas comme elles ont fait? Ce qui m'arrête, c'est la crainte de n'être pas ancrée dans la foi aussi profondément qu'elles-mêmes. J'aurais, je l'espère, le même dévouement; aurais-je la même espérance? Et dans cette incertitude la résolution décisive ne vient pas.

« Que de fois dans des conversations mondaines n'ai-je pas entendu des gémissements sur le sort de ces pauvres filles qui vivent en dehors de tous les biens ! Que de vieilles phrases toutes faites ne ressuscitait-on pas à ce propos ! C'étaient pour quelques-uns des victimes du fanatisme ; pour les autres, ce n'étaient que de simples idiotes abruties par la pratique de toutes les superstitions. J'ai regardé au fond de ces existences : j'y ai vu le premier des biens, la tranquillité de l'âme. Elles avaient abdiqué le fardeau de la responsabilité. Dans quelle paix profonde ne vivaient-elles pas ! et comme la certitude de l'avenir les rendait calmes en face de tous les sacrifices !

« Je penche donc de ce côté-là : mais pencher n'est pas se donner. Et ma conscience m'avertit qu'il ne faut entrer dans la maison de la prière que lorsqu'on est résolu à ne plus regarder derrière soi.

« Il y a des heures, — as-tu jamais senti cela ? — heures plus cruelles encore où j'assiste à ma propre vie comme à un spectacle dont la marche et la conclusion ne m'intéressent pas. Je me détache de moi-même et je me regarde penser et sentir comme si j'étais un être abstrait, sans conscience de mon identité. Je renonce à toute direction personnelle, je n'espère plus et ne suis plus animée que par un sentiment de bizarre curiosité. J'ai la conviction que cet

état moral ne durera pas; mais, en attendant, je
m'en veux d'être ainsi. Le poids de mon chagrin n'a
pas été assez lourd pour m'y autoriser. Suis-je donc
fatiguée avant d'avoir atteint le milieu de la route?
Jenny que j'entends fredonner n'a-t-elle pas été plus
intelligente en remettant le soin de sa vie à ceux qui
l'ont reçue des mains de mon père? Elle ne veut
même pas qu'on la consulte; et quand on lui parle
de mariage, elle répond invariablement : C'est votre
affaire! Mais l'intelligence n'a rien à voir, dans ces
choses-là! Question de caractère! Elle est née ainsi,
comme elle est née blonde!

« Pourquoi ne me permettrait-on pas de rester
vieille fille? Cet état n'a rien qui m'épouvante par la
pensée; j'y vois même des conditions d'indépendance qui me séduisent. On rit autour de moi quand
j'émets cette idée. Il paraît que le célibat féminin
n'est pas compatible avec nos mœurs. Je n'en pénè-
tre pas la cause, et je sais, en outre, que rien n'est
plus fréquent en Angleterre que de voir des filles
majeures traverser librement la vie sans autre protection que leur conscience. Cette même existence est
donc impossible en France? On me dit qu'il n'est pas
bon de rester seule. Soit; mais ne vaut-il pas mieux
rester seule que d'associer sa vie à un être mauvais
ou antipathique? Et d'ailleurs, pourquoi plier sous
le même joug toutes les natures? Jenny a perpétuellement déclaré qu'elle se marierait quand même, et
que, bon gré mal gré, elle fera le bonheur du mari
qu'on lui donnera. Je n'ai pas cette vocation, et je

sens bien qu'il y a des hommes que jamais je ne
m'accoutumerai à rendre heureux. Je veux bien dire
tant pis pour eux, mais tant pis pour moi, c'est
trop. Dans la disposition d'esprit où je suis, le rôle
de tante m'irait beaucoup. Une bande de neveux, et
d'aventure un filleul ou deux, me suffiraient.

« Tu ris.... Je t'assure cependant que je dis ce que
je pense.

« Ah! si!... Je t'expliquerai une autre fois ce *si...*.
Un passé, un passé de vingt ans a déjà son tombeau.
La pierre est scellée.... Ma consolation sera de te
voir heureuse, dans un bonheur que tu auras vail-
lamment conquis.... »

LXXV

Tandis que les confidences s'échangeaient entre
Clotilde et moi, M. Daubrin m'entourait de plus de
soins. Il était rare qu'il passât un mois sans qu'il
vînt s'établir à Valserre pour quelques jours, et il
n'y paraissait jamais sans quelque surprise agréable,
qui plaisa t moins par sa valeur que par le souvenir
qu'elle indiquait. Dans ces occa ions, le fabricant de
produits chimiques rompait avec ses habitudes de
parcimonie: aucune plante rare, aucun fruit, aucune
friandise ne lui semblaient trop chers; les cordons

de sa bourse dénoués, il ne comptait pas; mais quelque chose de l'avare perçait encore. Il y avait de l'inquiétude dans son geste, il caressait l'objet avant de l'offrir, et ne s'en dessaisissait pas sans une peine secrète que trahissait le mouvement nerveux de ses mains. Il disait bien : Ce sont des bagatelles, mais l'accent n'était point d'accord avec la parole. M. Daubrin affirmait toujours que Philippe avait eu seul la pensée de ces attentions, dont je savais cependant plus de gré au père qu'au fils.

Lorsqu'il venait nous voir, M. Daubrin amenait souvent avec lui une jeune fille, Mlle Escandier, dont il avait la tutelle et qui vivait auprès d'une parente confite en dévotion. Les promenades et les plaisirs qu'elle trouvait chez nous étaient les grandes distractions de la pauvre Émilie, qui, sans ces petits intermèdes de gaieté, eût péri d'ennui dans la triste maison de la rue de Sèvres où sa tante la retenait cloîtrée. Elle était douce et bonne, non pas cependant à la manière active et rebondissante de Jenny, mais avec des nuances d'aigreur et de bouderie que le temps devait développer. On aurait dit un rayon de miel dans lequel deux ou trois gouttes de vinaigre seraient tombées. Elle sentat la crème tournée. C'était encore une nature effacée, sans consistance, et dont la pensée n'allait pas au delà des bornes d'un horizon étroit. On la croyait caressante parce qu'elle ne manquait jamais d'embrasser les personnes chez lesquelles elle allait en visite, et sensible parce qu'elle avait la glande lacrymale facile. On lui avait certai-

nement dit que les pleurs étaient l'indice le plus
certain d'une âme tendre, car elle en abusait. La vue
d'un nid abandonné, d'un papillon mort, d'une couronne blanche sur un cercueil, d'un oiseau malade,
rendait ses paupières subitement humides. Ces at-
tendrissements me semblaient puérils, je n'ose pas
dire bêtes. Un jour elle faillit se pâmer dans mes
bras parce que nous avions rencontré un agneau qui
se débattait dans un fossé. Ces exagérations, par une
sorte de réaction dont je ne savais pas me défendre,
me poussaient à des mouvements impétueux qui
pouvaient me faire mal juger. Je me rappelle qu'à
cette occasion je trempai mon mouchoir dans un
ruisseau et lui en aspergeai subitement le visage.
Elle sauta sur ses pieds.

« Bon, lui dis-je, si l'agneau meurt, vous n'en
mourrez pas!

— Êtes-vous dure! » me dit-elle en gémissant.

Mlle Escandier avait la manie des ouvrages en
perles ; elle vous en accablait. Ce point de ressemblance avec Mélanie et le roucoulement plaintif qui
faisait le fond même de sa conversation, avaient fini
par éteindre dans son germe cette sympathie qui naît
facilement entre deux jeunes filles du même âge.

« Es-tu drôle? me disait Jenny, elle te saute au
cou, et tu l'embrasses du bout des lèvres!

— C'est qu'apparemment elle saute de même au
cou des petits chats et des petits chiens.

— La belle affaire! Que t'importe qu'elle aime
tous les animaux?

—Eh bien! je ne tiens pas à ce qu'elle me mette au rang de ses amours! »

Émilie passait pour une héritière, et l'était véritablement. Il me semblait qu'elle ne pouvait épouser qu'un séminariste. Assez jolie, d'un blond fade, le teint barbouillé de son, le cou svelte, la taille souple, un peu étroite des épaules et sèche des bras, elle avait des façons de s'habiller qui rappelaient les ingénues de théâtre, ne portait que des rubans roses, et baissait les yeux aussitôt qu'un homme poussait la porte; bientôt après, et sournoisement, elle affichait toutes les prétentions. Dans ces occasions, elle riait aux éclats pour un fil qui volait en l'air.

« Quelle enfant! disait Jenny.

— Oui, une enfant qui sait qu'elle a de belles dents, » répliqua un jour Mme Denèvre.

Je dois avouer que depuis quelque temps déjà je pensais tout bas ce que la mère de Mélanie disait tout haut.

Je m'étends un peu sur Mlle Escandier, parce qu'elle fut appelée à jouer dans ma vie un rôle décisif auquel certainement elle ne s'attendait pas plus que moi.

LXXVI

Quand je songe à présent à toutes les habiletés de M. Daubrin, elles me rappellent ces travaux de sape qu'un général expérimenté pousse autour d'une citadelle dont il veut s'emparer. Il conduit les parallèles jusqu'au pied des murailles, qu'il vient battre en brèche, creuse une mine, et quand elle a sauté, il donne l'assaut. Mon frère, que nous voyions rarement, et presque à la dérobée, continuait à vivre dans un désordre qui affligeait profondément M. de Brassannes. Édouard y mettait une sorte de passion, comme un homme dont l'orgueil a été froissé; il ne comptait pas et le fabricant de produits chimiques lui venait en aide dans les moments critiques. On sait comment celui-ci avait répondu aux remontrances de mon tuteur.

« Mon cher monsieur, lui dit-il, à quelque temps de là, nous touchons au moment où la corde ne sera plus filée. Vous reconnaîtrez alors que j'ai fait quelque chose pour les enfants de M. Pujol.

— Je vous en remercierai, répondit M. de Brassannes.

— Un remercîment, c'est bien ; mais j'aurai mieux que cela à vous demander.

— Quoi donc ?

— Avec vous qui êtes la franchise même, j'irai droit au but; je n'ai jamais souhaité pour mon fils d'autre femme que Mlle Pujol. Vous plaît-il de nous la donner?

— Votre fils est-il instruit de vos intentions?

— C'est lui-même qui m'a prié de vous parler. Si vous entrez dans nos projets, comme je l'espère, du même coup je marierai Édouard.

— Eh bien! répondit M. de Brassannes, si Philippe ne déplaît pas à Édile, nous en causerons. »

C'était pour le commencement tout ce que M. François Daubrin désirait. A quelques jours de là, il appela auprès de lui mon frère Édouard, qu'il savait à court d'argent, et entamant la conversation brusquement :

« Ne soyez pas surpris si je vous propose de régler nos petits comptes, lui dit-il. Je suis votre ami, c'est vrai, et vous en avez la preuve; mais je suis négociant, je dois à mon fils l'exemple de la régularité.

— C'est juste. »

M. Daubrin ouvrit le tiroir d'un bureau, et prenant une liasse de papiers qu'il posa devant lui :

« On pourrait m'accuser d'avoir été d'une imprudence folle dans nos relations, reprit il; vous êtes en quelque sorte mineur, étant pourvu d'un conseil judiciaire, et votre signature n'aurait aucune valeur devant les tribunaux, si par hasard quelque différend nous obligeait à y paraître.

— N'avez-vous pas ma parole qui vaut mieux que tous les engagements?

« — Je le sais, et si je vous rappelle ce détail, c'est pour vous donner une preuve de la rare confiance que j'ai en vous. Avouez cependant que si vous fussiez passé de vie à trépas sans crier gare, mon imprudence eût éclaté aux dépens de mes héritiers?

— C'est possible, dit Édouard qui voulut sourire, mais grâce à Dieu je me porte bien.

— Et j'espère que vous vivrez assez longtemps pour voir les enfants de vos enfants à cheval sur vos genoux. En attendant ces jours heureux, savez-vous bien ce que vous me devez?

— A peu près.

— Voyons.

— Quarante ou cinquante mille francs, j'imagine.

— Hum ! la mémoire est courte si le mémoire est long ! »

Content de cette grosse plaisanterie, M. Daubrin se mit à rire aux éclats, mais Édouard ne riait plus.

« Comment, vous croyez?...

— Je crois qu'une somme ronde de quatre-vingt mille francs serait plus près de la vérité.

— Quatre-vingt mille !...

— Quatre-vingt-trois mille sept cent cinquante francs en chiffres exacts.... et je ne parle pas des intérêts qui figurent à part. Ah ! les billets de banque vont vite ! »

Édouard passa la main sur son front, le dos courbé comme un homme qui succombe sous le poids d'un lourd fardeau.

« Est-ce qu'il n'a pas fallu meubler Mlle Brigitte et l'habiller de belles robes qui ne se promènent pas à pied ? D'ailleurs les pièces sont là, et si vous voulez y jeter un coup d'œil.... »

Mon frère fit un signe de tête négatif.

« Je m'en rapporte à vous, reprit-il d'une voix faible.

— A présent il s'agit de fermer le gouffre qui finirait par tout engloutir si vous continuiez...., Vous avez besoin de cinq mille francs pour la fin du mois, les voici ; mettez votre parafe au bas de ce chiffon de papier et ils sont à vous. »

Édouard prit la plume machinalement et la tournant entre ses doigts :

« Si je signe, loin de fermer le gouffre, comme vous dites, je le creuserai plus profondément.... cela me donne le frisson.

— Honnête frisson dont il faut écouter le prophétique avertissement....

— Mais si je ne prends pas ces cinq billets de mille francs, comment ferai-je dans quelques jours ? »

Daubrin ramassa les reçus qu'il avait éparpillés devant lui, et les tassant sous ses doigts, il tourna les yeux vers mon frère, dont la respiration entrecoupée trahissait l'anxiété.

« Vous ne doutez pas de mon amitié, reprit-il, je vous en ai donné quatre-vingt-trois mille sept cent cinquante preuves et vous en donnerai de nouvelles à l'occasion. Il est impossible cependant que les choses restent en l'état où elles sont.... Le mal peut encore se réparer...., mais le péril s'accroît avec le chiffre des dettes, et l'avenir m'inquiète.... Vous plaît-il que nous causions sérieusement?

— Je ne demande pas mieux.

— Eh bien, que diriez-vous d'un moyen qui vous permettrait de combler le gouffre sans qu'il vous en coûtât rien?

— Je le trouverais admirable ! Est-ce possible seulement?

— Très-facile.

— Parlez vite ! » s'écria Édouard dont les yeux brillèrent subitement comme deux charbons.

M. Daubrin huma une prise de tabac, et lentement :

« Vous êtes bien convaincu, n'est-ce pas, que la pensée de votre intérêt seule me guide, et que je vous parle comme si vous étiez mon propre fils ?

— Très-convaincu.

— Eh bien, mon garçon, le moyen qu'on vous propose est fort simple ; seulement je n'en connais qu'un : il faut vous marier.

— Avec Brigitte? »

M. Daubrin sourit.

« Il me semblait, mon cher Édouard, que nous devions parler sérieusement....

— Mais alors si je n'épouse pas Brigitte..., qui?

— Mlle Brigitte n'est pas, que je sache, la seule femme qu'on puisse trouver à Paris. J'en connais une à qui vous ne déplaisez pas et qui ne ferait point grande résistance pour associer sa vie à la vôtre.

— Riche?

— Certainement, puisqu'une part de sa dot, la

moindre, versée dans le gouffre, le remplirait jusqu'au bord.

— Vous l'appelez?

— Mlle Émilie Escandier.

— Votre pupille ?

— Et l'amie de votre sœur.

— Ah! vous me sauvez la vie ! »

Cela dit, Édouard se leva tout à coup :

« Tenez! je suis fou!... c'est impossible ! Est-ce
qu'il n'y a pas Brigitte ?

— N'est-ce que cela ?

— Mais je l'aime.... et j'ai un enfant?

— Qu'est ce que cela prouve ?

— Comment! un fils....

— Il y a un enfant, c'est vrai; mais si cependant
Brigitte vous trompait?

— Brigitte ! »

Édouard saisit le bras de M. Daubrin. Il était
livide, avec des points rouges sous la peau.

« Elle! ah ! si je le savais ! s'écria-t-il....

— Mon jeune ami, répliqua froidement M. Daubrin, vous l'avez tirée de la pauvreté et entourée de
luxe ; elle vous doit tout : donc il est impossible
qu'elle ne vous trahisse pas.

— En avez-vous la preuve ?

— Non, mais j'en ai la certitude; remarquez que
je ne dis même pas la conviction. »

Édouard serra la main de M. Daubrin. Ce n'était
plus un homme, c'était un loup.

« Si cela est, vous pouvez être tranquille.... Je

serai le mari de Mlle Escandier.... Quant à Brigitte, je la laisserai sur le pavé sans robe et sans pain.

— J'en ai peur pour elle, » continua M. Daubrin qui regarda mon frère.

Édouard venait de se lever, le visage décomposé et plaqué de teintes jaunes. M. Daubrin le retint du geste :

« Je n'ai pas fini. Un mot encore, s'il vous plaît. Vous pouvez compter sur mon appui auprès de ma pupille, mais c'est à une condition.

— Laquelle ?

— C'est que Mlle Édile Pujol, votre sœur, deviendra Mme Philippe Daubrin.

— Je ne demande pas mieux; mais je ne suis pas son maître, et M. de Brassannes seul....

— Son concours m'est acquis, mais mademoiselle votre sœur ne se décidera que si vous pesez sur elle.

— Moi ? Qui vous fait croire... ?

— Je sais ce que je dis. Elle est assez singulière, votre sœur ; mais elle vous aime et elle fera par affection pour vous ce qu'elle n'eût pas fait peut-être par raison.

— S'il en est ainsi, comptez sur moi. Mais des preuves, il me faut des preuves....

— Vous en aurez, rassurez-vous. »

Et voilà comment, un soir d'automne, je devins le prix d'un marché qui devait perdre Brigitte et marier Émilie.

LXXVII

En s'avançant comme il l'avait fait, M. Daubrin avait déjà par devers lui quelque motif de suspecter la fidélité de Brigitte; il avait pris des informations en sous-mains, étudié ses allures, et, s'il n'avait point encore de témoignages positifs, les présomptions suffisaient pour que sa conviction morale fût faite.

Dès le jour même, le fabricant de produits chimiques envoya une personne de confiance dans la maison qu'habitait Brigitte, avec mission d'aller aux renseignements et de ne pas regarder à quelques pièces d'or pour les obtenir prompts et précis. Il ne fut point difficile à cet agent de pénétrer dans l'intimité de cette pauvre fille par l'office et l'antichambre; les gens qui la servaient, ramassés un peu au hasard et accoutumés à toutes les aventures, tiraient de petits profits de l'indiscrétion. Ils ne se firent aucun scrupule de parler, et les premiers indices recueillis confirmèrent M. Daubrin dans son opinion. Son émissaire reçut ordre d'entourer Brigitte d'une surveillance rigoureuse; une récompense même lui fut promise s'il parvenait à découvrir l'exacte vérité.

Transplantée dans un riche appartement, vêtue de soie, introduite dans un monde où la seule recommandation nécessaire est la jeunesse et la gaieté, mêlée à un va-et-vient continuel de ruptures et de liaisons dont ses amies intimes parlaient comme des promenades d'une bande de lapins dans un pré, Brigitte avait éprouvé l'éblouissement subit d'un prisonnier qui passerait des ombres d'une cellule à la pleine lumière d'une place publique. Grisée par l'exemple et encouragée par les conversations de tous les jours, elle se laissa flotter à la dérive. Il y a dans le mal un amour-propre particulier qui ne permet pas à ceux qui le cultivent de faire autrement que leurs rivaux. On ne veut pas laisser croire qu'on a moins d'invention dans l'esprit, moins d'habileté dans les ressources; on craint le ridicule, et, pour éviter les railleries, on fait parade de défauts qu'on n'a pas toujours, mais dont la contagion vous gagne. Brigitte en plein courant de galanterie, eut bientôt une intrigue qui lui donna le régal du mystère et la mit au niveau de ses compagnes. Édouard, semblable en cela à de plus expérimentés, ne vit rien, et Brigitte rassurée continua.

Depuis que M. Daubrin avait éveillé les soupçons de mon frère, celui-ci vivait dans une agitation farouche, comme un loup que le plomb d'un chasseur a blessé. Il avait la passion âpre et violente, la passion de l'argent surtout; emporté hors de sa nature par un élan de jeunesse et une surprise de l'imagination, il y retournait et s'étonnait d'avoir tant donné de lui-même à un amour de hasard. Il souffrait dans son orgueil, il saignait dans son ava-

rice ; cependant il ne se détachait pas de Brigitte
sans déchirements. Elle avait été sa folie, son printemps, son illusion. Toute la séve de son cœur c'était
elle qui l'avait eue. Un chagrin noir, le chagrin de
l'abandonner à un autre le dévorait, mais en même
temps le souvenir de tant de sacrifices inutiles le
désespérait. Que de choses perdues, l'argent compris! Il se promettait bien de ne pas recommencer
et des ardeurs vainement comprimées se révoltaient
dans ses entrailles. Il harcelait M. Daubrin de questions, et dans son inquiétude de sauvage il y avait
un mélange inexplicable de regrets et d'espérances.

Au plus fort de ses perplexités, un soir le fabricant l'invita à dîner pour le lendemain.

« Je vous préviens qu'Émilie sera de la partie,
donc venez de bonne heure et annoncez chez
Mlle Brigitte que vous rentrerez tard. Peut-être irons-
nous au théâtre avec Mlle Escandier. »

LXXVIII

La chose arrangée, M. Daubrin passa rue de
Sèvres.

« Arrange-toi pour être jolie, dit-il à sa pupille.
Édouard Pujol dîne avec nous. Il te regarde avec

des yeux qui me donnent fort à penser. Ne te gêne
pas pour mettre une robe de mousseline, et si l'on
voit un peu tes épaules, ne t'inquiète pas ; ta peau a
des tons de neige qui font plaisir à voir... Tout est
bien qui finit par un mariage. »

Édouard fut exact au rendez-vous. Jamais Mlle Escandier n'avait tant abusé des rubans roses ; elle en
avait mis partout, dans ses cheveux, au corsage, à
la ceinture, au cou. Ils rehaussaient la blancheur de
sa peau ; mon frère la trouva jolie dans sa parure
prétentieuse et elle fut aimable et séduisante comme
une femme qui sent qu'elle plaît. Vers la fin du
dîner on remit une lettre à M. Daubrin.

« Mon jeune ami, dit-il à Édouard, faites vos excuses
à ma chère pupille et apprêtez-vous à me suivre. J'ai
besoin de vous.

— Quoi ! et le théâtre où nous devions aller ?

— Les affaires passent avant les plaisirs... Émilie
le sait ?

— C'est vrai... Cependant promettez-moi de revenir, » dit-elle en embrassant M. Daubrin, tandis que
son regard timide enveloppait Édouard.

Le fabricant fit monter Édouard dans une voiture
de place et le conduisit à l'angle de la rue Mari-
vaux, non loin du café Anglais.

« A présent regardez, dit-il en lui montrant la
porte étroite de l'escalier qui conduit aux cabinets
particuliers.

— Ah ! » fit Édouard qui pâlit.

Peu de minutes après un éclat de rire qui retentit

sur le trottoir le fit tressaillir. Brigitte venait de paraître au bas de l'escalier, un beau jeune homme l'accompagnait ; elle ramassa les pans de sa robe flottante, et lestement sauta dans un coupé qui les attendait.

« Rue de la Ville-l'Évêque, 14! cria le jeune homme au cocher.

— Il me semble que ce n'est pas là que vous demeurez, dit M. Daubrin à Édouard.

— Suivez cette voiture, et vingt francs pour vous si vous arrivez aussitôt qu'elle, dit Édouard à l'automédon en carrick, qui fouetta ses haridelles.

— Hum! cent sous eussent suffit ! » murmura M. Daubrin.

Le fiacre et le coupé arrivèrent presque en même temps rue de la Ville-l'Évêque; mais le fiacre un peu avant le coupé. S'arrêtant alors devant la porte de la maison qui précédait le n° 14, Édouard vit descendre Brigitte d'un pied léger ; une porte s'ouvrit devant elle, elle se jeta dans l'ombre d'une voûte et disparut. Le jeune homme qui la suivait ne pouvait pas être au bas de l'escalier que déjà mon frère sonnait à la même porte et d'un bond entrait dans la loge du concierge.

« Comment s'appelle le jeune homme qui monte là-haut ? dit-il en posant une pièce d'or dans la main du bonhomme.

— M. de Cériole. Il occupe un appartement à l'entre-sol.

— Et la personne qui l'accompagne....

— Une jeune femme qui a une robe de soie garnie de dentelles ?

— Oui ; est-ce la première fois que vous la voyez ?

— Oh ! que non ! Voici bientôt trois ou quatre mois qu'elle nous rend visite. »

Déjà Édouard se précipitait dans l'escalier lorsque M. Daubrin l'arrêta.

« Où diable allez-vous ? et pourquoi faire ? lui dit-il, vous savez à présent ce que vous vouliez savoir... Une algarade ne changerait rien à l'aventure, et le scandale qui en résulterait pourrait nuire à votre mariage avec Mlle Escandier. »

Mon frère quitta la maison en grondant comme un dogue. Les épithètes les plus violentes s'échappaient de sa bouche comme des balles d'un révolver. Il n'était point de criminelle qui pût être comparée à Brigitte.

« Ces choses-là, mon jeune ami, ne sont pourtant pas si extraordinaires, dit M. Daubrin ; au lieu de vous fâcher contre Brigitte, vous devriez la remercier.

— Plaisantez-vous ? remercier une péronnelle qui....

— Vous a trompé ?... Certainement. Elle vous a fourni le prétexte de rompre avec les sottises. La belle affaire si elle eût été sage ! vous deveniez le mari d'une femme de chambre ; la leçon a coûté un peu cher, j'en conviens...

— Quatre-vingt mille francs !

— Mais vous y gagnez une fiancée qui a de bonnes actions de la Banque de France et deux fermes dans la Brie. »

Édouard frappa du pied, et, jetant ses mains en l'air dans un état effroyable d'exaspération :

« Ah! je vous jure que Brigitte se souviendra de cette soirée! » s'écria-t-il d'une voix sourde.

Cette grande colère était précisément ce que voulait M. Daubrin, mais prenant un air doux :

« Il ne faudrait pas pousser la vengeance trop loin, reprit-il, l'oubli suffit. Vous avez pu voir combien j'aimais Emilie; en vous la donnant, je vous confie ce que j'ai de plus cher au monde... Si ce qui vient d'arriver assure son bonheur et le vôtre, j'espère que bientôt vous me pardonnerez la peine que j'ai dû vous faire.

— Soyez tranquille, j'aimerai Mlle Escandier de toute la haine que j'ai vouée à l'autre »

LXXIX

Édouard n'avait pas une de ces âmes hautes qui s'élèvent au-dessus des injures. La blessure ouverte, elle s'envenimait de mille ressentiments; cette même rancune qui l'avait animé contre Jenny lorsque mon père nous avait fait confidence de ses projets, il l'éprouvait à un degré plus aigu contre la perfide au profit de qui sa fortune était entamée. Dans sa rupture il fut amer et dur. Aucun secours, aucune aumône. Il profita de l'absence de Brigitte pour faire enlever les meubles de l'appartement qu'ils occupaient en commun. Quand elle accourut, il lui montra froidement le bail qui était à son nom.

« Mais pourquoi? dit-elle en pleurant.

— Demandez-le, ma chère, à M. de Cériole, » répondit-il.

Et la congédiant sans lui parler même de l'enfant qu'il avait aimé :

« Vous dîniez, ce me semble, ajouta-t-il, eh bien soupez maintenant ! »

J'ai eu occasion de remarquer plus tard que certains fils des classes bourgeoises ne se peuvent débarrasser en aucune circonstance du culte de l'argent. Il est au fond de leurs passions et de leurs gaietés, et ce qu'ils reprochent le plus aux êtres qu'ils ont aimés, c'est moins de les avoir trompés que de leur avoir coûté une parcelle de leur idole. Leur cœur, ce n'est rien ; leur temps, c'est quelque chose ; mais leur argent, c'est tout! Ils l'aiment comme les enfants leurs nourrices, pour en avoir sucé le lait.

Édouard avait pris Brigitte sans ressources, il la laissa sans ressources, n'ayant pour parer aux premiers besoins que ses nippes et quelques bijoux. M. Daubrin lui-même eut grand'peine à tirer de mon frère une petite somme pour le fils qu'il avait si souvent endormi dans ses bras.

« Est-ce que je le connais, ce fils ! dit-il avec un accent qui donna le frisson au fabricant de produits chimiques.... Étais-je bête, hein? A l'époque où je le berçais sur mes genoux, peut-être qu'un autre, quelque M. de Cériole !... »

Il partit d'un éclat de rire, et reprenant avec une ironie âpre et dure :

« Ont-ils dû se moquer de moi, elle et lui ! J'étais le sot, le benêt, l'imbécile, le Bartholo qu'on dupe et par qui l'on a toujours grande chère et bon feu.... Et vous croyez que ma bourse sera perpétuellement à leur service ! A d'autres ! la mère et le petit, je cède tout à qui veut les prendre ! »

Tous ces détails qui me reviennent à l'esprit, j'en ai reçu la confidence longtemps après de mon frère et de M. Daubrin. La naïveté de leur récit allait jusqu'au cynisme. Ils s'enorgueillissaient à l'envi de ce qu'ils avaient fait.

A partir de ce moment, Édouard devint l'hôte assidu de M. Daubrin et l'admirateur zélé d'Émilie, qui, toute surprise de produire un aussi grand effet, redoubla de minauderies et de prétentions. Un clair nuage de rubans flottait autour d'elle : s'il s'en détachait quelqu'un par hasard, elle permettait à mon frère de le dérober. Quand il le vit au point où il le voulait amener, M. Daubrin fit officiellement la demande de ma main pour son fils à M. de Brassannes.

« Je vous l'accorde, répondit mon tuteur ; mais si mon consentement est quelque chose, ce n'est pas tout. Le mot décisif, c'est Émilie seule qui le prononcera. »

J'étais préparée à l'assaut qu'on allait tenter contre ma liberté, et je ne me sentais pas disposée à me rendre. Dès le soir même, M. de Brassannes me prit à part pour m'entretenir de la proposition de son ami.

« A ta place je n'hésiterais pas à dire oui, ajoutat-il.

— Je m'en aperçois. Cependant vous me permettrez de réfléchir.

— Cela veut-il dire que tu as envie de répondre non ?

— Peut-être.

— Pourquoi ? Es-tu donc résolue à rester fille ?

— Où serait le mal ?

— Le mal est que c'est absurde. Philippe te déplaît-il ?

— Dans le sens exact du mot, non.

— Alors résumons-nous : d'une part, un jeune homme instruit, bien taillé, honnête et bon garçon ; de l'autre, un père dont la fortune est si bien assise au soleil que je ne sais pas un notaire de Paris qui ne l'acceptât chat en poche. Le tout ensemble vaut bien la peine qu'on se marie.

— Cependant si je n'aime pas M. Philippe Daubrin ?

— Je te connais : au premier enfant tu l'adoreras. »

Je souris malgré moi, un peu tristement peut-être ; mais sans attendre ma réponse :

« Tu as huit jours pour réfléchir, reprit mon tuteur en m'embrassant, et je compte sur ton bon sens pour ne pas me faire la peine d'un refus. »

Jenny ne comprenait pas que du premier coup je n'eusse pas demandé qu'on préparât le contrat.

« Et Paul? m'écriai-je en frémissant.

— Je ne l'ai pas oublié, dit-elle, et, en quelque lieu que je le retrouve, il sera mon ami : mais connais-tu un moyen de l'épouser? si tu l'as, parle, et je lui écris de revenir.

— Hélas !

— Alors il n'y faut plus penser. Moi j'aime les situations franches. Paul est en Espagne, Philippe est à Paris. L'un renonce à toi, l'autre demande ta main. Épouse celui-ci et reste l'ami de celui-là.

— Comment, toi aussi ! »

Jenny se rapprocha de moi, et d'une voix émue :

« Ne me crois pas insensible et dure plus que je ne le suis, reprit-elle. Avant toute chose, ce que je veux, tu le sais, c'est ton bonheur. Le trouveras-tu dans l'isolement? Je ne crois pas. M. de Brassannes ne cédera jamais; c'est pour lui une question d'honneur. De son côté, Paul est résolu à lui obéir. Veux-tu donc vivre sans affection et traverser la vie sans une famille qui soit la tienne? Je n'ai pas l'esprit tourné aux choses romanesques, et ce que j'ai vu du monde me fait supposer que nos mœurs ne les comportent pas. Il n'y a plus ni Capulet ni Montaigu; il n'y a donc plus ni Roméo ni Juliette. Un honnête homme bien élevé, qui travaille et qui vous aime, doit suffire au bonheur d'une femme. Et par ce mot de bonheur je ne vise pas à ces félicités poétiques dont les romances et les sonnets parlent à l'envi; j'entends la considération, le bien-être, une existence aisée, la famille. C'est déjà beaucoup.... le reste étant du hasard, n'embarque pas ta vie sur une chimère. »

LXXX

Ainsi j'étais harcelée de toutes parts; mais ce qui m'impressionnait le plus, c'était la tristesse de Mme de Brassannes. Ma pauvre marraine s'accusait de tout, du chagrin de son mari et de mon chagrin personnel. Elle se reprochait d'avoir laissé grandir un amour dont elle avait surpris la trace la première et contre lequel la tendresse de son cœur ne lui faisait prévoir aucun obstacle. Tirée de son rêve par les scrupules de M. de Brassannes, cette femme, qui avait durant de longues années vécu dans une étroite et constante communion de pensées avec son mari, étouffait dans une atmosphère de contrainte et de regret; elle se sentait ou, ce qui revient au même, se croyait coupable. De là une préoccupation douloureuse dont son visage, qui ne savait rien dissimuler, portait la marque. Dans le silence même de M. de Brassannes, elle lisait un reproche.

Quand elle le surprenait m'observant inquiet et rêveur, elle entendait une voix mystérieuse qui lui criait: Pourquoi ne l'as-tu pas averti? Lorsqu'une existence a été pure et claire jusqu'aux approches de la vieillesse, il suffit de l'ombre d'un remords pour en faire disparaître la paix. C'est comme le bassin d'une fontaine remplie d'une eau limpide que trouble et ride la chute d'une feuille. Je souffrais à la pensée des angoisses qui affligeaient au déclin de leur vie ces deux êtres que j'avais vus penchés sur mon berceau. Je leur devais quelque chose pour la protection dont ils m'avaient entourée, pour la sollicitude que je leur inspirais, pour cette tendresse vigilante dont ma mémoire me rappelait mille témoignages, et, en me plaçant à un point de vue plus élevé, peut-être aussi pour le mal que mon frère leur avait fait. Je cédais par intervalles à ce choc de pressions diverses, prête à tous les sacrifices; puis cet abandon de moi-même me semblait trop dur, et je me renfermais dans l'inertie de ma résistance.

Sur ces entrefaites, Philippe que je ne voyais presque plus, et je lui savais gré de cette réserve sans me l'expliquer, me demanda un jour un moment d'entretien; je le suivis dans un petit salon qu'une porte toujours ouverte mettait en communication avec la pièce où se tenait Mme de Brassanes. Il était très-pâle et paraissait fort ému.

« Mademoiselle, me dit-il, voulez-vous me permettre d'aborder un sujet bien délicat que je ne saurais traiter sans votre assentiment?

— Si je vous comprends, monsieur, ayant le consentement de votre père et celui de M. de Brassannes, vous pouvez parler.

—Mademoiselle, voilà déjà quelque temps qu'il est question d'un mariage entre nous. Ce mariage comblerait les vœux de deux familles; je ne parle pas des miens, cependant un reste de force m'engage à vous conseiller de refuser. »

Je le regardai. Il respirait avec peine; ses traits faisaient mal à voir.

« Mais, monsieur, lui dis-je au comble de la surprise, la proposition ne vient pas de moi; pourquoi ne pas refuser vous-même, si vous ne m'aimez pas?

— Si je ne vous aime pas!... Dieu bon! »

Il n'acheva pas. Son visage avait subitement changé d'expression; la flamme d'un amour que je ne pouvais soupçonner le transfigurait. J'avais sous les yeux un Philippe que je ne connaissais pas, jeune, impétueux, passionné, hors de lui, mais avec quelque chose d'étrange qui donnait à sa beauté un caractère de sauvage incertitude, dont le mystère m'échappait en m'effrayant.

« Ah! si vous m'aimiez! » reprit-il d'une voix profonde.

Ses yeux se remplirent d'une douceur infinie, un sourire effleura ses lèvres, une sorte d'extase passa sur son visage; il joignit les mains :

« Alors, que ne pourriez-vous pas sur ma vie! » murmura-t-il.

Mais presque aussitôt, secouant la tête et saisi d'une tristesse inexplicable, dont l'ombre se répandit sur ses traits:

« Mais c'est impossible, ajouta-t-il; un malheureux suffit; n'en faites pas deux, refusez-moi ! »

J'étais bouleversée, attendrie; rien ne m'avait préparée à de tels aveux. Le désespoir et l'amour de Paul, à l'heure fatale de nos adieux, ne ressemblaient pas à l'amour et au désespoir de Philippe.

« Mais alors, vous-même, parlez à votre père, lui dis-je.

— Moi ! parler à mon père ! s'écria-t-il avec l'accent de l'effroi, jamais! Est-ce que c'est possible? Est-ce qu'il m'écouterait? »

Je restai devant lui immobile, le contemplant, et saisie d'une émotion subite dont la part la plus large appartenait à la pitié.

« Il faut donc que cette initiative vienne de moi? Le voulez-vous? continuai-je.

— Mon cœur ne le veut pas, non, certes, mais ma raison vous le conseille. Et cependant si un jour, à force de tendresse et de soumission, je pouvais croire que quelque chose de vous se confiât à moi sincèrement, sans regret, ah ! que je vous dirais : Laissez-vous fléchir, donnez-moi votre main; une adoration sans limite sera votre récompense.... Quel bien alors ne me feriez-vous pas ! Je vous devrais plus que la vie.... Ce qu'il me manque, c'est quelqu'un qui m'aime.... Serez-vous ce quelqu'un ? Je ne l'espère pas, et c'est pourquoi je vous dis : Répondez non : répondez je ne veux pas ! »

Il me quitta là-dessus, et je retournai auprès de Mme de Brassannes, plus hésitante que la veille, mais profondément troublée ét sentant qu'une voix intérieure, plaintive et forte, plaidait la cause de Philippe. Deux jours se passèrent; j'avais perdu le sommeil et j'éprouvais un âpre besoin de repos. Un matin, Édouard se présenta soudain devant moi. Je ne l'avais pas vu depuis un certain temps, bien que mon tuteur eût été informé par M. Daubrin de sa rupture avec Brigitte.

« Tu peux me sauver, me dit-il; mais si tu t'obstines dans ton refus d'épouser Philippe, je suis perdu.

— Encore Philippe ! » m'écriai-je.

Il ne me laissa pas le temps de m'expliquer, et me prenant les mains avec cet égoïsme naïf et profond d'un homme qui ne pense qu'à soi et ne voit que soi dans la création : « Que t'importe, lui ou un autre, si tu n'aimes personne ! reprit-il ; écoute-moi bien... J'aime, j'adore Émilie... il me semble qu'elle m'aime aussi... notre bonheur dépend de toi. Dis un mot, et M. Daubrin me la donne... Mais il veut que le contrat qui t'engage à son fils soit signé le même jour, sinon non. Tu ne sais peut-être pas que je dois une centaine de mille francs à M. Daubrin. J'étais fou quand je les lui ai empruntés.... Tu ne me conseilleras jamais de manquer à ma parole, n'est-ce pas ? Il faut donc que je les lui rende, mais avec quoi ? Ne sais-je pas ce que c'est que les liens d'un conseil de tutelle ! Marié dans les conditions que tu sais, non-seulement j'acquitte cette dette avec une partie de la dot de Mlle Escandier, — elle a bien près de cinq cent mille francs, Émilie, sans parler d'une tante qui n'a point d'enfants, — mais je rentre dans la libre disposition de mes biens, que j'administre à mon profit... Va, tu peux être tranquille, je n'en mangerai plus une parcelle... j'ai payé ma dette à la bêtise ! Il y a plus. En faveur de ce mariage, M. Daubrin, qui est excellent pour moi, m'associe à son industrie ; c'est moi qui en prends la suite, et il y a de grands bénéfices à réaliser chaque année. Philippe n'a pas de goût pour les affaires, on verra à en faire quelque chose. En attendant, il laissera son avoir dans la maison Daubrin, Pujol et Cᵉ.... Tu as, par ta fortune, que M. de Brassannes a augmentée dans une large proportion, des revenus suffisants pour vivre selon tes goûts. Si tu aimes à voyager, tu voyageras ; moi je réparerai les brèches faites à mon patrimoine. Que pouvais-je espérer de plus heureux ? J'ai tous les biens, une aimable personne, — ton amie, — qui me fait connaître l'amour dans ce qu'il a de plus délicat, une association lucrative sous la direction d'un homme expérimenté, une vie gardée par la famille, le travail, le devoir contre toutes les embûches, et tu hésiterais ! Je ne suis donc plus ton frère ? Songe que M. de Brassannes s'opposera, — il l'a déclaré formellement,—à ce que mon conseil judiciaire soit levé aussi longtemps que je ne serai pas marié, et si tu n'épouses pas Philippe, moi je n'épouse pas Émilie... Là-dessus M. Daubrin s'est exprimé carrément : c'est à prendre ou à laisser. Pourquoi s'intéresserait-il à moi, qu'il a obligé de sa bourse et de ses conseils, si tu lui faisais l'injure de repousser son alliance? Et si tu continues à dire non, me voilà sur le pavé avec ma pension alimentaire et une dette qui m'écrase. Et c'est toi, Édile, qui me réduirais à cette extrémité... C'est impossible!... »

Il parla longtemps sur ce ton. Je l'écoutais avec une sorte de dégoût, admirant avec quelle candeur immense il me faisait pénétrer tout au fond du sentiment de personnalité tranquille dans lequel son égoïsme s'étalait. Lui, rien que lui, et c'était assez. Dans ses combinaisons, j'arrivais comme appoint; je représentais la fraction de son arithmétique, mais une fraction indispensable, et sans laquelle tout son calcul eût péché par la base. Mais j'éprouvais en même temps un tel accablement, que toute lutte me semblait difficile. Me disputer moi-même lorsque mon consentement pouvait assurer le repos de ce qui m'entourait, à quoi bon? A qui d'ailleurs me conservais-je? Sans le savoir, Édouard avait touché au cœur même de ma blessure. Puisque je ne pouvais me donner à Paul, que m'importait que ce fût à Philippe ou à tout autre? Je n'aimais personne; je me sentais comme absente de moi-même.

« Tu ne dis rien, reprit-il avec effroi; que vais-je devenir?

— Fais ce que tu voudras, » lui dis-je.

Il m'embrassa les mains, il me sauta au cou.

« Ainsi tu consens? s'écria-t-il; je puis le dire à M. Daubrin, à Philippe! »

J'inclinai la tête en signe d'assentiment.

« Ah! qu'Émilie va être heureuse! Et moi donc suis-je heureux!... Je savais bien que tu m'aimais! Il faudra avertir M. de Brassannes pour que le tribunal civil me remette promptement en possession de mes biens... et sans y toucher, mes dettes seront payées! »

Toujours lui! Je le regardais avec cette attention soutenue qu'excite la vue d'un phénomène; mais, craignant qu'il ne découvrît sur ma physionomie le reflet de ce qui se passait en moi :

« Va voir ta fiancée, lui dis-je; tu n'as plus rien à faire ici.

— C'est vrai, » s'écria-t-il naïvement.

Il m'embrassa de nouveau et il partit en courant.

LXXX

Jenny me trouva anéantie à la même place où Édouard m'avait surprise. J'étais fort pâle, sans aucun sentiment de souffrance; c'était quelque chose comme un évanouissement moral. J'assistai en spectatrice indifférente à l'écroulement de ma vie. Une apparence de sourire flottait sur ma bouche. Que j'étais loin alors de l'heure enivrante où le désespoir de Paul m'avait fait comprendre qu'il m'aimait!

« Qu'as-tu donc? me demanda Jenny.

— Tu vois une fiancée, lui dis-je. Édouard est fou de joie.

— Et toi?

— Oh! moi, j'épouse M. Philippe Daubrin. »

Ce nom me tira de mon engourdissement. Il me produisit par le son, la sensation d'un fer aigu entrant dans la chair vive. Je me sauvai dans ma chambre pour ne pas éclater en sanglots.

Là j'ouvris le tiroir d'un petit bureau où je serrais mes souvenirs de jeune fille, et pris dans un coin quelques feuilles de papier entourées d'un ruban de soie. C'était de petits billets que Paul m'avait écrits en diverses circonstances, étant au collége, à l'École centrale, en voyage, billets qu'autorisaient les relations de nos deux familles, et que mon père, et Mme de Brassannes après lui, avaient toujours lus. Pourquoi les avais-je gardés? Je ne sais. Quand je les ouvris, des feuilles de roses et quelques violettes desséchées en tombèrent, dégageant un parfum léger, fugitif comme les jours qu'il rappelait. C'était tout ce qui restait du bouquet qu'il m'avait envoyé d'un pays lointain, un jour où on célébrait l'anniversaire de ma naissance. Ce bouquet, reçu le matin au réveil, avec un mot, m'avait rendue plus heureuse peut-être que ne l'eût fait sa présence. Je relus lentement la lettre qui l'accompagnait, ainsi que les autres, y cherchant sous le voile des expressions amicales et familières la trace d'un sentiment plus profond, et croyant l'y découvrir par intervalles. Quand cette lecture, souvent interrompue par mes larmes et souvent recommencée, fut achevée enfin, je réunis ces feuilles éparses qui renfermaient les dépouilles de ma jeunesse et les jetai une à une dans la cheminée, où j'avais allumé du feu. Je les regardai brûler et s'envoler en cendres noires, parmi lesquelles couraient des étincelles rouges. Toutes disparurent ainsi, excepté la dernière, celle qui m'était arrivée avec le bouquet. Cette fois le courage me manqua. Ce n'était plus qu'un fil qui reliait ma vie au passé, je n'osai pas le rompre, et ramassant autour de moi les débris des roses et des violettes, je les remis dans la lettre, que je cachai dans une enveloppe cachetée de cire noire. Ma main tremblante écrivit dessus la date de l'anniversaire qui l'avait inspirée, et, après l'avoir touchée de mes lèvres comme une relique, je la replaçai dans le tiroir presque vide.

Je sentais que je ne m'appartenais plus.

LXXXII

M. de Brassannes me félicita de ma résolution, qui mettait un terme à ses angoisses; à présent il répondait de mon bonheur.

« Philippe, me dit-il, a failli s'évanouir en apprenant la bonne nouvelle. »

Et comme je ne répondais pas :

« Tu auras un mari qui t'aimera de toute son âme, » ajouta-t-il.

Mme de Brassannes, moins rassurée, m'observait à la dérobée et m'interrogeait. J'avais toujours eu le sentiment que lorsqu'on fait une chose, il faut la faire avec la sérieuse détermination de la rendre bonne à soi-même et profitable aux autres. Je m'efforçai par mes réponses de dissiper toutes ses inquiétudes et j'y parvins presque.

« Tant mieux ! » me dit-elle enfin avec un accent particulier où l'on reconnaissait la tristesse d'une femme qui ne comprend pas qu'on puisse oublier celui qu'on a aimé.

Pauvre excellente femme, n'aimait-elle pas l'exilé comme son fils ! J'aurais voulu l'embrasser, lui ouvrir mon cœur, lui crier : Je l'aime plus que la vie ! J'eus la force de rester impassible sous son regard.

Philippe et M. Daubrin vinrent dans la soirée. Philippe m'apportait un gros bouquet blanc.

« Merci, » me dit-il d'une voix douce et passionnée.

Ses yeux ne me quittèrent plus. Émilie, qui accompagnait M. Daubrin, me serra dans ses bras en m'appelant sa sœur. Édouard semblait dans le ciel, il prenait avec M. de Brassannes des arrangements pour sa prochaine libération ; il y mettait une grande chaleur, dont quelquefois Mlle Escandier s'offusquait. Elle tournait alors dans le salon avec force minauderies, faisant voltiger ses rubans roses et l'interrompant dans sa conversation.

« Votre seule affaire à présent, c'est moi, » disait-
elle.

Mon frère lui répondait par des sourires; quelque
temps il chuchotait autour d'elle avec des attitudes
qui me rappelaient celles qu'il avait autrefois à côté
de Brigitte, et retournait ensuite auprès de M. de
Brassannes et de M. Daubrin, et les chiffres après les
soupirs reprenaient leur empire.

Un instant me rapprocha de Philippe; il m'attira
dans l'embrasure d'une fenêtre. Son visage avait le
même caractère de passion exaltée que je lui avais
vu une fois, mais plus contenu.

« Mademoiselle, me dit-il, on m'assure que vous
voulez bien m'accepter pour le compagnon de votre
vie. Est-ce librement que vous le faites, et puis-je
croire que ce consentement que vous avez donné
subitement, vous ne le retirerez pas?

— Non, et si vous en voulez une preuve, entendez-
vous avec M. de Brassannes pour la publication des
bans. »

Ses yeux brillèrent de cette expression d'ivresse
sauvage que je leur connaissais, mais presque aussitôt une larme en éteignit le feu : « Ah! comme je
vais vous aimer ! » reprit-il.

Attendrie, je lui tendis la main ; il la prit et la porta
à ses lèvres avec une ardeur qui me troubla. Presque
aussitôt je le quittai; mon épiderme gardait l'empreinte brûlante de ce baiser; c'était comme si une
flamme m'eût touchée, et j'avais froid dans les veines.
Jenny, qui voyait tout en beau, me prit par le bras.

« Cet air de mélancolie ne te sied pas du tout, me dit-elle en riant; c'est à moi que tu devrais le prêter, à moi qui n'ai pas un seul prétendant. Un brave garçon d'un côté, un beau garçon de l'autre, et tu n'es pas contente ! »

Je ne l'étais pas et m'efforçais de l'être cependant. Si toute la résolution d'un cœur honnête pouvait opérer un miracle, j'aurais aimé Philippe, tant je mettais de soin à contraindre ma pensée à s'occuper de lui, tant je veillais sur moi pour écarter de mon souvenir l'image de Paul. Hélas! je l'avais toujours triste à mon côté. La joie de tous ceux qui m'entouraient était ma seule consolation.

LXXXIII

On devine avec quel empressement Mme Denèvre et Mélanie saisirent l'occasion pour m'accabler de petits cadeaux. Ce fut une avalanche : elles épuisèrent à mon profit leurs économies de rubans fanés, de vieilles perles et de chenilles sans emploi. Philippe en eut sa part. Dans son ivresse, et en retour de ces offrandes, il eût monté leur maison, si M. Daubrin l'eût laissé faire. Quant à lui, il n'avait pas perdu son temps pour publier nos bans, ainsi que ceux de mon frère et de Mlle Escandier. Il menait les choses rondement, comme s'il eût craint un accident qui eût tout remis en question. Peu de jours après nos fiançailles, j'avais déjà sur ma toilette de jeune fille des écrins où les diamants et les rubis mêlaient leurs feux, et la semaine n'était pas terminée que les deux contrats étaient dressés.

Je n'avais pas écrit à Clotilde dans les commencements. Aucun ressort ne m'animait. Il est des jours mauvais où l'âme abattue arrive à un tel degré d'indifférence, que le cours des événements ne l'intéresse plus. Peut-être aussi avais-je peur de lui trop laisser voir ce qui se passait en moi. Je craignais cependant de la mécontenter si elle apprenait par un autre le changement qui allait s'opérer dans mon existence. Je pris la plume :

« Et moi aussi, j'ai un fiancé.... Tu le connais.... Il s'appelle Philippe Daubrin. Il m'aime. Autour de moi, tout le monde est dans l'enchantement, excepté Mme de Brassannes et moi. Mais que suis-je, moi, dans tout ceci? Il y a des existences qui s'arrangent mal. On n'y peut rien; on les subit. Si j'avais été libre, peut-être qu'un autre.... Mais pourquoi parler de ce qui n'est pas et ne peut pas être? Tu viendras, n'est-ce pas? J'aurai certainement besoin de toi ce jour-là, le jour où je prendrai un nom que je ne quitterai plus. Ta volonté, ton énergie s'indignent peut-être, et tu m'accuses de mollesse et de lâcheté.... Ah! crois-le bien, s'il n'avait fallu que lutter.... mais des circonstances naissent qui vous dominent. Et puis on m'assure que les choses se passent ainsi presque partout, presque toujours; on me répète que je serai parfaitement heureuse.... J'ai dit oui.... »

Ma lettre écrite, j'eus l'envie de la jeter au feu; la plume m'avait entraînée. Je l'envoyai cependant.

LXXXIV

Un matin, je vis arriver Clotilde; son air d'émotion m'étonna. Elle avait passé la nuit en chemin de fer. Je l'accueillis avec une joie qu'on peut comprendre. Elle était embellie, avec cette expression de noble fierté que donne le sentiment d'une tâche loyalement acceptée.

« Pourquoi ne m'as-tu pas écrit plus tôt? me dit-elle; et malheureusement encore j'étais à la campagne, ce qui fait que ta lettre ne m'est arrivée qu'hier seulement.

— Qu'importe! et pourquoi tant se presser?

— Pourquoi? Ah! je n'ai pas perdu une heure pour sauter en chemin de fer. J'en ai demandé l'autorisation à Mme Pellegrin; elle me l'a accordée, mais son refus ne m'eût pas empêchée de partir.

— C'est donc une affaire bien urgente qui t'amène à Paris?

— Je le crois bien, il s'agit de toi!

— De moi?

— Oui. Mais, voyons.... ce mariage avec M. Philippe Daubrin, dont tu m'as parlé, est-ce une affaire conclue?

— J'ai là, sous la main, cinquante mille francs de pierreries.

— On peut les renvoyer.

— Y penses-tu?

— Certainement! Aurais-je quitté la maison où M. de Mézin m'a placée sans cela? »

Je vis bien qu'il y avait quelque chose de sérieux dans l'air. Me regardant alors au fond des yeux :

« Dis-moi, reprit-elle avec force, ta parole est-elle engagée?

— Le contrat est signé.

— Un contrat, ce n'est rien : on le déchire. C'est ta parole qu'il me faut. L'as-tu donnée?

— J'ai mis ma main dans celle de Philippe et je lui ai dit : « J'accepte. »

— Malheureuse! mais tu ne sais donc pas.... »

Je l'arrêtai, et, appuyant mes doigts sur sa bouche :

« Tais-toi, lui dis-je.... et s'il y a un précipice, ne me le fais pas voir, il faut que je marche.

— Mais que se passe-t-il donc, et pourquoi ce mariage avec M. Philippe Daubrin? Pourquoi lui? pourquoi rien que lui?

— Il le faut, te dis-je. D'ailleurs, j'ai promis, et rien ne me fera manquer à ma promesse.

— Pas même la pensée de ton bonheur perdu?

— Crois-tu donc que j'aie attendu jusqu'à ce jour pour ne rien espérer?

— Ah! c'est atroce, » fit-elle en cachant sa tête entre ses mains.

Je les écartai après un court moment de silence.

« Ce que tu avais à me dire soulève-t-il une question qui fasse tache à l'honneur? repris-je. Cela seul me ferait retirer ma parole.

— Non je l'avoue, mais....

— Alors plus un mot. J'ai fait don de ma vie.

— Cependant....

— Je t'en prie. »

Clotilde m'embrassa en pleurant.

« Il y a des monstres! » cria-t-elle.

Ce cri me fit trembler; mais j'étais résolue à ne pas l'interroger, et détournai la tête pour qu'elle ne vît pas mon angoisse. Elle revint à la charge :

« Parle à ton frère tout au moins, reprit-elle, parle à M. de Brassannes; dis-leur que tu m'as vue, que je suis arrivée de Besançon tout exprès, que je t'aime, et que j'ai toute ma raison, ah! oui, toute!

— Tu le veux, soit....

LXXXV

Clotilde resta auprès de moi toute la journée. J'aurais voulu la garder jusqu'au moment de mon mariage, mais elle devait retourner chez Mme Pellegrin ; elle l'avait promis à M. de Mezin, qu'elle avait informé de son départ, et cela lui suffisait pour résister à toutes nos instances. Un fait qui se produisit dans la soirée nous donna la mesure de ce que pouvait cette étrange fille quand elle était aux prises avec un devoir. Nous attendions quelques personnes. Au moment où nous sortions de table, elle entendit la voix de Félix, qui, librement accueilli dans la maison, parlait à un domestique.

« Viens vite, dis-je à Clotilde, je veux jouir de sa surprise et de sa joie…. il ne t'a pas vue depuis si longtemps ! »

Elle fit deux pas, puis tout à coup :

« Non, dit-elle ; j'ai fait à son père le serment de ne pas le voir…, je ne le verrai pas. »

En ce moment, Félix traversait une petite pièce qui séparait le salon de la salle à manger. Mlle Guérin se précipita vers une porte de dégagement et l'ouvrant : « Tu ne lui diras pas que je suis venue ! » me dit-elle

Une heure après, elle remontait en voiture et se faisait conduire au chemin de fer.

« Surtout, interroge ton frère, » me dit-elle en me donnant le baiser d'adieu.

Ce fut sa dernière parole.

J'interrogeai Édouard, en effet, ainsi que M. de Brassannes, sans leur rien cacher de ce que m'avait dit Mlle Guérin. Édouard m'écouta d'un air distrait. Il qualifia les appréhensions de Clotilde de billevesées qui ne reposaient sur rien.

« Ne sais-tu pas combien elle est exagérée, et prompte à s'exalter? me dit-il. On lui aura fait des histoires en province, où l'on vit de médisances, et sa tête est partie.... Est-ce que j'aurais voulu te faire faire un mauvais mariage, dis? »

M. de Brassannes me prêta une attention plus sérieuse.

« Mlle Guérin est une personne sérieuse, me dit-il; j'irai aux informations, et si j'apprends quelque chose qui soit de nature à compromettre ton avenir, ce mariage sera rompu sur l'heure. »

Il me prit à part deux ou trois jours après.

« Je me suis adressé au notaire de la famille, aux parents de M. Daubrin, à plusieurs amis, me dit-il; j'ai cherché, j'ai questionné, j'ai écrit à des personnes qui l'ont suivi dans la vie depuis sa sortie du collége. On ne m'a rien appris. Il a rempli des fonctions importantes qu'il a honorablement quittées. De plus, il n'est pas un membre de la chambre de commerce qui ne tienne sa signature pour l'une des

meilleures et des mieux famées de la place de Paris.
Donc point d'ombre sur le nom. Ceux qui ne l'aiment
pas l'accusent de sécheresse, d'avarice, de dureté,
d'égoïsme. Nous le savons à peu près. Tu n'épouses
pas M. François Daubrin, mais M. Philippe Daubrin,
le fils et non le père. Mme Daubrin a été enlevée par
le choléra il y a une douzaine d'années. C'était une
fort honnête femme, qui a vécu pour son mari jusqu'à son dernier soupir. Je ne sais pas en quoi l'a-
mitié de Clotilde a pu s'alarmer. Entre toutes les
familles de la vieille bourgeoisie parisienne on n'en
sait pas de plus estimée que celle de M. Daubrin.

— N'en parlons plus, » dis je à mon tuteur.

On n'en parla plus en effet, et notre mariage fut
fixé aux derniers jours du mois.

LXXXVI

Je ne m'arrêterai pas sur les semaines qui le pré-
cédèrent. Toutes les jeunes filles connaissent ces
heures de trouble que dévorent des courses interminables, des dîners, des soirées, des présentations,
cent choses diverses si pleines de charme pour les
favorisées du sort, si vides pour les autres, entourées quelquefois de tant de tristesse et d'obscurité,
si douloureuses même pour quelques-unes. Je m'a-

cheminai vers le dénoûment comme dans un mauvais rêve, avec des frissons et des impatiences, des langueurs et des irritations. Les compliments et les félicitations m'obsédaient. Quelle étrange mode que celle des phrases toutes faites ? et pourquoi en abuse-t-on ? Il serait si facile de ne rien dire ! Je laissais prendre mes heures par la corbeille de noces, l'achat du mobilier, le trousseau, le choix d'un appartement; je répondais invariablement par un sourire à tout ce qu'on me proposait. Je ne voyais pas arriver l'instant décisif sans ennui, et il me tardait cependant que tout fût terminé. L'attitude de Philippe me troublait et me touchait. Je ne pouvais plus douter qu'il ne m'aimât éperdûment.

« J'ai toujours peur de vous perdre, » me disait-il sans cesse.

Il comptait les jours qui nous séparaient de celui qui devait nous lier indissolublement. Il me jurait qu'il ne serait tranquille que le lendemain. Je le surpris un soir effaçant d'un coup de crayon sur un almanach la date du jour qui allait finir. Il rougit comme un enfant.

« Je fais ainsi chaque soir, me dit-il; c'est un peu ce que font les écoliers durant les semaines qui précèdent les vacances. J'en vois diminuer le nombre avec ravissement. Seulement, lorsque vous serez à moi, serez-vous bien toute à moi ? »

Malgré ces témoignages d'une tendresse dont la sincérité ne pouvait être douteuse, j'éprouvais auprès de Philippe un embarras qui allait quelquefois jusqu'à l'inquiétude. La cause m'en échappait. Était-ce l'excès même d'un amour auquel je ne me sentais pas la force de répondre?

J'affectai cependant l'humeur la plus égale et même une sorte de gaieté pour de pas assombrir les derniers moments que je passais auprès de ma chère marraine, dont je devinais les préoccupations. La clairvoyance des femmes dans les choses du cœur est plus fine que celle des hommes ; elle avait le sentiment de ce qui se passait en moi, et, sans nous rien dire, je la comprenais dans le baiser qu'elle me donnait chaque soir. Une mère qui veille au chevet de son enfant n'en a pas de plus attendri.

LXXXVII

Vingt-quatre heures seulement me séparaient du jour où nous devions nous agenouiller ensemble devant l'autel ; dans la matinée je reçus une lettre qui portait le timbre d'une petite ville d'Espagne. Tout mon corps se mit à trembler. Je l'ouvris. Elle ne contenait dans la page blanche qu'un nom, celui de Paul de Brassannes, et une petite fleur dont la tige desséchée était collée au papier par une empreinte de cire noire portant le mot suprême de la tristesse et de l'acceptation : *Amen.* Tout tourna autour de moi; je voulus courir vers la porte de ma chambre pour la fermer, mes genoux plièrent et je tombai au pied d'un fauteuil. C'était la première fois que la violence d'une émotion triomphait de ma résistance. Quand j'ouvris les yeux, Mme de Brassannes était auprès moi, elle tenait la lettre entre ses mains et pleurait en me regardant. Je cachai ma tête entre ses bras.

« Ah! pauvre petite! » me dit-elle.

Aucune autre parole ne fut échangée entre nous. Les larmes me suffoquaient. Mais lorsqu'elle me quitta j'avais repris la lettre et la fleur.

Le lendemain, plus pâle et plus tremblante que moi, Mme de Brassannes m'habilla pour la grande cérémonie.

« Je veux que tu sois parée comme une châsse, » me dit mon tuteur.

Je me laissai faire. Il me semblait à tout instant que le cœur allait me manquer. Il me fallait un effort extraordinaire de volonté pour me tenir debout. On annonça Philippe.

« Mets-moi du rouge, » dis-je à ma marraine.

Je ne voulais pas que celui qui était déjà mon mari devant la loi remarquât la pâleur effrayante de mes joues. Frappée elle-même de cette lividité, Mme de Brassannes y consentit. Ce fut ainsi que je me dirigeai vers Saint-Philippe du Roule, où je devais recevoir la bénédiction nuptiale. Quand j'arrivai devant l'autel, mes yeux glissèrent sur Philippe. Son visage avait la blancheur du marbre et ses yeux brillaient comme des diamants. Je frissonnai sous mon voile.

Une grande foule remplissait l'église. J'en avais traversé la cohue d'un pas ferme. Je ne voyais rien. Toute mon âme était tournée vers Dieu, et quand je tombai à genoux sous la main du prêtre, pour la première fois j'avais oublié.

LXXXVIII

Bien des fois depuis lors j'ai eu occasion d'assister à de pareilles cérémonies. J'ai vu le mariage de Clotilde et celui de Jenny, j'en ai vu d'autres où mon cœur n'était pas. Qu'elles manquent de pudeur et de simplicité ces étranges cérémonies où l'on convoque la foule des indifférents ! L'ostentation y a la plus large part. Pour certaines âmes délicates, l'heure qui devrait être la plus radieuse est empoisonnée. Après le supplice de l'église où l'épousée est le point de mire de tous les regards, le supplice de la sacristie, où l'on se livre à la banalité de mille embrassements et au bourdonnement de mille bavardages. Mais il y a des femmes ainsi faites qui ne se marieraient pas si elles n'avaient, avec le fiancé, l'appoint des dentelles et du monde.

LXXXIX

Il avait été résolu que nous quitterions Paris pour quelques jours. M. Daubrin, entre autres propriétés, avait une espèce de château aux environs de Compiègne. Philippe, à qui il en avait cédé la jouissance et qui s'y rendait quelquefois au temps des chasses, devait m'y conduire aussitôt après un déjeuner auquel étaient conviés les témoins et les amis intimes des deux familles. Vers trois heures, et ma toilette de voyage achevée, je m'éclipsai. Clotilde et Jenny avaient présidé aux derniers apprêts, bouclé ma valise, serré le nécessaire de vermeil dans sa gaîne, bourré mon joli sac de cuir de Russie de mille objets, celle-ci en riant et convaincue toujours que tout était pour le mieux, Clotilde sérieuse et sombre par instants. Depuis longtemps Philippe avait quitté la salle du déjeuner; la voiture qui devait nous conduire au chemin de fer était à la porte. Quand il me vit paraître, son visage s'illumina.

« Enfin ! » dit-il..

Il s'empara de moi et me poussa dans le coupé avec un mouvement d'impétuosité extraordinaire: Presque au même instant il était à côté de moi.

« Vite, à la gare du Nord! » cria-t-il au cocher.

On aurait dit un loup qui emporte une proie.

Chemin faisant, il eut mille attentions pour moi. Il avait retenu un compartiment pour nous seuls. Je regardais le paysage par la portière. Les peupliers qui défilaient dans les champs semblaient sauter l'un après l'autre. J'étais dans une agitation d'esprit qui ne laissait pas à ma pensée un instant de repos. J'avais un maître, et ce maître s'appelait Philippe! Le train filait toujours, me découvrant à chaque élan de la locomotive des horizons qui disparaissaient presque aussitôt. Philippe s'était rapproché de moi, son souffle passait au bord de ma joue.

« Vous verrez comme je vous aimerai, chère Édile, me dit-il; il n'est rien que je ne fasse pour votre bonheur!

— Et Dieu fera le reste! répondis-je sans bien me rendre compte de ce que je disais.

— Ah! vous ne m'aimerez jamais? » s'écria-t-il avec l'accent du désespoir.

Et il se jeta dans l'angle du wagon, la tête entre ses mains. Un sentiment de pitié m'inclina vers lui.

« Si je vous ai fait de la peine, mon ami, pardonnez-moi, lui dis-je; ce n'était pas mon intention, je vous jure. »

Subitement il s'empara de mes mains.

« Me faire de la peine!... Ah! vous le pouvez! reprit-il? mais qu'importe, je vous ai!... »

Une voiture de poste nous attendait à la gare de Compiègne. Philippe m'y porta pour que mes pieds n'effleurassent pas la boue détrempée du chemin. Le postillon fit claquer son fouet, et deux vigoureux chevaux du Perche, enlevés au galop, nous entraînèrent sur une route bordée de vieux ormes. L'horizon était rouge ; l'Oise paraissait tout en feu.

« Le pays est beau, n'est-ce pas ? me dit Philippe, le soleil couchant le met en fête. »

Je me rappelai l'expression qu'avait eue son visage lorsque dans le wagon du chemin de fer il s'était emparé de mes mains ; je n'osai plus le regarder. La voiture venait d'entrer dans un chemin qui longeait la forêt. Mes yeux cherchaient au fond des avenues. Un cahot me jeta du côté de Philippe. Soudain un de ses bras entoura ma taille, et m'attira plus près ; je cédai à cette étreinte et je sentis sur mon épaule l'impression d'un baiser dont la chaleur vive traversa le tissu de ma robe et pénétra sous mon épiderme comme une morsure. Je fermai les yeux et je vis passer le visage attristé de Paul dans l'ombre de mes souvenirs.

XC

Au bout d'une heure nous étions à Chauny. C'était le nom de la terre de M. Daubrin. Le régisseur nous attendait à la grille d'une cour spacieuse, le chapeau

à la main, escorté de deux gardes en grande tenue;
dans le lointain, curieuse, mais embarassée, on distinguait une nombreuse valetaille, filles de basse-
cour et garçons de ferme qui se pressaient le long
des bâtiments pour me voir. Le postillon faisait
mine d'arrêter ses chevaux écumants.

« Traversez la cour et poussez jusqu'au perron ! »
cria Philippe brusquement.

La voiture repartit, ouvrant son sillon dans les
flaques d'eau. J'avais eu à peine le temps d'apercevoir le château. C'était un édifice élégant, mais dé-
labré, relié par une aile à un corps de logis où étaient
situé les communs. Sur l'un des côtés s'élevait une
espèce de métairie, bien entretenue et flanquée d'é-
tables. Le perron était à double rampe, accompagné
d'une grille d'appui en fer ouvragé d'un joli travail.
Deux tourelles donnaient à la façade du château un
aspect seigneurial. La portière de notre chaise de
poste s'ouvrit, Philippe me prit dans ses bras au moment où j'allais m'élancer et me porta dans une
grande pièce, à laquelle quelques restes de vieux
meubles, d'une belle forme, et une tapisserie de
haute lisse à personnages, conservaient un air de
magnificence. Deux lourds flambeaux à trois branches brûlaient sur la cheminée.

« Comment! pas de feu! » s'écria-t-il.

Le régisseur, qui montait le perron, voulut s'excuser. Philippe frappa du pied ; ses yeux devinrent lui-
sants comme de l'acier.

« J'avais écrit, cependant! » reprit-il.

Et s'adressant à moi : « Je suis sûr que vous avez froid? »

J'essayai de sourire, mais l'humidité glaciale de cette vaste pièce, fermée peut-être depuis les chasses du dernier automne, m'avait saisie. Je frissonnai et ramenai sur mes épaules mon manteau de voyage.

« Vous voyez bien! Vite, du feu partout! et si on ne se dépêche pas, j'incendie la bicoque! » cria-t-il de nouveau avec une violence extrême.

Le régisseur courut vers la cheminée, cherchant des allumettes ; mais déjà Philippe m'avait couchée sur un canapé tout enveloppée d'une couverture, et les pieds cachés sous son paletot. Il était à genoux, arrangeant les plis de l'étoffe moelleuse et souple avec les soins d'une mère et une tendresse grondeuse qui s'évaporait par bouffées, comme la fumée sort d'un volcan.

« Chère Édile, murmura-t-il, êtes-vous bien seulement?

— Très-bien. »

Le feu ne prenait pas malgré tous les efforts d'une servante qui s'était jointe au régisseur avec l'appoint d'un soufflet de cuisine ; mais en revanche des flots de fumée montaient pesamment vers le plafond. Bien malgré moi je me mis à tousser. Philippe sauta sur ses pieds.

« Ah! les butors! » cria-t-il.

C'était un tigre. Il arracha le soufflet des mains du régisseur, appela, sonna, vociféra : en un instant la maison fut en l'air. Toutes les portes s'ouvraient et

se fermaient à la fois. Dix personnes se précipitè-
rent dans le salon. La fumée entraînée par les courants d'air volait en tourbillons. Tout le monde allait et venait en se bousculant. C'était un grand
bruit de bûches qui dégringolaient et de pincettes
qu'on remuait. Une folle envie de rire me saisit.

« Ah! vous riez, vous! reprit Philippe d'une voix
qui mit en fuite deux chambrières, vous allez voir
que les imbéciles n'auront même pas songé à servir
le dîner! »

Ce fut un sauve-qui-peut général. Il était clair
qu'on n'y avait pas pensé. Bientôt j'entendis un grand
bruit de vaisselle.

« On en tuerait deux ou trois, et ils se plain-
draient! » dit Philippe.

Il tremblait de tous ses membres, comme un
homme que la colère domine; ma femme de chambre entra.

« Cécile, lui dis-je, veillez à ce qu'on mette un peu
d'ordre dans tout cela. »

La colère de Philippe tomba subitement. Je m'é-
tais levée autant pour échapper à la fumée que pour
distraire ma pensée par une occupation. Je suivis
Cécile et donnai un coup d'œil à la salle à manger et
à la cuisine. Un feu de bourrées y flambait déjà.

« Ne vous pressez pas, dis-je aux filles qui tour-
naient de tous côtés, on va vous donner un coup de
main et tout ira bien. »

La bourrasque cessa comme par enchantement. Philippe, qui marchait sur mes talons, semblait radieux.

« On m'avait bien dit que vous étiez une personne de tête, vous vous entendez à tout, » me dit-il.

La table se trouva dressée en un instant. Philippe prit place en face de moi.

« Vous me pardonnerez de vous avoir conduite dans cette masure, me dit-il, elle me rappelle de si bons souvenirs ! les souvenirs du temps où l'on est écolier, et où l'on ne pense à rien ! Votre présence en ajoutera de meilleurs... J'ai voulu mettre notre mariage sous la protection de ma jeunesse. »

En parlant ainsi, il avait un air de douceur extraordinaire; on voyait aisément que ce qu'il disait il le pensait. J'avais comme lui, et quelle femme ne les a pas? de ces nuances de sentiments qui ne s'expliquent point et qu'on pourrait appeler les superstitions du cœur. Par ce côté-là sa conversation me devint sympathique; il le comprit à ma réponse et il s'enhardit à me parler plus librement. Je l'écoutai et il me surprit par la variété de ses connaissances, l'audace ou la finesse de ses aperçus. Il avait beaucoup lu ; mais rien ne semblait fondu et coordonné dans son esprit. Il s'y produisait des lacunes, des cassures, des intermittences, comme une suite de lignes brisées sans points de suture. Quelquefois son entretien rappelait le vol saccadé du hanneton, dont l'attention la mieux soutenue ne peut suivre le caprice; il la relevait par un trait vif, une comparaison originale, des rapprochements ingénieux. J'habituais mon regard à se reposer sur lui, cherchant à lire ma destinée sur ce visage mobile qui passait subitement de la colère la plus véhémente à la tendresse la plus vive. Soudain il se leva.

» Regardez-moi toujours avec ces yeux-là et vous ferez de moi ce que vous vous voudrez, » me dit-il d'un air bon.

Sans attendre ma réponse, il sonna.

« Vous paraissez fatiguée, reprit-il ; suivez Cécile, elle vous conduira à votre appartement. »

XCI

Un moment après j'étais dans une grande pièce carrée qui dépendait de l'étage supérieur et dont les trois fenêtres ouvraient sur trois petits balcons arrondis suspendus au-dessus d'un large fossé plein d'eau. Les tentures étaient en vieille toile de Jouy à ramages, dont les nuances un peu fanées s'harmonisaient avec les tons de la boiserie. Un feu clair brillait dans la cheminée, aux deux côtés de laquelle deux larges fauteuils évasaient leur dos ovale. Quelques portraits à l'huile et deux ou trois pastels représentant des figures de femmes à la mode des deux derniers siècles dans des cadres ronds en bois doré, garnissaient les panneaux. Quatre piédouches dans les coins supportaient des terres cuites d'un assez beau style, où l'on reconnaissait les attributs des quatre saisons. Un lustre en verre de Venise pendait au plafond. L'ensemble de cette chambre dont les meubles, tels que toilettes, bergères, bonheurs-du-jour, gardaient une apparence de luxe éteint, avait quelque chose de calme et de doux qui plaisait au regard. On y sentait le parfum d'une coquetterie honnête; elle avait appartenu certainement à quelque châtelaine du temps de Mme d'Houdetot, dont la jeunesse avait rêvé à l'ombre de ces rideaux épais. Une jolie pendule en porcelaine de Saxe, rehaussée de cuivre, sonna dix heures. J'ouvris l'une des fenêtres, et en attendant que Cécile eût préparé ma toilette, je m'accoudai à la balustrade d'un balcon.

Chauny était bâti dans le creux d'une vallée. Des lumières éparses m'indiquaient qu'un village groupait ses maisons à quelque distance, derrière les massifs d'un parc qui descendait en pente douce vers un ruisseau dont la lune argentait les contours. Au loin, de sombres masses noires dont la ligne opaque se découpait sur l'horizon me faisaient reconnaître l'emplacement de la forêt. J'ai revu bien des fois ce paysage à toutes les heures des jours et des saisons diverses, avec l'éclat joyeux de l'été et le morne silence des hivers; l'aspect qu'il avait en ce moment ne m'est jamais sorti de la mémoire.

« Madame, tout est prêt, » me dit Cécile.

Ces quelques mots m'arrachèrent du balcon; je rentrai dans cette chambre où il me semblait que le souvenir d'une femme qui n'était plus vivait encore. J'étais Mme Philippe Daubrin. A l'appel de Cécile, je m'étais assise devant une glace enchâssée dans la boiserie et dont un pan tuyauté de toile de Jouy recouvrait le cadre; j'avais peine à m'y reconnaître. Étais-je bien toujours cette même Édile Pujol qui courait dans les bruyères de Valserre? Il fallait presque un effort de ma volonté pour ressaisir le sentiment de ma personnalité. Après qu'elle m'eut arrangée, effrayée de mon silence, Cécile me présenta un verre d'eau sucrée; j'en bus quelques gorgées.

« Madame n'a plus besoin de moi? » me dit-elle.

Je lui fis signe de se retirer, et je restai seule. Dans la pénombre de l'alcôve, derrière les grands rideaux relevés, je voyais les draps blancs et l'oreiller garni de dentelle. Une veilleuse brûlait sur un guéridon. Il n'y avait plus qu'une bougie sur la cheminée; elle éclairait mal cette grande pièce. Dans ma robe de nuit toute blanche, debout devant la haute glace qui renvoyait mon image, j'avais l'apparence d'un fantôme. Je me faisais peur à moi-même, le cœur me battait. Pour dissiper cette espèce de cauchemar, je me glissai vers l'alcôve, dont j'abattis les rideaux. Presque aussitôt je tressaillis; on avait ouvert une porte cachée dans la boiserie de la chambre; une main écarta les rideaux que je venais de fermer, et dans la clarté qui m'entoura subitement je reconnus Philippe à genoux au bord du lit. Il attira ma tête sous ses lèvres, et m'embrassant dans les cheveux:

« Édile, je t'adore! » me dit-il d'une voix étouffée.

Moi, j'étais comme morte.

19

Le lendemain, un rayon de lumière qui traversait les persiennes me tira d'un sommeil fiévreux, convulsif, plein de rêves. J'ouvris mes paupières lourdes. Philippe, accoudé sur l'oreiller, le menton dans la paume de la main, me regardait. Je frissonnai tout entière. Pourquoi m'étais-je réveillée !

« C'est pour la vie à présent, » me dit-il en me prenant dans ses bras.

Je me rejetai en arrière. J'aurais voulu que tout s'écroulât sur ma tête.

XCII

Je passai une quinzaine de jours à Chauny. Depuis lors, bien souvent j'y suis revenue. Je n'oublierai jamais ces premiers temps. Chaque heure m'en paraît pesante et a laissé au fond de mes souvenirs sa marque ineffaçable. Philippe me prodiguait tous les agréments que comporte la campagne. Nous nous promenions souvent parmi les sites magnifiques qu'on rencontre dans la forêt de Compiègne. Il m'accompagnait partout On aurait dit qu'il n'était bien qu'auprès de moi. Cette présence continuelle m'étouffait. Pour y échapper, quelquefois je prenais un livre ; il m'imitait, restait sur son fauteuil un moment, puis, repoussant le volume qu'il avait à peine ouvert :

« Lisez tout haut, reprenait-il, au moins je vous entendrai. »

Par intants il se mettait à mes pieds, et posait la tête sur mes genoux. Mon cœur arrêtait ou précipitait ses battements; je ne pouvais presque plus articuler un son.

Mme de Brassannes et Jenny vinrent me voir dans ma solitude. Philippe les reçut avec un visible mouvement de contrariété. Elles n'en tinrent aucun compte et restèrent; j'étais d'ailleurs décidée à ne les laisser partir sous aucun prétexte. Le mécontentement de Philippe, qu'il cherchait à peine à dissimuler pendant la matinée, diminuait dans l'après-midi, que nous employions en excursions dans le voisinage. A l'heure du dîner il semblait plus gai et toute trace de mauvaise humeur disparaissait enfin. Je lui en fis l'observation.

« Ne pouvez-vous pas être le matin ce que vous êtes le soir? lui dis-je.

— Non ; quand vient le soir, c'est que le moment approche où nous allons être seuls. »

Malgré le peu de ressources qu'offrait Chauny dans son délabrement, je crois bien que Philippe n'en serait jamais sorti si j'avais consenti à y demeurer. Jamais je n'avais rencontré un esprit plus actif qui connût moins le besoin de travail. Ce n'est pas qu'il restât inoccupé, mais les choses qu'il entreprenait avec le plus de vivacité, il les abandonnait subitement sans cause apparente. Il procédait par engouements successifs. Dans la même semaine il pouvait être fermier et bibliophile, collectionneur passionné ou musicien infatigable. Je l'étudiais et ne le démêlais pas. Dans nos conversations, et elles étaient fréquentes, je surprenais parfois des éclairs qui indiquaient un esprit plein d'analyse et d'observation ; mais s'il s'entêtait sur un paradoxe, rien ne l'en faisait plus démordre. Était-il avare ou généreux, je ne le savais pas. Un jour je le trouvai plein de colère, qui réprimandait avec violence une domestique coupable d'avoir brisé une carafe.

« Tout se perd ici, disait-il ; on casse, on brise, on démolit à plaisir. C'est une ruine.... On n'a jamais vu de mains plus maladroites ! Hier c'était un verre, aujourd'hui c'est autre chose. Voilà comment les fortunes s'en vont.... Je ne sais ce qui me tient de vous chasser tous ! »

La pauvre fille pleurait. A ma vue, Philippe s'emporta plus fort :

« Voyez ce dégât ! me dit-il ; vous en retiendrez le montant sur ses gages ; après quoi, si ça continue, nous ferons maison nette. »

Je fis un signe à la servante, qui sortit sans répliquer.

« A la bonne heure ! vous me comprenez, » me dit Philippe.

Ce jour-là, et moins d'une heure après, si je ne l'avais pas retenu, ce même homme qui se fâchait pour la perte d'un objet de dix sous, prétendait jeter bas tout un corps de bâtiment pour m'y faire construire une serre.

XCIII

Je me rappelle qu'un matin nous courions à cheval l'un près de l'autre dans une grande avenue de la forêt. Philippe aimait beaucoup cet exercice, dans lequel il excellait. Il avait été triste à son réveil. Le vent soufflait parmi les arbres, où s'accrochaient des lambeaux de vapeur. Il galopait la tête penchée sur la poitrine. Tout à coup il la releva, et me regardant d'un air pensif :

« Je vous étonne quelquefois, me dit-il, cela doit être…. Je manque d'équilibre. Mon père s'est si peu occupé de moi ! Il est tout à ses affaires et tout à lui…. N'allez pas vous imaginer que je ne l'aime pas ; mais c'est M. François Daubrin, et tout le faubourg Saint-Martin le connaît. J'ai été fort malade étant petit…. Il m'en est resté quelque chose longtemps. Mon père ne s'en est jamais inquiété…. Il y avait une crise commerciale à cette époque-là. Depuis lors mon rêve a toujours été de me marier pour avoir quelqu'un qui m'aimât et à qui je pusse m'ouvrir…. J'ai pensé à vous du premier jour que je vous ai vue.

— Cependant vous m'aviez conseillé de ne pas vous épouser ?

— Oui, je craignais de ne pas vous rendre heureuse, étant ce que je suis. Mais que j'aurais été désespéré si vous aviez suivi mon conseil ! On m'avait parlé du sérieux de votre esprit, de sa bonté sans faiblesse, de la maturité de votre jugement; je pensais qu'auprès de vous j'acquerrais ce qui me manque. Si vous saviez avec quel bonheur je remettrais le soin de ma vie à des mains telles que les vôtres !

— Cette direction appartient à l'homme, ce me semble; n'est-il pas le chef de la famille?

— On le dit, mais est-ce bien toujours vrai? J'ai pu remarquer que dans les affaires du ménage la part de la femme est toujours plus grande qu'on ne l'avoue. Les femmes ont plus que nous souvent le sentiment des choses. Par bien des côtés, mon éducation a été négligée. C'est déjà beaucoup qu'elle me permette de m'en apercevoir. Pourquoi dès lors n'accepterais-je pas avec reconnaissance un guide aimable dont l'esprit ingénieux m'aiderait à tirer un parti meilleur de mes facultés? J'y mettrais plus de franchise que d'autres, voilà tout, et, au lieu de dissimuler cette influence, je la proclamerais. Quel mal y voyez-vous?

— Présentée ainsi, la question change d'aspect, et je n'y vois aucun mal, bien que je n'eusse pas ambitionné le rôle que vous voulez me destiner.

— Il me semble que vous m'appartiendrez plus si vous vous appliquez à redresser en moi ce qui pourra vous paraître incomplet ou choquant. Ne vous y trompez pas, si je me mets en tutelle, c'est pour ga-

gner une part de ce que la mère doit à l'enfant. Avec
le sentiment de ce qui me manque, il y a aussi l'é-
goïsme qui me conseille d'agir comme je le fais. Prenant intérêt à nos affaires communes, vous prendrez
intérêt à moi aussi, et c'est à quoi je tends. »

Philippe poussa plus loin cette confession. Il me
raconta son enfance relativement abandonnée à des
mercenaires, négligée toujours et poussée au hasard
jusqu'à la jeunesse. La surveillance active et vigilante d'un père lui avait toujours fait défaut; point
de conseils, encore moins de direction, souvent des
réprimandes. Jamais M. François Daubrin, qu'il redoutait comme le feu, ne l'avait initié au secret de
ses affaires et de sa fortune.

« Mais pourquoi? lui dis-je.

— Et que sais-je ? reprit-il d'un air sombre. Il m'a
toujours laissé voir une méfiance qui éclate dans les
moindres choses. Tenez! il n'y a pas six mois encore, que c'est lui qui directement soldait toutes mes
dépenses. Il se faisait rendre compte de tout. De là
vient sans doute cette timidité qui me fait chercher
un appui en vous. Une femme qu'on aime peut bien
être une amie! »

J'étais touchée. Je lui tendis la main.

« Je serai toujours la vôtre, lui dis-je.

— Alors je puis tout espérer, » reprit-il en la pressant sur ses lèvres.

XCIV

En m'imposant un devoir, Philippe me rapprochait de lui. C'était un calcul peut-être, mais un
calcul juste, dont le motif ne pouvait être condamné.
Je m'appliquai dès lors avec suite et volonté à faire
ce qu'il désirait, et à vivre en repos avec moi-même
par l'accomplissement régulier d'une tâche à laquelle
mon cœur ne se prêtait pas sans efforts. Je voulais
être sa femme sincèrement. Je ne cherchai plus la
solitude; il m'en montra une reconnaissance qui
m'engagea à persévérer. Mais rien ne peut rendre le
sentiment de malaise que j'éprouvais dans cette
lutte acharnée entre ma conscience et une sorte d'é-
loignement inexplicable que le passage des jours ne
calmait pas. J'étais comme un arbre dont la séve
s'écoule par une blessure et qui dépérit lentement.

Sur ces entrefaites, un matin, M. de Brassannes
m'apprit que Jenny allait se marier.

« Toi aussi ! m'écriai-je.

— Sois tranquille, me répondit Jenny, qui ne put
s'empêcher de rire, on ne fera jamais de moi une
Iphigénie ; de l'humeur dont je suis, je gage que
Barbe-Bleue lui-même, si je l'avais épousé, m'aurait épargnée. »

Elle me raconta que son fiancé lui avait été présenté dans une maison où l'on signait un contrat de mariage. C'était un jeune homme d'une bonne famille, qui avait fait fortune dans le commerce des fers.

« Je m'imagine, ajouta-t-elle, que le héros écossais qui m'a tant fait pleurer, Edgard de Rawenswood, devait lui ressembler.

— Et c'est ce qui t'a décidée?

— A peu près, reprit-elle gaiement. Mais il y a une raison meilleure.

— Laquelle?

— Il plaît à Mme de Brassannes et convient à M. de Brassannes.

— Au moins l'aimes-tu?

— Suffisamment pour entrer en ménage.

— Et tu seras heureuse?

— J'en suis sûre. La présentation faite, il y a quelques jours, après une entrevue dans laquelle on m'a déclaré officiellement la prétention de M. Louis Morisson—c'est le nom de mon Edgard— j'ai répondu qu'il ne me déplaisait pas, et là-dessus j'ai remis mes pleins pouvoirs à M. de Brassannes.

— Et depuis lors as-tu revu souvent M. Louis Morisson?

— Quelquefois, et nous avons causé comme on cause dans le monde, à la surface.

— Mais son caractère, son esprit, son humeur, ses goûts, ses habitudes.... en sais-tu quelque chose?

— Eh! mon Dieu! comme tu y vas! Là-dessus, ma chère Édile, j'ai des idées qui te paraîtront singulières, mais qui sont les miennes. On ne découvre rien de tout cela dans des conversations, si longues et si répétées qu'elles soient, et on commence par ne pas avoir de conversations semblables, parce que notre éducation nous les défend. En outre, je ne crois pas qu'on se fasse connaître dans un salon comme un pécheur repentant au tribunal de la pénitence. Si le candidat au mariage a des défauts, son premier soin sera de les dissimuler. Et peut-on de bonne foi lui en vouloir de cette hypocrisie? S'il a des vices, ce sera bien pis! Il sera tout sucre et tout miel.

— Si bien qu'à ton avis il faut accepter le premier venu, les yeux fermés?

— A peu près, si ce premier venu ne révolte pas cet instinct mystérieux qui est le meilleur gardien de la vie, et si les parents qui en répondent vous disent : Prends-le.

— Tu as la volonté docile !

— Je l'ai raisonnable. Voyons, de bonne foi, que savons-nous, étant élevées comme nous le sommes, de la vie et des conditions qui la régissent? où est notre expérience? sur quelles certitudes asseyons-nous notre jugement? Nous avons des présomptions, et c'est tout. On nous fait traverser le monde en robe de bal sept ou huit fois l'an, et tu veux que nous ayons des opinions? Pour ma part, je ne prétends pas entrer dans le for intérieur des gens en tournant des valses. D'après ce que j'ai pu comprendre dans les entretiens de M. de Brassannes, il y a dans tout mariage une part d'inconnu qui ne se dégage qu'avec l'aide du temps, et la plus grosse part, à ce que je crois. Est-ce moi, petite fille, qui me chargerai de la diminuer en causant avant la cérémonie une demi-douzaine de fois? Je n'ai pas cette vanité! Ah! si l'on nous permettait, comme cela se pratique, dit-on, en Suisse et en Allemagne, en Amérique aussi, de faire de petits voyages d'agrément avec des personnes agréées par notre cœur, ce serait une autre affaire! Mais ce n'est pas l'usage, et je n'ai jamais ouï dire qu'un notaire ait autorisé sa fille à faire une excursion aux bords du Rhin avec le fils d'un agent de change.

— Cela vaudrait peut-être mieux!

— Avec les jeunes messieurs qui dansent le cotillon, je ne sais pas! Mais que ce soit sage ou non, l'idée n'a pas encore pris racine sous la latitude de Paris, et je n'ai pas reçu mission de l'y implanter. »

J'admirai cette nature sage et modeste, équilibrée et bonne; j'aurais peut-être voulu lui ressembler, cependant je n'étais pas convaincue.

« Je vois au mouvement de tes lèvres, reprit Jenny, que les mots de sympathie et d'amour en veulent sortir.

— C'est vrai.

— De la sympathie, je le veux bien; quant au reste, je ne m'y entends pas. Tout ce que j'en sais se borne à un souvenir. Notre amie Henriette Laugier, qui avait toujours l'esprit dans les étoiles, a fait un mariage d'inclination. L'amour, nous disait-elle, la faisait planer sur les nuées ; il paraît qu'aujourd'hui elle plaide en séparation. Tu vas me dire que ce n'est pas une preuve. Et qui en doute ? Mais, en somme, pourquoi veux-tu que j'en sache plus long sur cette question redoutable que les personnes qui m'ont tenue sur leurs genoux et qui ont l'expérience approfondie de la vie, de ses peines, de ses devoirs ? M. de Brassannes m'a dit : M. Louis Morisson est honnête, intelligent, travailleur; il a un fonds solide de qualités sérieuses. Épouse-le.... Et je l'épouse ! »

Bonne Jenny ! le temps a prouvé qu'elle n'avait pas eu tort !

XCV

Je profitai de cette circonstance pour quitter Chauny, d'où j'emportai une impression d'angoisse indéfinissable. Il me tardait de me retrouver au milieu des miens, de revoir le jardin de la rue de la Pépinière, le salon où j'avais passé tant d'heures heureuses, où mon cœur avait eu ses premiers battements, de respirer un autre air, de sortir de cette atmosphère d'isolement et de passion morbide. Que

mes longs séjours d'autrefois à Valserre m'avaient
laissé d'autres souvenirs!

Je vis M. Louis Morisson, le fiancé de ma chère
Jenny. Il avait une expression de bonté intelligente
et ferme qui me rassura. Du premier mouvement,
je lui tendis la main.

« Vous savez que c'est ma sœur, lui dis-je; c'est
vous dire combien je vous aimerai si....

— J'accepte le *si*, répliqua-t-il en souriant, et
vous m'aimerez. »

Une autre surprise m'attendait à Paris. Mélanie
Denèvre, la noire et sèche Mélanie, allait se marier.
Mme Denèvre étouffait d'orgueil et de contentement;
elle n'avait plus le célibat de sa fille sur le cœur.
C'était M. François Daubrin qui faisait ce mariage.
Il avait trouvé pour Mélanie un caissier endurci au
travail, mûri dans la carrière, cloué sur sa chaise,
auquel, en faveur de cette union, il assurait un mince
intérêt dans son industrie. Cette prodigalité me rappela l'enthousiasme dont Mme Denèvre faisait parade
quand elle parlait naguère de Philippe et l'acharne-
ment avec lequel elle avait surveillé l'attitude de
Paul. La pensée d'un accord entre elle et le fabricant
de produits chimiques me traversa l'esprit et ne s'en
écarta plus. Mme Denèvre recevait sa récompense
dans la personne de sa fille. Le caissier acquittait
M. Daubrin. Le jour où Mélanie nous présenta son
futur, elle avait l'air d'une pivoine en pleine florai-
son; on aurait pu croire qu'elle allait faire explosion.
Ses joues en feu, ses yeux émérillonnés, son rire

perpétuel, son agitation nerveuse, son chapeau tout
battant neuf, ses gants frais, tout semblait dire : Moi
aussi, j'en ai un! moi aussi, je me marie! Ses pieds
dansaient tout seuls.

Jenny elle-même, malgré sa bonté, ne put s'empêcher de rire de cet épanouissement qui de la fille
remontait à la mère. Mme Denèvre, pour cette circonstance inespérée, avait arboré un chapeau de
même forme et de même étoffe que celui de Mélanie ;
des roses se balançaient sur leurs deux têtes. Jenny
eut un éclair de malice en voyant M. Noël Varaine,
le caissier, entre elles deux.

« Le pauvre homme! dit-elle, épouser Mélanie
c'est déjà quelque chose, mais il y a Mme Denèvre....
La mère et la fille, deux jumelles, c'est trop ! »

XCVI

L'hiver était dans son plein; on entrait dans la
saison des bals, je m'y jetai avec une ardeur violente.
Je n'aurais pas su dire pourquoi. Une fièvre me poussait. Philippe me suivait partout; mon plaisir était
sa loi. Bien souvent je prolongeais la danse jusqu'à
la dernière lueur des dernières bougies. Le jour me
surprenait pâle, épuisée, valsant encore. Je retardais
l'heure froide où il me fallait rentrer. Philippe se m-

blait heureux de ces faciles succès qui accueillent une jeune femme à ses premiers débuts dans le monde. Loin de me retenir, il m'engageait à ne refuser aucune invitation. Un désir de plaire que j'avais naturellement, ma jeunesse, cet entrain que je tenais de mon caractère, un reste de gaieté qui me revenait par accès, faisaient que j'étais la bienvenue dans tous les salons. Il jouissait des éloges qu'on me prodiguait, il les provoquait même. Dans le jour, je rendais des visites, j'allais chez mes fournisseurs, je me montrais au bois de Boulogne, aux assemblées de charité, je quêtais; je ne savais qu'inventer pour remplir mes heures. Cette activité creuse, dans laquelle s'épuise la vie de tant de Parisiennes, ne me suffisant pas, je donnai des fêtes. Elles furent bientôt suivies par des centaines de personnes, connaissances de fraîche date qui déclarèrent qu'on ne s'amusait bien que chez moi.

En me voyant poussée dans la vie, comme la locomotive d'un train de grande vitesse sur les rails, M. de Brassannes se frottait les mains :

« Eh bien ! quand je te le disais ! » s'écriait-il.

Malgré l'emportement de ce tourbillon, ma pensée constante se tournait du côté de Philippe, auquel j'aurais voulu trouver une occupation. J'en parlai à mon beau-père, qui éludait mes sollicitations ou répondait par des fins de non-recevoir. Je n'étais pas plus heureuse avec Philippe. Il entrait dans mes vues avec vivacité, acceptait toujours ce que je lui proposais, courait aux renseignements; puis, au moment de conclure, changeait brusquement d'idée, découvrait à tout des difficultés, et m'épuisait par une force d'inertie dont rien ne pouvait vaincre la résistance. Était-ce le fruit de l'éducation paternelle, ou la conduite de M. François Daubrin s'expliquait-elle par la connaissance qu'il avait de cette paresse incurable enracinée dans la mobilité?

Était-ce donc cela que Clotilde avait voulu dire quand elle m'avait suppliée de ne pas épouser Philippe?

Je voyais fréquemment à cette époque celle qui avait été mon institutrice. Le mariage ne m'avait rien fait perdre de son attachement; il semblait même plus tendre. Dans l'affection dont je récoltais les témoignages, il y avait comme une nuance d'inquiétude. Femme, elle était bien telle que je l'avais jugée. Félix venait d'entrer au conseil d'État. Clotilde le poussait résolûment dans la voie du travail. Il sentait le mérite de cette intelligence résolue et vive qui voulait que M. de Mézin ne se repentît pas de son choix, et il en acceptait avec reconnaissance la direction voilée. Comme un jeune arbre, il grandissait soutenu par ce tuteur aimable et sûr. Je consentais bien à être un tuteur moi aussi, mais où était l'arbre?

XCVII

J'avais toujours ressenti une répugnance instinctive contre les hommes qui ne font rien. L'excessive fortune ne me paraît même pas un prétexte à l'oisiveté ; elle l'explique sans la justifier. Celui qui la possède m'en paraît le dépositaire et le dispensateur plus que le maître. L'emploi ou la fonction m'importe peu, la chose principale est de faire œuvre de son intelligence. On en doit une part à tous. Mon père m'avait toujours dit que rester inactif dans le mouvement universel, c'est abdiquer, c'est descendre. Grâce à ses leçons, le plus riche, s'il vivait en dehors de la loi du travail me semblait inférieur au plus pauvre. A ce point de vue, la situation de Philippe me froissait, m'humiliait presque. A son bras, je me sentais amoindrie. Je le suppliais sans cesse de changer d'existence, et sans cesse il me promettait de suivre mes conseils ; je ne pouvais pas douter de son amour exclusif et excessif ; par quelle cause échappait-il donc à mon influence? Dans les résolutions successives auxquelles il cédait sans jamais atteindre aucun but, son esprit procédait comme les sauterelles, par bonds. Quand je le cherchais à droite, déjà il était à gauche.

Je me jurai cependant de mettre ma constance
à la hauteur de son entêtement. M. de Brassannes,
qui avait à cet égard le même sentiment que moi,
me venait en aide. N'obtenant de M. Daubrin que
des paroles vagues, je me tournai du côté d'Édouard.
Ce fut sans plus de succès ; Édouard pensait à lui,
toujours à lui. Les folies qu'il avait faites pour Brigitte l'enracinaient dans la résolution d'économiser
toute la vie pour éteindre ses prodigalités d'un jour ;
il avait l'horreur de son passé. Son amour pour
Émilie était en quelque sorte un amour de parti pris.
Il eût aimé toute femme qu'il eût épousée, par cela
seulement qu'elle était à lui, sa campagne, sa chose.
A présent il y mettait du calcul, redoutant pour son
repos, pour sa bourse, peut-être aussi, les sollicitations d'un sang âcre, dont la trace brûlante gerçait
et enflammait son épiderme. Mlle Escandier, devenue
Mme Édouard Pujol, développa avec une certaine habileté cette tendance d'une nature à la fois ardente
et contenue. Elle se fit désirer, joua la tendresse et
la jalousie, minauda, et acquit en peu de temps une
influence absolue, à laquelle mon frère n'essaya
jamais de se soustraire. Dans son ménage, où tout
sentait la parcimonie, Émilie prenait des attitudes de
sultane favorite et finissait par croire que tout lui
était dû. Un enfant leur était né. Dès lors Édouard
revêtit son égoïsme et son avarice des plus beau titres :
l'égoïsme devint prévoyance, l'avarice amour paternel. Ne devait-il pas penser à son fils en même
temps qu'à sa femme?

Je le pressai cependant d'associer Philippe à l'industrie à laquelle M. Daubrin l'avait attaché lui-même; il y aurait peut-être consenti en souvenir de ce que j'avais fait pour lui, mais il en parla à sa femme et tout fut perdu. Il n'y avait aucun point de sympathie entre elle et moi ; de plus, l'établissement qu'Édouard dirigeait sous la surveillance de M. François Daubrin produisait de magnifiques résultats. C'était plus qu'il n'en fallait pour qu'Émile apportât son véto à ma demande. J'avais rencontré un roc devant moi ; un jour cependant que je revenais à la charge, Édouard sourit :

« Pourquoi t'obstines-tu à vouloir que Philippe travaille? me dit-il; voyagez, amusez-vous. Votre fortune ne vous suffit-elle pas? Vous n'avez pas de charge comme moi.... Vous n'avez pas commencé par des dettes ! »

Ses dettes ! qu'il y avait longtemps que la brèche faite à la dot d'Émilie était réparée ! Mais si la dette ne suffisait pas, il appelait son fils à son aide et m'assurait qu'il ne devait rien distraire de ce qui, un jour, devait lui revenir.

Son fils ! mon frère en avait un autre, né dans des circonstances qu'il avait oubliées. A quelque temps de là, un hasard devait me faire voir ce qu'il fallait penser de cette tendresse paternelle dont il faisait parade. Que de vilaines choses sous les mots les plus sonores !

XCVIII

Un jour Cécile vint me prévenir qu'une femme qu'elle ne connaissait pas, pauvre et misérablement vêtue, demandait à me voir. Elle tenait un enfant à la main et insistait pour qu'on la laissât pénétrer jusqu'à moi. En ma qualité d'associée à une œuvre de charité, je pensais que j'avais affaire à quelque malheureuse qui avait besoin de secours.

« Faites entrer, » dis-je à Cécile.

Un moment après, parut devant moi une femme qui, en effet, m'était inconnue. Un enfant pâle et chétif se serrait contre elle, couvert de vêtements délabrés où se découvrait un reste de luxe. Celle qui le conduisait me présenta une lettre en me priant de l'ouvrir. Le cachet brisé, mon premier regard rencontra le nom de Brigitte au bas de la page.

« Ah ! mon Dieu ! m'écriai-je.

— Oui, madame, c'est Brigitte qui m'envoie.... Elle est bien malade. Si vous n'avez pas pitié d'elle, que va-t-elle devenir, et avec elle ce pauvre petit ? »

En entendant le nom de sa mère, le garçon se mit à pleurer. Il pouvait avoir cinq ou six ans. Je lui fis signe d'approcher, et la femme qui le tenait par la main le poussa vers moi. L'ayant à mon côté, et la

main sur sa petite épaule, je repris la lecture de la
lettre.

« Madame,

« Je n'ai plus que bien peu de temps à vivre.... Ça
ne me ferait rien de mourir si je ne laissais derrière
moi un pauvre enfant qui n'a personne pour songer
à lui. Si je vous ai fait du mal sans le vouloir, vous
me pardonnerez en pensant que lui il est innocent de
tout et qu'un de ces jours il n'aura pas de pain. Vous
avez été bonne pour moi autrefois ; je m'adresse à
vous après avoir vainement supplié son père, qui
l'a repoussé. Ayez pitié de mon petit Jean.... Pro-
tégez-le. Faites qu'il apprenne un bon état et qu'il
devienne un bon ouvrier.... Si vous êtes mère un jour,
vous comprendrez ce qui se passe en moi.... Je suis
bien malade, allez, et je ne fais que pleurer en pensant à lui.... Moi je vous bénirai.... et vous aurez fait
qu'une pauvre créature s'en ira plus tranquille.

« BRIGITTE. »

J'interrogeai la personne qui avait amené l'enfant.
Elle me raconta que sa mère, après avoir vécu un
temps dans l'aisance, un peu au hasard, était tombée
malade. Elle rappelait la cigale de la fable par son
imprévoyance. Les ressources avaient été épuisées.
Rétablie mais endettée, elle n'avait plus fait que vé-
géter jusqu'au jour où une maladie nouvelle l'avait
jetée dans une mansarde, où elle se mourait de fatigue et de misère. Du temps passé, il ne restait qu'un

enfant.... L'histoire n'était pas nouvelle; on en rencontre de pareilles dans tous les carrefours de Paris; mais celle-ci m'intéressait, moins peut-être parce que mon frère y était mêlé qu'à cause de Brigitte, qui était restée dans mes souvenirs et que j'aimais. La femme que j'avais devant les yeux était sa seule amie, une malheureuse voisine que le spectacle de ce dénûment avait attirée et qui la soulageait tout au moins de sa présence et de sa pitié. Elle me raconta que Brigitte avait écrit plusieurs fois, mais vainement, à Édouard. Un jour même qu'elle pouvait se traîner, elle s'était présentée à sa porte et en avait été chassée. Quant à sa maladie, elle était telle qu'il fallait un miracle pour la sauver.

Le nom de Brigitte avait remué en moi bien des choses passées. Je la revoyais assise auprès de nous et taillant des robes de poupée, ou nous faisant des lectures. Elle avait connu mes beaux jours ! Je m'arrangeai pour la mettre ainsi que son enfant à l'abri des premiers besoins et promis à sa compagne de m'occuper d'elle. Dès le lendemain, je montais à sa mansarde. Quel galetas ! Une chaise, une commode, un lit : c'était tout. Dans un coin un matelas pour le petit Jean. J'eus quelque peine à reconnaître Brigitte. C'était un spectre. La phthisie la dévorait. Elle me tendit ses mains maigres par-dessus la misérable couverture qui la protégeait mal contre le froid et pleura en me montrant son fils. Qu'étaient devenues sa grâce et son élégance ? Elle eût été cent fois mieux à l'hôpital, où elle eût trouvé des soins et des médicaments ; mais l'horreur de l'hôpital, cette horreur instinctive chez tous les gens du peuple, l'attachait à son grabat.

Je lui promis d'abord de ne pas abandonner l'enfant, après quoi je la fis transporter dans un petit appartement à la fois plus chaud et mieux aéré, où sa voisine put se loger aussi et veiller sur elle. Le médecin à qui je la recommandai, ne me cacha pas que l'épuisement de Brigitte ne laissait aucune chance à la guérison.

Le jour même, et encore tout émue de ce spectacle, je parlai à Édouard. Il montra une grande surprise. Comment, Brigitte existait encore ! je m'occupais de Brigitte ! je l'avais vue ! où donc avais-je l'esprit ! de telles relations étaient-elles convenables pour une femme du monde ! J'insistai.

« Ah ! fit-il alors, une misérable qui a failli me ruiner !

— Mais l'enfant? »

Il éclata de rire.

« A d'autres ! reprit-il ; j'imagine que M. de Cérioles le connaît mieux que moi ! »

Je ne me laissai pas rebuter par cette réponse et lui parlai de la misère profonde de la mère qu'il avait aimée et de la détresse absolue de l'enfant qu'il avait porté dans ses bras.

« Eh bien ! répliqua-t-il, c'est justice. Brigitte a vécu dans le vice, elle périt dans la misère : cette fin servira d'enseignement à celles qui voudraient se mal conduire. »

Rien ne put le faire fléchir dans cette impitoyable résolution. J'ai souvent remarqué cette sécheresse d'âme chez certains hommes qui remplissent strictement les obligations prévues par le code et les usages du monde. Ils se croient justes parce qu'ils sont inflexibles et que le souvenir d'anciens égarements les rend intraitables à l'endroit de toutes les faiblesses. Peut-être cependant, aux yeux de l'éternelle équité, étaient-ils moins en dehors du devoir au temps où ils cédaient aux entraînements de la jeunesse, que lorsqu'ils se renfermaient dans les étroites limites d'un devoir égoïste et dur.

Une discussion plus longue me paraissait inutile. « N'en parlons plus, dis-je à Édouard ; quant à moi, je n'oublierai pas Brigitte et son fils.

— Fais ce que tu voudras. »

Certains indices que j'observai peu de jours après dans l'attitude d'Émilie me firent supposer que mon frère lui avait fait part, en la blâmant, de ma démarche. Sa roideur froide et guindée en fut plus marquée. Je les plaignis tous deux.

Jenny, à qui j'avais tout raconté, voulut voir Brigitte et partager la responsabilité que j'avais acceptée. Sans y avoir autant de droit que moi, n'étant pas la sœur du seul coupable qu'il y eût peut-être dans toute cette affaire, je ne voulus pas lui refuser la joie de sécher une moitié de ces larmes et de veiller sur cette enfance déshéritée.

Une ombre de bonheur prolongea de quelques semaines la vie épuisée de Brigitte. Elle eut le temps de voir s'effacer la pâleur qui s'étendait sur le visage du petit Jean et d'entendre son rire joyeux. Il avait de bons vêtements et qui plus est des jouets.

Un matin, à la pleine lumière du jour, dans cet état de quiétude parfaite qui fait croire si souvent aux poitrinaires qu'ils ont échappé à la mort, et tandis que son fils s'ébattait autour de son lit, Brigitte s'éteignit. Ses derniers et ses premiers jours avaient été les meilleurs.

Quand j'appris sa fin à Édouard, il pâlit un peu.

« Et l'enfant? me dit-il avec effort.

— N'y pense pas, je l'ai. »

Il n'y pensa plus en effet. Ce souvenir arraché à l'émotion d'une heure n'eut pas d'écho. Aujourd'hui l'enfant grandit dans une école; plus tard il entrera dans un atelier. Un jour, je l'espère, ce sera un bon mécanicien et un honnête homme.

XCIX

Peu de jours après, un soir, dans une maison qui recevait à jour fixe, je vis Paul tout à coup. Je devins blanche. Philippe me sentit tressaillir à son bras. Ses yeux firent le tour du salon.

« Ah! » fit-il en apercevant Paul.

Son bras pressa le mien comme un étau; on aurait dit qu'il voulait me river à lui.

On se mit à danser. En un instant Paul fut auprès de moi. Il avait la pâleur des cadavres sur le visage. Il me présenta le bras comme pour me conduire à la valse. Philippe, arrêté à l'angle d'une porte, nous observait; ses yeux semblaient injectés de sang. J'acceptai cependant. Je me sentais le droit de marcher la tête haute et je ne me sentais point la force d'infliger à Paul l'injure d'un refus. Je m'enfonçai avec lui dans une galerie.

« Votre présence me fait un mal affreux, me dit-il, et au prix de ma vie je ne perdrais pas une minute de l'heure qui nous rassemble.

— Ne me parlez pas ainsi; je ne suis pas Édile, je m'appelle Mme Philippe Daubrin.

— Ne craignez jamais que je l'oublie. Vous savez quelle est ma devise. J'ai donc tout accepté, mais pourquoi mon cœur n'interrogerait-il pas le vôtre?

— Et que voulez-vous qu'il réponde?

— La vérité. »

Mes jambes me portaient à peine; ma résolution prise fut anéantie en une seconde. J'éprouvai subitement ce vertige qui a la force d'un ouragan et brise toutes les résistances; le cœur de Paul battait contre mon bras. Je voulus connaître un jour, un instant, l'ivresse d'un aveu, voir resplendir la joie sur un visage aimé, rompre enfin toutes les entraves dans lesquelles je tenais mon âme garrottée.

« Eh bien! lui dis-je, je n'ai rien de changé que

le nom.... et si la mort me frappait en ce moment....
ce serait l'heure la plus heureuse de ma vie.... je
mourrais près de vous.

« Édile !

— Oui, appelez-moi de ce nom, le mien.... quand
je pleure, c'est le vôtre qui me vient aux lèvres. »

Je rencontrai ses yeux ; leur ivresse me fit connaître une félicité qui paya tous mes longs jours de supplice ; rien n'existait plus autour de moi que lui seul.
Que celles qui n'ont pas subi ces redoutables fascina-
tions me condamnent.... moi je les plains de n'en pas
connaître l'exaltation !

Un instant nous restâmes muets tous les deux, les
cœurs emportés dans le même élan, perdus sur les
mêmes cimes, absents l'un et l'autre de tout ce qui
nous entourait.

« Ah ! me dit-il enfin, je suis à vous toujours ! »

Ce mot me tira de mon extase. Je regardai autour
de moi ; la conscience des objets extérieurs me revint,
je rentrai dans la réalité des choses. Du même coup
d'œil, j'aperçus Philippe immobile à l'angle d'une
porte, et auprès de lui, passant dans la clarté d'une
galerie, au bras d'un beau jeune homme, une femme
dont le nom réveillait les chuchotements du monde,
Mon cœur se serra ; devais-je descendre jusqu'à cette
hypocrisie et porter avec le même sourire ma jeunesse et ma dégradation, me faire une parure nou
velle de mon amour, le promener sans pudeur où
ma fantaisie me conduirait et m'avilir dans le mensonge ? Je pouvais comprendre que dans certaines

circonstances rares, en quelque sorte épiques, comme au temps de la Ligue et de la Fronde, ou dans les violences et les horreurs d'une révolution, une femme brisât tous les liens et s'attachât à la fortune de l'homme qu'elle aimait. Elle souriait alors à l'exil et à la mort. Son péril faisait son excuse. Mais que dans les commodités d'une vie bourgeoise, avec la protection de l'aisance et du nom, on s'arrangeât pour être heureuse dans la honte, ce calcul misérable me révoltait. Était-ce donc pour cela que mon père m'avait élevée? qu'après les exemples et les caresses de ma mère j'avais eu la vigilance de Mme de Brassannes? Où serait ma justification? En outre, Philippe ne m'avait-il pas remis le fardeau de sa vie? J'en avais accepté la responsabilité. C'était comme un autre engagement qui me liait à lui. Pour le trahir, à défaut d'honneur et de vertu, n'avais-je plus l'orgueil de moi-même? La réaction se fit, et sans rien désavouer de ce que j'avais dit, serrant le bras de Paul :

« Vous m'avez fait le don de votre vie, vous me le faites encore, n'est-ce pas? repris-je d'une voix émue, mais plus ferme déjà.

— Oui.

— Eh bien, ne revenons plus sur le passé! »
Il tressaillit.

« Quoi! après ce que vous m'avez dit, vous voulez....

— Et c'est précisément parce que je vous l'ai dit que je le veux! Qu'il vous suffise de savoir ce que je

pense, ce que je suis. Dorénavant, plus un mot, rien !
et si vous n'avez pas la force de vous taire, partez ! »

Je ne vis plus que l'expression du désespoir sur le
visage de Paul.

« Est-ce bien vous..., et pourquoi? »

En ce moment, passait auprès de nous cette femme
que j'avais vue tout à l'heure au bras d'un homme.
Des sourires perfides l'accueillaient. Son mari la
suivait tristement. « Pauvre diable ! » murmura l'un
des jeunes gens qui venait de les saluer d'un air de
politesse ironique.

« Comprenez-vous à présent? dis-je à Paul. Vous à
Paris, je vous aime trop pour cacher que je vous aime,
et il est de ces hontes que je ne supporterai jamais....
Dites-moi seulement si j'ai eu tort de mettre mon
honneur sous votre sauvegarde ? »

Philippe survint. J'avais des flammes dans la poitrine.

« Puisque vous voilà de retour, mon cher Paul, dit-
il, j'espère que nous nous reverrons.

— Une fois ou deux peut-être, répondit Paul; bientôt je repartirai pour l'Espagne. »

Une heure après, je quittai le bal. Comment se
passa-t-elle, cette heure? je ne le sais plus. J'étais
heureuse et désespérée. Comme il m'aimait! Ah! je
pouvais lui livrer mon secret, à cette âme courageuse!.... Elle était fidèle et loyale...; mais que n'a-
vais-je pas perdu en la perdant !

C

Philippe resta sombre dans la voiture qui nous ramenait. Je l'entendis, pendant une moitié de la nuit, qui marchait dans sa chambre d'un pas inégal. Moi, je pensais à Paul, à cette explosion qui m'avait arrachée à moi-même, à ce bonheur d'un instant que je lui avais donné, à la violence de cette réaction qui m'avait saisie, et je fondais en larmes; cependant je ne regrettais rien. Paul avait annoncé à Philippe qu'il retournait en Espagne. Je lui savais gré de cette obéissance, et pourtant mon cœur se serrait à la pensée que je ne le reverrais plus.

Deux jours après cette rencontre, Paul se présenta chez moi; je n'étais pas seule. Il prolongea sa visite; mais d'autres personnes vinrent à la suite, et il dut se retirer sans avoir pu me parler que des choses banales qui faisaient le fond de l'entretien.

J'éprouvai dans la soirée un sentiment de lassitude extrême; la retenue que je m'étais imposée m'avait épuisée plus que mon élan. J'étais comme brisée, avec des bouffées de fièvre qui ne me permettaient pas de tenir en place. Des conseils perfides, les conseils de l'amour déchiré, de la passion convulsive et saignante, faisaient entendre leurs voix.

Avais-je eu raison d'éloigner celui à qui mon cœur appartenait ? Ma jeunesse serait-elle donc à tout jamais sevrée de ces purs sentiments qui mêlent un peu de flamme à toutes les cendres de la vie ? Qu'avait-il fait ? Qu'avais-je fait moi-même ? Et pourquoi, du premier coup, mettre mon cœur dans un tombeau ? Que m'importait de mourir s'il m'aimait ?

Mme de Brassannes vint me voir. Elle me trouva à demi couchée sur un canapé, un livre sur mes genoux, la main pendante, les yeux dans le vide. Philippe venait de sortir, irrité, acerbe, après avoir essayé vainement de me faire causer. Ma marraine s'approcha de moi

« Tu as vu Paul ? me dit-elle.

— Oui.

— Aujourd'hui !

— Tout à l'heure.

— Je m'en doutais; tu as la main brûlante.

— Ce n'est qu'un peu de fièvre; j'y suis habituée. »

Mme de Brassannes baissa la voix comme si nous n'avions pas été seules.

« Le pauvre enfant me fait mal, reprit-elle, il faut qu'il parte !

— S'il part, que me restera-t-il ? »

Ce fut le premier cri de la lâcheté. Il me fit rougir.

« Comment ! Tu en es là ! poursuivit ma marraine.

— Et cela vous étonne ! N'ai-je donc pas assez

lutté? Avez-vous compté les jours de mon supplice? J'écrase mon cœur, est-ce ma faute s'il bat? Je l'ai revu et toutes les barrières ont été rompues.... J'appartiens au hasard : j'ai voulu me contraindre à aimer Philippe.... son amour me faisait pitié.... J'y renonce ! Il y a quelque chose en lui qui me repousse et me glace. J'ai des sueurs de mort dans ses bras.... Vous ne savez pas quelle est ma vie.... Associée à un être qui m'échappe, je retombe sans cesse sur moi-même.... Je pouvais être heureuse.... un scrupule de M. de Brassannes ne l'a pas permis. J'ai obéi.... Sa conscience est tranquille.... moi je me meurs !

— Pour parler ainsi, faut-il que tu souffres ! » s'écria Mme de Brassannes, qui me jeta les bras autour du cou.

Je laissai mon front brûlant tomber sur sa poitrine comme autrefois; un flot de larmes me soulagea. Elle les laissa s'épancher sans en interrompre le cours, sans me parler, m'embrassant doucement, lentement, et passant les mains sur mes cheveux avec ces tendresses qu'elle me prodiguait lorsqu'elle avait à me consoler quand j'étais petite fille. Elle pleurait aussi, et ses larmes tombaient sur mon front. Vaincue enfin par cette bonté pénétrante qui ne grondait pas :

« Vous avez raison, lui dis-je en me relevant, il faut qu'il parte.... Pardonnez-moi cet instant de faiblesse.... je n'oublierai jamais que j'ai grandi sur vos genoux.

— Surtout n'oublie jamais qu'il y a quelque chose là-haut, » reprit Mme de Brassanes qui leva son doigt vers le ciel.

CI

Vers minuit, en proie à l'insomnie, j'entendis un coup brusque frappé à la porte qui séparait ma chambre de celle de Philippe. Elle s'ouvrit presque au même instant, et il entra, un flambeau à la main. Il avait le visage décomposé.

« Dormiez-vous ? me dit-il.

— Non.

— Tant mieux. »

Il posa la bougie sur un guéridon et se mit à marcher.

« J'ai vu Paul ce soir, me dit-il; il ne part pas.

— Ah !

— Pourquoi ne part-il pas ? Quel motif le retient ici ? Un jour c'est une chose, le lendemain c'en est une autre.... »

Soudain il s'arrêta devant mon lit.

« Si je vous proposais de nous en aller demain en Italie, en Grèce, en Égypte, me suivriez-vous ? reprit-il.

— Sur-le-champ. »

Il tomba à genoux, et, les mains posées sur le drap qui me couvrait :

« Vois-tu, si je te perdais, je me ferais sauter la cervelle ! » s'écria-t-il.

Philippe avait raison. Paul ne partit pas. Je le rencontrai de nouveau, de nouveau il vint me voir. Il n'avait pas besoin de parler pour que je comprisse ce qu'il voulait me dire. Au milieu des conversations les plus vides, un regard m'apprenait tout, et mes yeux ne se détournaient pas des siens. Je cherchais ma force, je ne la trouvais plus. En m'ouvrant à Mme de Brassannes avec la violence d'une eau qui s'échappe d'une source, j'avais dit le mot vrai. J'appartenais au hasard. Je le sentais, j'en frissonnais et je n'en étais pas désolée. Cependant je me roidissais contre cette défaillance, qui m'indignait dans les heures où je reprenais possession de moi-même ; hélas ! ces heures devenaient rares de plus en plus. Pour combattre mon mal, je me jetai avec une sorte de furie dans le tourbillon du monde ; j'appelai le travail, la lecture, la musique à mon aide ; rien ne me soulageait. J'éprouvai cet accablement intérieur que connaissent certaines âmes fatiguées et qui leur fait désirer le repos d'une longue maladie qui les arrache à tout.

Quand je lisais quelqu'un de ces livres fameux où revivent, dans des peintures immortelles, les ivresses et les larmes de ces héros auxquels l'imagination a prêté une vie idéale plus vraie et plus durable que la réalité, le volume me tombait des mains :

« Pourquoi eux? me disais-je, pourquoi pas moi? »

J'avais soif de l'inconnu, une soif malsaine, qui me plongeait dans des rêves dont je ne sortais qu'avec peine pour y retomber bientôt après. Je ne me reconnaissais plus. Ma seule force était de fuir Paul et de créer des obstacles matériels entre nous.

CII

Une inquiétude farouche dévorait Philippe dans le même temps, et il m'aimait davantage de jour en jour. Quand je l'observais, je voyais sur son visage les traces de la fatigue et de l'irritation. Il devenait cassant et dur par intervalles. Il me restait assez de justice au fond de l'âme pour ne pas lui en vouloir; moralement je méritais tous les reproches. Je ne me les épargnais pas. La chose dont je souffrais le plus, c'était d'être descendue dans mon opinion, amoindrie dans ma propre estime. Jusqu'alors j'avais été fière de moi. J'avais marché dans la ligne droite; je me sentais dévier. Je commençais à croire que je pouvais faillir comme d'autres, tomber un jour, et cela jetait une ombre dans le seul asile où je connusse le repos : ma conscience. J'étais mal à l'aise avec moi-même. La force de m'arracher à cet état maladif me manquait. Il fallait une crise pour m'en faire sortir ; elle arriva.

Un soir Philippe m'annonça brusquement que ma voiture était à la porte et que nous allions partir.

« Et où me conduisez-vous ? lui dis-je.

— A Chauny. »

Une chose m'étonne à présent quand j'y songe ; je ne fis aucune objection ; j'éprouvai même un sentiment de satisfaction à la pensée d'une secousse qui me tirerait d'un milieu où je ne voyais pas d'issue. Au bout d'un quart d'heure, la locomotive du chemin de fer nous emportait à toute vitesse. Je me rappelais l'heure déjà lointaine où, une première fois, j'avais suivi cette route, le cœur plein d'angoisse. Je n'étais pas moins troublée à présent. Je pouvais mesurer la profondeur du gouffre. J'avais subi les attractions du vertige. Mes yeux distraits regardaient dans la campagne. Quand je les reportais dans l'intérieur du coupé où nous étions seuls, j'apercevais ceux de Philippe ardemment fixés sur moi comme deux étoiles. Le même tremblement nerveux que j'avais connu m'agitait. Un sourire passionné éclairait son visage.

« Enfin de nouveau vous êtes à moi, de nouveau je vous ai ! » me dit-il.

La même chambre où j'avais passé mes premières heures de mariée m'attendait. Philippe n'avait prévenu personne de notre départ. Dès le lendemain, il écrivit à Mme de Brassannes que j'avais une grande lassitude et un peu de fièvre produite par l'excitation d'une saison que mon imprudence avait eu le tort de prolonger, mais qu'un repos de quelques semaines à la campagne me remettrait. Il prenait ses précautions pour que nous restions seuls au moins un certain temps.

A mon insu, il avait tout préparé pour un long séjour à Chauny. Le mobilier avait été renouvelé en partie ou remis à neuf, les bâtiments réparés ; il n'avait oublié ni les livres ni la musique. Des chevaux et des voitures nous attendaient. Philippe en voulut profiter dès le lendemain. Il avait un besoin extraordinaire de mouvement, mais il exigeait que je ne le quittasse pas. Nous passions des heures en pleine forêt. Après une excursion entreprise au galop sous les longues avenues tapissées d'herbes, je rentrais moins lasse qu'après une journée de rêveuse immobilité dans mon appartement de Paris. Le grand air vif, l'espace, le souffle du vent me rassérénaient.

CIII

Un soir, après une promenade qui nous avait conduits à Pierrefonds, j'aperçus en rentrant au salon un homme qui marcha droit à la rencontre de Philippe et lui saisit la main.

« Eh bien ! comment ça va-t-il à présent ? » lui dit-il.

Philippe ne put réprimer un geste d'effroi :

« Ah ! vous ici, et depuis quand ? » s'écria-t-il.

Je me débarrassai de mon feutre et de mes gants.

« Mme Daubrin, » ajouta Philippe en me désignant du geste.

L'inconnu me salua. C'était un homme qui pouvait avoir cinquante-cinq ans, un peu lourd, corpulent, tout gris, avec une barbe drue et des cheveux taillés en brosse ; je ne l'avais jamais vu. Dans son trouble, Philippe m'avait présentée sans me nommer le personnage qui se trouvait devant moi.

« Le pays vous plaît-il, madame ? reprit celui-ci.

— Beaucoup.

— Moi, j'y reviens après une douzaine d'années. J'ai un peu couru le monde.

— M. Lesbère est grand chasseur, me dit Philippe.

— Grand chasseur et petit médecin ! Ah ! nous nous sommes longtemps vus autrefois.... Eh ! eh ! on ne savait pas à cette époque si vous arriveriez à votre majorité.... Diable d'enfant !

— Ma chère Édile, vous pouvez nous laisser, dit Philippe tout à coup, vous êtes encore en habit de cheval, M. Lesbère vous excusera.

— Oh ! avec moi toute liberté.... je ne l'ai jamais refusée à Philippe. »

Je sortis ; l'air effaré de mon mari m'avait surprise. Qui pouvait être ce M. Lesbère, dont jamais Philippe ni personne ne m'avaient parlé? Pourquoi ce trouble de mon mari en sa présence? Devait-il apporter une complication nouvelle dans mon existence? J'avais pu remarquer, pendant les courts instants que j'avais passés auprès de lui, la vivacité profonde de son regard. Malgré la vulgarité de sa forme extérieure, on ne reconnaissait pas en lui un de ces petits propriétaires comme il y en avait un si grand nombre dans les environs. Une heure après la cloche du dîner m'appela. Je descendis, M. Lesbère n'était plus là.

« Vous ne l'avez donc pas retenu? dis-je à Philippe.

— Il n'a pas voulu rester avec nous.... son temps est pris. D'ailleurs nous n'aurons pas l'occasion de le voir souvent. Il a l'humeur inquiète d'un chat sauvage et ne fait que passer.

— Qu'est-ce donc que ce M. Lesbère, qui paraît vous connaître depuis si longtemps?

— Il vous l'a dit.... un chasseur presque toujours, un médecin quelquefois. »

CIV

Je n'en pus rien tirer de plus. Philippe resta sombre durant tout le dîner. A peine si de rapides monosyllabes s'échappaient de ses lèvres. On aurait dit qu'une idée fixe venait d'être réveillée par la visite du voyageur et qu'il en était absorbé. J'étais accoutumée à ces silences. Je pris un livre.

« Voulez-vous me faire de la musique ? » me dit-il

Je m'assis devant le piano. Une sonate de Mozart se trouva sur le pupitre. J'en attaquai les premières mesures. Cette mélodie profonde et charmante s'empara de moi. J'oubliai tout, jouant pour moi-même. Un soupir me tira de ma rêverie. Philippe était agenouillé près de moi, baisant un pan de ma robe, les yeux humides.

« Vous serez mon amie toujours, n'est-il pas vrai, dit-il ? vous me l'avez promis ? »

Et plus bas :

« Quoi qu'il arrive, n'est-ce pas ? »

Mes mains restèrent immobiles sur le clavier.

« Vous ne répondez pas ? » reprit-il.

Et me regardant d'un air de tristesse profonde :

« Je vous demande de m'aimer toujours un peu, quoi qu'il arrive.

— Il n'arrivera rien jamais; je suis et serai toujours votre amie. »

Que craignait-il? quelle menace entrevoyait-il dans l'avenir? Ma nuit fut lourde et agitée. Au point du jour, Philippe entra dans ma chambre.

« Le temps est superbe, me dit-il; vous ne connaissez pas la tour de Coucy.... Voulez-vous que nous lui rendions visite?

— Comme il vous plaira.

— Alors vite : la voiture est attelée. »

Je ne fus pas longue à m'habiller. Une légère voiture de chasse était en effet attelée dans la cour. Quatre vigoureux chevaux piaffaient et creusaient le sable de leurs sabots, secouant leurs mors chargés d'écume.

« Nous irons comme le vent, dis-je à Philippe, n'est-ce pas un peu vite?

— Vous avez peur?... C'est moi qui conduis. »

Il me fit monter, grimpa lestement sur le siége, prit les rênes et le fouet, tandis que deux domestiques s'asseyaient derrière moi, et les quatre chevaux franchirent la grille en hennissant.

Nous allions en effet comme le vent; c'était un tourbillon qui passait. Philippe était non moins habile cocher que solide écuyer. Cette course folle, qui ne pouvait présenter de danger que s'il était emporté par son attelage, me plaisait; j'en subissais l'ivresse. La campagne que nous traversions était magnifique. De temps à autre, Philippe se retournait vers moi; il avait le visage animé et joyeux.

« Faut-il que je lâche tout ? me dit-il enfin.

— Un peu plus vite, ce serait peut-être trop vite ! »
Il sourit.

« Ah ! reprit-il, il n'y a de bon que l'excès ! »
Il contint cependant les quatre bêtes endiablées
qui broyaient la route. Son poignet semblait de fer.
Les deux domestiques assis derrière moi étaient un
peu pâles. En moins de deux heures nous étions à
Coucy, dont la tour colossale dominait l'horizon.
Il sauta de son siége et m'entraîna vers les ruines du
château.

« Laissons les pierres, me dit-il, et montons là-
haut; vous verrez le paysage. »

On sait que les voûtes de cette formidable tour
sont effrondrées; il n'en reste que des attaches nouées
aux parois intérieures; on arrive à la plate-forme cir-
culaire qui couronne ce grand tube de pierres féo-
dales par un escalier qui tourne dans l'épaisseur des
murailles. En quelques minutes, et pressée par Philippe, j'arrivai au sommet, tout essoufflée. La splendeur de l'espace me saisit. J'avais sous les yeux des
lieues et des lieues de champs et de forêts où fumaient
des villages, où passaient des rivières. Des clochers
piquaient l'horizon. J'occupais le centre d'un grand
cercle de campagnes avec la rondeur bleue du ciel
sur ma tête. J'étais dans l'extase.

Philippe me prit par le bras.

« Marchons, » me dit-il.

Il hâta le pas. Nous marchions sur les larges dalles dont sont revêtues à leur sommet les fortes mu-

railles de la tour, entre deux abîmes. Il n'y prenait pas garde. J'étais toute à la fascination de cet horizon sans limites qui se noyait dans la lumière. Un oiseau de proie planait au-dessus de nous. Philippe était très-animé, il avait les pommettes rouges. En arrivant à la partie de la plate-forme qui fait face à celle par laquelle on entre, il s'arrêta.

« Est-ce beau ? me dit-il.

— Bien beau !

— Le salut est là cependant ! »

Tout en parlant, il s'était avancé jusqu'à l'extrême bord de la muraille ; son regard plongeait droit dans le gouffre. Il gardait mon bras serré contre le sien.

« Si tout à coup je t'enlevais, et sûr de t'avoir à tout jamais, je te précipitais avec moi dans l'espace ? reprit-il.... Plus de tristesses, plus de souffrances ; ce serait la fin ! »

Son haleine en feu passa sur mon visage ; ses bras enlacèrent ma taille. Je le regardai avec effroi. Son pied pressa l'arête tranchante du rempart.

« Veux-tu ? dis. »

Soudain je fis un effort et me dégageant :

« Mais tu es fou !

— Ah ! tu le sais ! on te l'a dit. Eh bien, oui je suis fou, s'écria-t-il d'une voix terrible.... je l'ai été, je le suis.... je le serai toujours ! regarde-moi.... »

Je ne pouvais ni répondre ni remuer ; ses mains s'étaient nouées autour de mes poignets. Sa voix, son visage me faisaient peur. La lumière sinistre venait de se faire. J'avais un fou devant moi, j'appartenais à un fou. Il éclata de rire.

« Je t'avais prévenue.... pourquoi m'as-tu épousé? Il fallait me comprendre! voilà le secret.... Ah! tu ne parles plus.... tu trembles.... Est-ce ma faute? Fou! fou! je suis fou! »

J'étais écrasée. Ses mains plus dures que la pierre serraient toujours mes bras, ses yeux ardents me dévoraient.

« Ai-je tort, dis? reprit-il encore; l'oubli est là dans ce vide qui m'appelle. J'y tombe avec toi! La mort nous prend en l'air.... On ne saura rien.... On dira que c'est un accident.... et je ne te perdrai pas! »

Un cri, un effort pour lui échapper et j'étais morte. Je le regardai bien en face :

« Êtes-vous bien sûr de ne pas me perdre? » lui dis-je.

Je vis l'ombre de l'hésitation passer dans ses yeux; ses doigts s'ouvrirent lentement. Une sorte d'effarement se peignit sur son visage. Je posai hardiment mon pied sur l'arête de la tour.

« Si tu le crois, dis un mot, et la première je disparais.... mais je ne sais pas si, brisée par un suicide tu me retrouveras.... »

Soudain il m'arracha de l'extrême bord de la muraille et me gardant sur sa poitrine :

« Non! non! s'écria-t-il!... Ah! misérable que je suis. Qu'ai-je donc fait? qu'ai-je dit? Toi morte!... toi sur ces rochers, sanglante, en lambeaux!... Toi mon Édile!... »

Un grand tremblement le saisit, et m'entraînant en arrière, il m'assit avec lui sur la plus haute marche de l'escalier. Le furieux faisait place à l'enfant. Je l'observais toujours, tenant sa main.

Il se serra contre moi comme quelqu'un qui a peur.

« Il ne faut pas toujours me croire, ajouta-t-il à demi-voix ; ne me parle pas et ne parle jamais à personne de ce que je t'ai dit.... Ce n'est peut-être pas vrai.... J'ai des heures de fièvre durant lesquelles je ne sais pas ce qui se passe en moi. Ce sont des crises.... tu auras pitié de moi. »

Ses yeux se remplirent de larmes ; la crise en effet était finie. Je passai, tremblante encore, la main sur son front en sueur.

« Repose-toi, lui dis-je, ne pense plus à cela.... ce n'est rien.... D'ailleurs ne suis-je pas là ?

« Oui, tu es là et tu me sauveras ! »

Ses regards se promenèrent dans l'espace. Un frisson le prit et se levant :

« Non, non, ne restons pas là.... ce grand vide m'effraye.... il m'attire.... Viens.... descends. »

Il m'entraîna rapidement dans la spirale de l'escalier dont l'ouverture était sous nos pieds. Quand je fus tout en bas, je regardai la place où mon corps se fût brisé, si, dans le premier élan de son délire, Philippe m'eût précipitée avec lui. Avais-je été bien inspirée en cédant à cette horreur de la mort qui tout à coup avait révolté ma jeunesse ? A présent tout eût été terminé ! Aucune responsabilité n'eût pesé sur moi....

CV.

Le retour se fit plus lentement, Philippe ne conduisait pas. Il s'était assis à côté de moi, pâle, anéanti. Je n'étais pas moins brisée que lui par cette terrible secousse. Ma pensée flottait au hasard. Nous échangions à peine quelques mots. J'éprouvais par intervalles des tressaillements subits. C'était comme des réveils intérieurs qui me faisaient voir l'abîme où j'allais me débattre. Philippe ne remuait pas; il tenait toujours ma main emprisonnée dans la sienne; quand je faisais un mouvement pour la retirer, il la serrait avec plus de force. Je la lui laissai. Il tomba dans une sorte de torpeur. Dans le voisinage de Chauny, la fraîcheur de la soirée le ranima; il semblait avoir oublié tout ce qui s'était passé.

« Le grand air et cette course m'ont fatigué, me dit-il; et vous, n'êtes-vous pas fatiguée aussi ?

— Très-fatiguée. »

Bientôt nous mîmes pied à terre dans la cour du château; il me conduisit tout de suite chez moi.

« Tu ne m'embrasses pas? reprit-il d'une voix timide.

— De grand cœur. »

Restée seule, les portes fermées, toute force

m'abandonna, je tombai à genoux et les mains jointes :

« Dieu bon ! m'écriai-je, je n'ai pas d'enfants ! »

CVI

Le lendemain j'étais plus ferme ; j'avais mesuré toutes les difficultés de ma situation, mais j'avais un grand devoir à remplir, il fallait l'accepter dès la première heure. Une sorte d'apaisement se fit en moi. Il y a une force mystérieuse dans le sentiment du devoir librement accepté ; on en sent presque aussitôt la vertu. Ma résolution était prise, je ne voulais plus quitter Philippe un seul instant. Mais d'abord je désirais savoir précisément à quoi m'en tenir sur son état mental. Je me rappelai soudain les quelques mots que M. Lesbère avait prononcés devant moi. De plus c'était un médecin et il avait connu mon mari dans l'enfance ; il ne pouvait pas avoir quitté les environs. Le régisseur, que je questionnai, m'apprit que M. Lesbère demeurait à peu de distance de Chauny, dans une métairie dont il était propriétaire. Philippe tirait des lapins dans le parc ; j'en profitai pour me rendre immédiatement chez M. Lesbère, que je trouvai en train de rédiger des notes. En m'apercevant il jeta sa plume :

« Est-ce qu'il y a quelque chose? s'écria-t-il.

— Oui, lui dis-je résolûment; mais la crise actuellement est passée, Philippe chasse.

— Tant mieux; rien pour lui de plus salutaire que le grand air et l'exercice.

— Seulement je veux savoir la vérité.

— On ne vous a donc rien dit?

— Rien. »

Il réprima un mouvement d'indignation et haussant les épaules :

« Au fait M. François Daubrin n'est pas homme à parler.... Quand on chasse à l'héritière, encore ne faut-il pas éventer un secret qui pourrait vous exposer à revenir bredouille. Peut-être aussi a-t-il cru que c'était fini!

— Il y a donc longtemps que Philippe est malade?

— Il l'était dès l'enfance, si l'on peut donner le nom de maladie à des irrégularités de conduite qui indiquaient seulement un certain désordre ou, peut-être mieux, un embarras du cerveau. A quatorze ou quinze ans, il étonnait ses camarades par la singularité et la spontanéité de ses caprices. Un jour il eut une crise provoquée par l'exclamation de l'un d'eux qui lui demanda subitement en pleine récréation, s'il était fou.

— Hélas! cette imprudence je l'ai commise hier!

— Alors rien ne m'étonne plus. Sa constitution reçut, à cette époque lointaine, une secousse qui faillit lui être fatale. Une sorte de marasme bien étrange à son âge, le consumait. C'est dans ces cir-

constances que M. Daubrin me le confia. J'emmenai
Philippe à la campagne, où je combattis sa mélancolie noire par la distraction, et son malaise par
l'exercice et un système d'ablutions froides. Il me
fallut bien quatre ou cinq ans pour le remettre sur
ses pieds ; mais le gaillard était solide avec des apparences chétives. Le temps en a fait un garçon
superbe. Instruit de mon succès, M. Daubrin vint
prendre son fils à Chauny. Dans un moment d'effu-
sion, le premier, le seul peut-être qu'il ait jamais
éprouvé, il me récompensa royalement, ce qui me
permit d'entreprendre un voyage dont je caressais
le rêve depuis les bancs de l'école. Peut-être aussi
le fabricant, qui connaissait mon faible, ne fut-il pas
fâché d'éloigner le seul témoin qui fût au courant
des choses. La belle précaution ! Un médecin n'est-
il pas un confesseur ? Si je parle à présent, c'est que
vous êtes Mme Philippe Daubrin et que vous avez le
droit de tout savoir.... J'ai eu quelques soupçons
hier de l'ignorance dans laquelle on vous a tenue en
voyant l'embarras de Philippe et l'empressement
qu'il a mis à vous renvoyer.

— En l'état pensez-vous qu'une guérison soit possible ? »

M. Lesbère secoua la tête.

« Le mal ici n'est pas le résultat d'un accident,
reprit-il ; il n'en faut pas chercher la cause dans une
secousse morale, un vif chagrin, une ambition déçue,
pas plus que dans une habitude vicieuse, l'abus des
liqueurs fortes, par exemple....

— En effet, il ne boit jamais.

— Non, la source du mal est plus **loin, ce qui le** rend sans remède; il est héréditaire.

— Comment, M. Daubrin?... .

— Oh! le fabricant a la tête robuste et saine. Il est tout en fer cet homme, cœur et membres. Mais il y a les ascendants, auxquels vous n'avez point pensé. Pour ne pas marcher en aveugle, j'ai dû me renseigner. On a tergiversé d'abord, puis enfin j'ai appris qu'il y avait eu dans la famille, du côté maternel, une personne atteinte de folie. L'aliénation mentale est un des plus redoutables mystères de l'organisme; elle saute parfois par-dessus une génération, et quand on la croit éteinte, tout à coup elle reparaît : c'est le cas de Philippe.

— Donc, rien à faire?

— Oh si! Les distractions d'abord, et tous les exercices du corps; ensuite rester auprès de lui et le tenir en garde contre les émotions. Il a le goût de la solitude, vous devez en combattre les retours, et céder sur tout le reste. »

M. Lesbère me regarda.

« Pardonnez-moi l'indiscrétion de ma demande. Philippe vous aime beaucoup, n'est-ce pas?

— Oui, je le crois.

— Hum! cela peut servir, mais cela peut nuire! Vous acquerrez ainsi une somme d'influence plus grande sur lui, et vous l'exercerez à son profit; mais si la jalousie le prend.... les ravages peuvent être rapides. »

Je me souvins de Paul. Mon cœur se serra. Le docteur Lesbère me prit la main.

« Ma chère madame, la tâche est lourde et dure; à votre âge, un compagnon tel que Philippe, c'est une croix qui peut faire fléchir bien des épaules.... Croyez-vous en Dieu?

— De toute mon âme.

— C'est quelque chose. Depuis que nous causons, je vous ai attentivement regardée. Le fils de M. François Daubrin est bien heureux d'avoir rencontré une femme qui vous ressemble.... A votre place, j'en sais quelques-unes qui seraient bientôt veuves....

— Oh!...

— Ce n'est qu'une réflexion philosophique. Avec vous Philippe partira peut-être le dernier. »

CVII

Je n'avais plus rien à apprendre. Chose étrange, je rentrai à Chauny plus calme que j'en étais sortie. Je connaissais le mal dont j'avais à souffrir, j'en pouvais mesurer l'étendue; je savais ce que j'avais à combattre. Je m'expliquai alors le sentiment indéfinissable qui me tenait éloignée de Philippe; mais, en me l'expliquant, j'éprouvais une immense pitié pour l'être malheureux qui en souffrait. Une réaction salutaire se fit en moi. Le trahir en de telles circonstances me parut une lâcheté; lui dérober quelque chose de moi, quand il avait besoin de toute mon aide, me parut un crime. Mariée à un homme sain d'esprit qui ne m'eût pas aimée et qui m'eût maltraitée, je pouvais déchoir dans la lutte; j'avais à faire à un maître, à un homme, à une créature virile dont l'intelligence était à la hauteur de la mienne; mais tomber quand je n'avais à mon côté qu'un être chétif, qui, dans son abandon, se confiait à moi, c'était une bassesse et une honte. Je n'en étais pas capable. J'arrêtai ma pensée sur Paul avec une sorte de sérénité douloureuse. Il n'était plus dangereux pour moi. Je résolus de tout lui dire, et s'il ne me comprenait pas, j'aurais rougi de l'avoir aimé.

A mon retour de chez M. Lesbère, je trouvai Philippe qui m'attendait, un peu inquiet de ma longue absence. Il vint au-devant de moi.

« Vous n'avez pas été malade? me dit-il.

— Non. La matinée était ravissante, vous chassiez, j'ai fait un tour de promenade; il m'a conduite plus loin que je ne pensais.... Mais la marche n'a pas été sans profit, puisque j'en rapporte un formidable appétit.

— Tant mieux. Vous ne vous êtes pas ressentie de la journée d'hier? »

Son regard anxieux m'interrogeait mieux que ses paroles.

« Non, répliquai-je tranquillement. Il n'y a que

mes genoux qui s'en souviennent.... La tour de
Coucy est un peu haute pour des jambes de Parisienne.... »

Mon air de gaieté le rassura. Sa figure s'éclaircit.

« Moi, j'ai eu un peu mal à la tête.

— Oh! le soleil était si chaud!

— C'est cela ! » reprit-il avec une vivacité joyeuse.

Il se mit à table en fredonnant. Dans la journée,
j'écrivis un mot à Clotilde.

« Je sais tout; viens. »

Le jour suivant, elle accourut; et, me sautant au
cou :

« C'était donc vrai? » me dit-elle.

Je lui racontai ce qui s'était passé au sommet de
la tour de Coucy et le résultat de ma visite chez
M. Lesbère. A mon tour, je lui demandai comment
elle avait découvert un secret si bien gardé.

« C'est fort simple, me dit-elle. Avant d'entrer
chez M. de Brassannes, où vous deviez m'être con-
fiées, Jenny et toi, j'avais quelque temps habité un
château tout près de Versailles. Il y avait aux environs une maison de campagne, avec un assez beau
jardin, dans lequel se promenait souvent une pauvre vieille qui me faisait de grands saluts quand je
passais. Elle restait des heures entières assise à la
même place, au soleil, et d'autres fois tournait autour du jardin aussi vite que ses jambes le lui permettaient. Un domestique la surveillait. En diverses
circonstances, il m'arriva, lorsque le hasard m'amenait auprès de cette maison, d'entendre des gémisse-

ments et des cris qui partaient de l'intérieur. J'en demandai l'explication. « C'est la pauvre folle qui a sa crise, » me répondit-on. Elle était connue dans le pays sous le nom de Mme Bergerel. Elle avait l'air doux et bon; elle mourut au bout d'un an. Le propriétaire du château où j'étais en résidence, un riche marchand de toiles, eut envie de la maison pour arrondir son parc. Il l'acheta, et dans l'acte de vente, qu'une circonstance fortuite fit passer sous mes yeux, je trouvai le nom de M. François Daubrin, agissant au nom de son fils mineur, Philippe Daubrin, issu de son mariage avec feu Mme Daubrin, née Bergerel. Ainsi j'avais eu pour voisine la grand'mère de Philippe. Tout cela ne laissa pas un souvenir bien profond dans mon esprit. Il ne se réveilla qu'au moment où j'aperçus M. François Daubrin chez M. de Brassannes. Plus tard, j'appris que tu allais épouser Philippe. J'éprouvai je ne sais quelle inquiétude, et j'interrogeai un vieux médecin que j'avais occasion de voir souvent chez les Pellegrin. Il me parla de l'hérédité de cette cruelle maladie, comme l'a fait M. Lesbère. Tu sais le reste. Pourquoi n'ai-je pas tout dit !...

— Ne regrette rien.... Cette révélation ne m'eût pas arrêtée.... En acceptant Philippe, c'était mon frère que je mariais plus que moi....

— Que vas-tu faire à présent?

— Me dévouer à Philippe tout entière. C'est à présent véritablement que j'ai charge d'âme. La solitude, même la solitude à deux vers laquelle il incline, lui est funeste, il s'y absorbe dans des idées noires. Tu vas m'aider à remplir Chauny, où Félix te permettra d'abord de t'installer un mois.

— Il y consentira volontiers, à la condition de venir tous les jours. Il est naturellement gai et nous sera d'un bon secours. »

Nos arrangements furent bientôt pris. J'expliquai à Philippe que j'avais trop assidûment vécu dans le monde pour avoir le courage d'y renoncer d'un seul coup, et lui demandai la permission d'appeler autour de nous quelques-unes de nos connaissances les plus intimes.

« Si cela vous plaît, faites, » me dit-il.

Au bout de la semaine, il y eut vingt personnes à Chauny. J'avais fait un pavillon de la métairie. Je ne voulais pas laisser la moindre chambre vide. En même temps je peuplai les écuries et les remises. On dansa dans le grand salon. M. François Daubrin haussa les épaules en apprenant ce qu'il appelait un torrent de prodigalités.

« Ils se ruinent, » dit-il.

Puis, d'un air de philosophie :

« Cela les regarde. »

Cependant quelquefois, et d'un grand appétit, il consentit à nous venir voir et à manger sa part de nos gâteaux et de nos menus.

CVIII

Tandis que je préparai ma nouvelle installation à Chauny, je profitai d'une course à Paris pour appeler Paul auprès de moi. Il y avait déjà quelque temps qu'il ne m'avait vue. J'allai au-devant de lui, la main tendue.

« Paul, mon ami, j'ai besoin de vous, lui dis-je.

— Est-ce que je ne vous appartiens pas tout entier?

— Je vous ai aimé à ce point que j'ai pu rêver quelquefois de disparaître avec vous. Dieu m'a punie. Vous ne penserez plus à moi que comme une sœur. Celle-là vous aimera jusqu'à son dernier souffle.

— Que se passe-t-il donc?

— Venez demain à Chauny. Vous le saurez. Peut-être devrez-vous faire vos adieux à M. de Brassannes. »

Il me regarda comme pour m'interroger.

« Venez d'abord, » continuai-je.

Le lendemain il arriva de bonne heure. Je l'attendais.

« Ce matin, lui dis-je, j'ai brûlé tout ce qui me restait de vous; c'était un trésor à tenir dans le creux de la main. Ce soir peut-être ma main serrera la vôtre pour la dernière fois.

— Mais pourquoi cet exil auquel vous me condamnez? Qu'ai-je fait? Quel est mon crime? »

Un grand bruit s'éleva soudain d'une cour sur laquelle donnait le balcon de la petite pièce où j'avais reçu Paul. Des chiens aboyaient; on criait. J'écartai le rideau et appelant Paul auprès de moi :

« Que voyez-vous là?

— M. Philippe Daubrin; il rit, il joue avec un grand épagneul qui gambade autour de lui; des jeunes gens l'entourent, Félix de Mézin, Louis Morisson.... Ils partent pour la chasse.... Jamais Philippe ne m'a paru plus gai.

— Eh bien! cet homme est fou.

— Philippe?

— Oui Philippe, mon mari. A présent comprenez-vous pourquoi je vous donne ma main en vous disant : Oubliez-moi!... Je me dois toute à lui, et vous ne chercherez pas à m'ébranler dans ma résolution. J'ai foi en vous; me suis-je trompée en vous croyant un cœur au niveau de tous les sacrifices? »

Les yeux de Paul cherchèrent Philippe; ils l'aperçurent qui franchissait un fossé d'un seul élan, et s'arrêtait sur la lisière d'un bois, tournant vers le château son front pâle, comme s'il eût cherché quelqu'un. Paul reporta ses regards vers moi, et d'une voix qui me pénétra jusqu'au fond de l'âme :

« Amen! » me dit-il.

Ce mot, dont je connaissais la douloureuse signification, me toucha jusqu'au fond de l'âme; je pris la tête de Paul entre mes mains et l'embrassai sur le front avec un élan dont je ne fus pas maîtresse.

« A présent je suis sûre de moi comme de vous! m'écriai-je. Bien des souffrances me déchireront, il y aura bien des larmes dans notre vie, mais nous serons deux à pleurer et à souffrir. Le lien sacré d'une douleur commune nous unira, et si le cœur de l'un de nous crie et saigne dans son isolement, il saura du moins qu'un autre cœur tout plein de son souvenir n'est pas moins triste et sanglant! »

A l'heure du déjeuner les chasseurs revinrent, apportant ce rude appétit que la jeunesse trouve au fond des bois. A la vue de Paul, dont je ne lui avais pas annoncé la visite, Philippe devint blême.

« Ah! M. Paul de Brassannes à Chauny! dit-il.

— Et il y vient, mon ami, pour vous faire ses adieux. Paul quitte Paris demain. »

Une joie subite se répandit sur le visage de Philippe.

« Et j'ai voulu passer ma dernière journée au milieu des personnes que j'ai le plus aimées, ajouta Paul.

— Vous avez bien fait! s'écria Philippe; quand vous reviendrez, n'oubliez pas que la maison vous sera toujours ouverte. »

CIX

La journée fut triste et douce, heureuse et cruelle. Elle a laissé dans Chauny une trace lumineuse qui semble l'éclairer encore après de si longs jours. Le soir vint, une voiture s'avança au pied du perron sur lequel Philippe autrefois m'avait portée ; Paul le descendit,

« Au revoir ! » me dit-il.

Il mit sa main brûlante dans la mienne. Le même mot tomba de nos lèvres désolées. Un moment après, j'entendais le roulement sourd d'une voiture sur l'herbe de l'avenue, et j'apercevais le rayonnement de deux lanternes qu'une course rapide entraînait dans la nuit.

« C'est un aimable garçon ; j'espère qu'il fera fortune, » dit Philippe.

« Prends garde, tu vas tomber, » me dit tout bas Clotilde, qui me vit chanceler.

Je pris son bras et je rentrai. Mes pieds avaient la pesanteur du marbre.

CX

Je prolongeai mon séjour à Chauny jusqu'à l'hiver. La plupart de nos amis nous avaient quittés ; je m'arrangeai cependant pour qu'il en restât toujours un certain nombre avec nous. Mais déjà la partie la plus lourde de ma tâche avait commencé; il s'agissait de dissimuler à tout le monde l'état mental de Philippe, de lui faire de ma présence un paravent derrière lequel il pût s'abriter. Il ne m'y aidait pas toujours. La saison n'était pas finie, qu'on commençait à chuchoter autour de nous. Des regards étonnés s'arrêtaient sur lui. La mobilité de ses opinions, leurs cassures brusques et vives, si je puis m'exprimer ainsi, frappaient de plus en plus les personnes avec lesquelles il était en relations journalières. On lui entendait soutenir à midi le contraire de ce qu'il avait approuvé le matin. Il passait par soubresaut de l'apathie à la violence, et, l'accès fini, il retombait dans une indifférence morne avec la même rapidité. Presque aucune suite dans les idées, aucune fixité dans les résolutions. Une chose unique, non pas une habitude, un goût ou une volonté, mais un sentiment, ne changeait pas en lui. Il m'aimait chaque jour avec une intensité plus marquée : je n'osais presque plus le laisser agir seul, ni même causer. Il donnait des ordres et les retirait sans motif, sans prétexte. A toute heure, j'étais obligée d'intervenir ; mais j'avais beau redoubler d'attention, le secret terrible m'échappait, comme s'évapore une odeur subtile d'un flacon vainement fermé.

Je tremblais surtout que le mot qui avait éclaté comme un coup de foudre au sommet de la tour de Coucy, et avait déterminé la crise dont je subissais les conséquences terribles, ne retentît de nouveau à son oreille. J'en savais l'influence redoutable ; quand la conversation s'animait tout à coup, lorsque surtout il y prenait une part active, la véhémence de son débit, le tour paradoxal de son argumentation, les secousses qu'il imprimait à ses raisonnements, dont le fil se brisait en angles aigus, comme le vol tourmenté d'un insecte, tout me faisait craindre que le mot fatal ne partît à toute seconde. Je le voyais en quelque sorte voltiger sur les lèvres des interlocuteurs. Leurs regards m'interrogeaient. Quelquefois j'interrompais net ces discussions, en usant de mes prérogatives de femme qui a toujours une migraine ou un caprice à sa disposition. Quand je ne réussissais pas, j'acceptais bravement la situation et je me rangeais du côté de Philippe qui, charmé de m'avoir amenée à son opinion, me cédait la parole. Un crochet faisait alors dévier l'attention sur un autre sujet.

Un jour, j'arrivai au moment où l'éclat impétueux des voix me faisait comprendre que l'entretien avait pris un tour aigu. Philippe gesticulait en face d'un jeune homme qu'un voisin de campagne nous avait présenté la veille, et, lancé par la contradiction dans une thèse dont le sens m'échappait, il entrait de plein vol dans l'absurde.

« Mais c'est de la folie ! » s'écria tout à coup son adversaire.

Philippe devint tout rouge, puis tout blanc. Je n'hésitai pas et lui pressant la main, vivement à son oreille :

« Tais-toi ! ne vois-tu pas que le malheureux ne sait ce qu'il dit ? »

Ses traits se détendirent, et d'un accent que déjà la pitié rendait plus doux :

« Pauvre garçon ! » murmura-t-il.

Je n'avais pas cessé de regarder en face son interlocuteur. Étonné, il s'écarta sans répondre.

Dans la soirée, restée seule au fond d'une pièce où je me réfugiais souvent, je vis M. de Brassannes s'approcher de moi. Son visage portait la marque du désespoir le plus profond.

« Me pardonneras-tu jamais ? » me dit-il.

Je n'avais plus rien à lui cacher, je me jetai dans ses bras sans retenir mes larmes.

« Et je t'ai donnée à lui !... et c'est moi qui l'ai voulu !... reprit-il.

— Non pas vous.... le hasard ! »

Je n'osais pas lui dire que le hasard s'appelait Édouard Pujol et que c'était mon frère.

CXI

Ce fut dans ces tristes conditions, et sur le conseil de M. Lesbère, que je rentrai à Paris, où mon existence reprit son train accoutumé. Je multipliai les distractions autour de Philippe, elles avaient de moins en moins de prise sur lui. Il arriva bientôt à les fuir toutes. Avait-il conscience vaguement de l'état dans lequel il se trouvait ou souffrait-il intérieurement de douleurs confuses sur lesquelles il n'osait s'expliquer ? Moi-même je redoutais de l'interroger. Il s'irritait de me voir en toilette de bal ; il s'irritait encore plus quand il me voyait valser. Je me rappelais ce que M. Lesbère m'avait dit au sujet de la jalousie ; je renonçai d'abord à la danse, puis au monde. J'avais pour dernière distraction l'amitié de Clotilde et de Jenny. Quand elles me surprenaient le matin, le visage décomposé, les yeux pleins de fièvre, nerveuse, inquiète, impatiente, traînant Philippe sur mes talons, elles m'embrassaient silencieusement.

Vers cette époque, l'idée de Philippe, je devrais dire sa fantaisie, se tourna du côté de la science ; il s'entoura de livres de chimie et fit construire dans une salle dont il avait l'usage particulier un fourneau auprès duquel il multiplia les cornues et les alambics. Mais la chimie, étudiée par cet esprit mobile, devait totalement dévier de son but ; il s'engoua de cette science qui avait été la passion du moyen âge et poursuivit le grand œuvre. A dater de ce moment il fit deux parts de sa vie : l'alchimie et moi. Il allait de ma chambre à son laboratoire et de son laboratoire à ma chambre ; hors de là rien.

Une après-midi, au retour d'une visite, je surpris dans la cour un grand remue-ménage d'objets de toutes sortes qu'on chargeait sur des voitures. Debout, au milieu des domestiques, Philippe donnait des ordres d'un air animé.

« Qu'est-ce donc ? lui dis-je.

— Nous déménageons, s'écria-t-il ; nous retournons à Chauny. J'ai tout préparé.... nous y resterons. J'y pourrai travailler plus tranquillement. »

Je le connaissais assez pour savoir qu'il était dans un de ces moments où toute discussion est inutile. J'empaquetai à la hâte quelques robes, et le soir même je couchai à Chauny. A six heures, je fus réveillée par un grand bruit de pioches et de marteaux. C'était Philippe qui, à la tête d'une escouade d'ouvriers, installait son appareil d'alchimiste dans une pièce du rez-de-chaussée. Je fis prévenir M. Lesbère. Il regarda Philippe qui se démenait parmi ses instruments et ses fioles.

« Il faut céder, » me dit-il.

CXII

M. et Mme de Brassannes me rejoignirent au bout de la semaine et s'installèrent résolûment à Chauny. Philippe eut quelque peine à s'accoutumer à leur présence ; elle troublait sa solitude, et c'était le plus impérieux de ses besoins. Mais ils savaient unir, l'un et l'autre, une si constante douceur à tant de fermeté, ils faisaient si peu de bruit et tenaient si peu de place, qu'il s'habitua à n'y plus penser. Je crois vraiment qu'il ne les voyait pas ; tout autre visage que le mien lui communiquait des impatiences auxquelles il n'échappait ordinairement que par la fuite. Seul M. Lesbère se faisait admettre et tolérer par l'ascendant d'une autorité devant laquelle les souvenirs indestructibles du passé le forçaient à plier. Dès ce moment Philippe s'enferma dans un cercle d'occupation dont il ne se départit plus. Ses heures appartenaient à l'alchimie et à la chasse ; il manipulait ses cornues ou il fusillait des lapins. Il avait presque entièrement abandonné l'exercice du cheval ; il ne consentait à s'y livrer qu'avec moi. Absorbé dans quelques méditations vagues, il s'enfonçait dans de longs silences, marchant avec lenteur le long d'une terrasse qui régnait sur la façade du château. C'étaient mes heures les meilleures. Parfois aussi, le soir surtout, il s'asseyait devant moi, les jambes croisées l'une sur l'autre, balançant le pied par un mouvement automatique, les mains sur les bras de son fauteuil, m'épiant du regard, impassible et froid, tournant la tête si je remuais et me suivant des yeux. Ce regard m'étouffait. J'en sentais la pesanteur ; il me clouait à ma place, me donnait le vertige. Bientôt un manteau de glace m'enveloppait, j'éprouvais une sensation indéfinissable qui me faisait croire que tout le sang de mes veines s'épanchait. Cette sensation, dont rien ne peut rendre la fatigue, me rappelait confusément ces histoires de chevalerie où des princesses sont prises par les fils mystérieux d'une incantation qui trace autour d'elle le réseau d'une toile invisible. Je n'en brisais la trame que par un effort violent de ma volonté. Réveillée enfin de mon engourdissement :

« Philippe ! » m'écriais-je.

Il tressaillait ; et, comme réveillé lui-même en sursaut, il se redressait et se mettait à parler, mêlant les formules de ses combinaisons chimiques au récit de ses exploits de chasse. Peu d'instants après, il se taisait, recommençait à me regarder d'un œil fixe ; les battements de mon cœur s'alourdissaient, et le charme, un moment rompu, reprenait son empire.

CXIII

Chauny était alors comme un tombeau. Je n'y
trouvais de lumière que lorsque m'arrivait une lettre de Paul. Je la reconnaissais à l'écriture, je la reconnaissais surtout à l'empreinte gravée sur le cachet de cire noire. Du fond de ces montagnes où il
creusait la terre, cherchant le cuivre et le plomb, il ne
m'oubliait pas. Ce qu'il y avait de meilleur et de plus
pur en lui venait à moi. La lettre reçue, pendant huit
jours j'étais reposée, presque heureuse. Je la portais
avec moi sans cesse, je la relisais et je ne m'en sépa-
rais que lorsqu'une autre l'avait remplacée. . . .

CXIV

J'en étais restée là de mes souvenirs, lorsqu'un
matin le désir m'a pris d'en rouvrir les pages écrites
dans des heures qui ont connu tour à tour l'espérance
et l'abattement. Je ne sais plus quelle fatigue ou
quel accident m'en avait fait interrompre le cours.

Pourquoi n'en reprendrai-je pas le récit? Si ce n'est pas un plaisir, c'est une occupation. Elle remplira quelques-uns des instants dont la monotonie et la durée m'écrasent. J'entends au loin des coups de fusil qui m'apprennent que Philippe chasse. M. de Brassannes se promène sur la lisière des bois dépouillés, aux pâles rayons d'un soleil de novembre, avec M. Lesbère, qui gesticule et frappe la terre durcie d'un pied vigoureux. Sa main montre le bois et le château tour à tour. Je devine ce qui les occupe tous deux. Mme de Brassannes vient d'entrer; elle m'a embrassée avec ce bon sourire qu'elle a toujours et qui réchauffe le cœur. Elle a touché du bout du doigt les feuilles répandues autour de moi, m'interrogeant du regard.

« C'est le roman de ma vie, » ai-je répondu en souriant.

Un soupir a gonflé sa poitrine et posant sa main douce sur mes cheveux :

« Nous aurons notre curé à dîner, m'a-t-elle dit ; Philippe se fait une fête de jouer aux échecs avec lui. Ne te dérange pas.... Je m'occuperai de tout. »

Elle est partie, laissant derrière elle un parfum de tendresse et de courage. C'est bon de se sentir aimée; c'est bon surtout de sentir qu'on n'a rien fait pour ne plus l'être. Deux cœurs sont à moi pleinement, entièrement, et je ne parle ni de Philippe, ni de Jenny, ni de M. de Brassannes. Si je me plaignais, ne serais-je pas ingrate ? Mais le meilleur de la vie, ce bonheur qui donne la fièvre, comme il a fui !

J'ai eu ces jours-ci la visite de Mme Denèvre. Elle venait m'annoncer que sa fille partait pour le Midi, où M. François Daubrin envoie M. Noël Varaine pour surveiller la liquidation d'un établissement industriel dans lequel il a des intérêts engagés. Que me fait ce départ ? J'ai compris tout de suite que le motif de sa visite n'était pas là. Et puis cet empressement avait un vernis de politesse affectueuse dont je redoutais le miel. Mme Denèvre, fidèle à sa coutume, m'apportait un sachet brodé des mains de Mélanie. Je l'ai remerciée de mon mieux.

« A propos, m'a-t-elle dit, vous savez la grande nouvelle ?

— Non.

— Comment ! Mme de Brassannes ne vous a rien appris ?

— Rien.

— C'est alors une surprise qu'elle et son mari veulent vous ménager. Moi, j'aurai moins de discrétion. Sachez donc qu'un de vos meilleurs amis se marie. Vous ne devinez pas ? »

Elle est décidément experte en méchancetés, cette Mme Denèvre. Elle sait où porter les coups, et l'arme dans la plaie, elle la retourne. Peut-être ne pardonne-t-elle pas encore à la création le long célibat où sa fille a été retenue. J'avais trop bien deviné ; les battements de mon cœur me faisaient mal.

« Expliquez-vous, lui dis-je avec effort.

— Vous n'avez pas des amis par douzaines cependant ! Comment ! vous ne comprenez pas ? Un jeune homme charmant, qui est en Espagne, où on l'a mis à la tête d'une exploitation de mines.... Y êtes-vous ?

— Est-ce de M. Paul de Brassannes qu'il s'agit?

— Enfin! ah! il faut mettre les points sur les *i* avec vous. Oui, M. Paul de Brassannes.... C'est tout un roman!... Une héritière qu'il a rencontrée chez le capitaine général de l'Andalousie, la fille d'un grand d'Espagne qu'il a tirée de je ne sais quel péril. On ne parle que de ça partout. Elle s'est éprise de lui.... On raconte qu'un des titres de sa fiancée, qui en a par douzaines, passera sur sa tête, car ils sont fiancés.... Paul sera comte ou marquis.... Nous le reverrons à Paris certainement.... On ne reste pas ingénieur quand on épouse un galion qui a les plus beaux yeux du monde.... C'est bien singulier qu'il ne vous ait pas écrit.... Figurez-vous, à ce propos, que je m'étais imaginée qu'il était éperdument amoureux de vous.... Je vois bien à présent que tout cela n'était que folies.... »

Ces mots tombaient sur mon cœur comme des gouttes de plomb. Elles le perçaient et le brûlaient. Mme Denèvre souriait. J'eus la force de ne pas éclater.

« Cela vous rend heureuse, n'est-ce pas, de savoir qu'il n'aura plus besoin de rester en exil? reprit-elle. Si quelqu'un méritait la fortune, c'est bien ce cher M. Paul de Brassannes.... Je le taquinais souvent autrefois, mais j'avais beaucoup de sympathie pour lui. »

Elle s'est levée là-dessus. La joie petillait dans ses yeux.

« Au revoir, a-t-elle ajouté ; je vous enverrai des nouvelles de ma fille…. Si vous écrivez à M. Paul de Brassannes, n'oubliez pas de lui faire toutes mes amitiés. »

CXV

Quand je n'ai plus vu Mme Denèvre, la force factice qui me soutenait m'a abandonnée. Je suis restée anéantie à la même place où elle m'a laissée. Qu'ai-je à perdre à présent ? Le dernier lien qui m'attachait à la vie est brisé. Je n'espérais rien cependant, je n'attendais rien ; mais c'était quelque chose de savoir qu'on a un cœur à soi, un cœur où l'on règne sans partage. Cela même à présent m'échappe. J'ai beau me répéter que Paul ne me doit rien, qu'il est libre, que son avenir est bien solitaire, qu'une chaîne plus forte que le devoir même me rive à un autre. Rien n'y fait. Mon désespoir l'emporte. Il me semble que notre mutuel malheur, ces larmes qui nous ont unis, me donnaient les droits les plus mystérieux, mais peut-être aussi les plus sacrés. Cette pensée qu'il se marie et que je le perds me torture. Était-il moins perdu pour moi cependant au fond de ce pays lointain d'où jamais je ne l'aurais rappelé ?... Mais pourquoi

ne le rappellerai-je pas, s'il en est temps encore?
Un flot de jeunesse et de passion me ravit à moi-
même. Je saute sur une plume, je vais évoquer les
souvenirs qui nous lient, lui écrire de revenir....
Mais, dès les premiers mots, je la rejette, et je tombe
épuisée sur un fauteuil, où mon visage se couvre de
pleurs.

CXVI

C'est dans cet état que Philippe m'a surprise. Il
s'est approché de moi timidement, effaré, les yeux
profondément tristes.

« Si je vous aimais sincèrement, m'a-t-il dit, je me
couperais la gorge!... »

Et s'agenouillant auprès de moi :

« Qui sait! a-t-il ajouté, un jour peut-être j'en aurai le courage! »

Le frisson m'a saisie. J'ai eu horreur de ma
lâcheté. Réduire à un tel désespoir un malheureux
être qui n'a que moi, plier sa pensée vers le suicide ;
après avoir accepté ma tâche, ne pas savoir l'accom-
plir! J'ai appuyé mes deux mains sur ses épaules :

« Philippe, lui ai-je dit, pardonne-moi, je suis un
peu malade.... il faut appeler M. Lesbère.... »

Cette hypocrisie m'a réussi; il a cru que j'avais
besoin de son aide, qu'il pouvait m'être utile, que

'être souffrant, c'était moi. Il s'est suspendu à la sonnette. Mme de Brassannes est arrivée. J'ai posé ma bouche à son oreille pour lui dire de n'avoir pas peur. M. Lesbère est entré à son tour. Il m'a trouvé un peu de fièvre. Je le crois bien !

« Cela me tourmente depuis quelques jours, je ne voulais pas vous en parler, » ai-je poursuivi.

Philippe s'est fâché. Il ne pense plus que c'est le chagrin qui me rend malade. Pour lui ma fièvre est un accident; elle l'arrache à sa propre pensée. Seulement il veut que je me soigne, et de force me fait mettre au lit. Le voilà pris par une préoccupation qui lui est salutaire.

« C'est bien, m'a dit M. Lesbère, vous l'enlevez à lui-même.... C'est ce qu'il faut.... Seulement n'abusez pas du moyen; vous en seriez punie, et lui, après vous, en souffrirait. »

Il m'a serré la main. Sous la rude écorce de ce médecin campagnard et chasseur, il y a un cœur solide.

CXVII

Dans la soirée, on m'a remis une lettre qui portait le timbre de Séville et le cachet de cire noire, avec la même empreinte. Tout mon sang n'a fait qu'un tour. Paul ne s'en servirait plus si l'on m'avait dit vrai! Je l'ai ouverte en tremblant. Un voile de pourpre m'est monté au visage dès les premières lignes.

« .... Une sotte histoire dont je suis le modeste héros est peut-être venue jusqu'à vous, je ne vous en aurais certainement pas parlé si les journaux de Madrid et, après eux, les feuilletons de Paris, ne s'en étaient occupés. On a prétendu que je me mariais avec une personne à laquelle le hasard m'a permis de rendre service.... Vous n'en avez rien cru, n'est-ce pas? »

Du premier coup, je n'ai pas pu aller plus loin. J'ai serré la lettre sur ma poitrine, entre mes deux mains. Je n'y voyais plus. Quelle horrible femme que cette Mme Denèvre! Plus tard j'ai repris ma chère lecture, lisant d'abord les quatre pages d'un seul trait, puis les épelant mot à mot Paul était devant moi : je croyais le voir et l'entendre; comment se fait-il que le bonheur nous jette dans de telles agitations? Toute la nuit, j'ai eu des rêves et des visions.

CXVIII

Voilà trois semaines que j'ai laissé dormir mon journal. Il paraît que j'ai été entre la vie et la mort. Je n'ai qu'une notion confuse de ce qui s'est passé. Je me rappelle seulement qu'un matin j'ai eu le délire. Mme de Brassannes, qui était auprès de moi, a fait appeler M. Lesbère. Ses doigts sur mon pouls il a secoué la tête d'un air mécontent.

« C'est une fièvre chaude, » a-t-il dit.

Dans la soirée, il n'a pas dissimulé que je pouvais être emportée en une heure; le délire continuait toujours avec des alternatives de prostration. Il a employé les réactifs les plus violents, sans que j'en eusse conscience. Enfin un jour j'ai vaguement reconnu les personnes qui étaient autour de moi : Mme de Brassannes, à mon chevet; Clotilde, aux pieds du lit, toute pâle; Jenny, les yeux rouges, entre elles deux; devant la cheminée, M. de Brassannes, les bras croisés, décomposé; M. Lesbère, la main sur ma main; Philippe, dans un coin, hâve, tremblant, livide, le regard fixe. J'ai cherché à comprendre.

« Pourquoi vous tous, qu'y a-t-il donc? ai-je dit.

— Bon ! c'est fini; mais il ne faut pas vous fatiguer, » m'a répondu M. Lesbère.

Clotilde en souriant a posé un doigt sur ses lèvres.

« Ne parle pas, » m'a dit Jenny.

En ce moment, j'ai senti sur mon cou une goutte d'eau glacée. J'ai porté les mains à ma tête, où j'éprouvais une sensation de froid.

« Oui.... oui, vous avez de la glace sur le front, a repris M. Lesbère.... et voilà quelques jours que cela dure. »

Le lendemain j'ai pu causer un peu. Clotilde m'a embrassée tendrement.

« Ne nous fais plus de peurs pareilles, m'a-t-elle dit ; on n'en a pas le droit quand on est aimée comme tu l'es.

— Il est certain, chère madame, que vous revenez de loin, a reprit M. Lesbère.... ce sont de ces voyages qu'il ne faudrait pas recommencer souvent. »

Philippe avait des tressaillements nerveux dans le visage en nous écoutant. Sans cesse il interrogeait M. Lesbère ou M. de Brassannes pour être bien sûr qu'il n'y avait plus aucun danger. Un instant nous sommes restés seuls. Il s'est jeté sur mes mains, et à genoux, avec des sanglots dans la voix :

« Mais vis donc ! s'est-il écrié, que veux-tu que je devienne si tu meurs ? »

Rien ne touche plus que cette pensée qu'on est indispensable. Le désespoir de Philippe m'attendrit. Peut-être eût-il traversé la vie tranquillement s'il ne m'avait pas rencontrée ; mais il m'a aimée comme un insensé, et son intelligence n'était pas de force à supporter le poids d'un tel amour. Les émotions, la crainte, la jalousie, c'était trop pour lui. Et puis je lui sais gré de cet effort qu'il a fait pour me sauver de lui autrefois. Il l'a fait sincèrement. L'esprit vacillait ; le cœur, non. J'ai pour lui des mouvements d'une tendresse maternelle. La pitié remplace l'effroi. J'ai posé mes lèvres sur son front.

« Sois tranquille, mon pauvre Philippe, lui ai-je dit, je ne mourrai pas. »

CXIX

J'ai retrouvé mes forces premières. Rien ne trouble plus la triste paix de cette maison. Philippe est rentré dans ses habitudes, comme un oiseau de nuit dans ses ruines. Toujours l'alchimie, toujours la chasse. J'applaudis à ses exploits quand il me rapporte quelques lapins; je flatte ses manies quand il me parle avec exaltation des découvertes qu'il est sur le point de faire. Mais son ardeur à manier des ingrédients dont il n'est pas en état de mesurer la force m'effraye souvent; je redoute un malheur. M. Lesbère, que je consulte, n'est pas rassuré.

« La poursuite du grand œuvre a ses périls, me dit-il de cet air tranquillement railleur qu'il a souvent; il expérimente sur un volcan, et nous pourrons quelque jour, par suite de l'inflammation subite d'un amalgame imprudent, achever en l'air une conversation commencée au coin du feu.

— Parlez-vous sérieusement?

— Dans une mesure, oui; mais il faut toujours faire la part de l'exagération naturelle à l'homme qui accepte toutes les prévisions.

— Que faire à cela? Je puis me résigner à cette

explosion dont vous parlez, mais il y a M. de Brassannes et sa femme.

— Et moi donc ! »

Le visage de M. Lesbère est devenu plus grave.

« Entre deux maux, a-t-il repris , la sagesse enseigne qu'il faut choisir le moindre. Il y a de l'enfant et de l'enfant terrible chez Philippe. Les fourneaux sont pour lui des jouets. Il est bien difficile de les lui arracher, mais on peut essayer de l'en détourner. S'il devinait notre but, on ne le tirerait plus de ses cornues, et une trop vive insistance l'exaspérerait. Vous comprenez les conséquences de cette exaspération. Donc usons de ruse. En attendant, fiez-vous à la Providence et à M. Lesbère, qui la représente à Chauny. »

Je l'ai regardé d'un air curieux.

» Je me mêle un peu de chimie, moi aussi, a-t-il poursuivi : j'ai donc mes libres entrées dans le laboratoire qui fume et gronde sous nos pieds. J'en profite pour déranger la proportion des amalgames qui me semblent périlleux , et reculer les expériences dont je n'augure rien de bon. Que de bouteilles n'ai-je pas noyées déjà ! Que d'ingrédients décomposés, que de corps dangereux escamotés et remplacés par des produits inoffensifs ! Je remplis là-dessous le rôle d'un bon génie comme on en voit dans les féeries. »

En parlant ainsi, il frappait du pied sur le plancher.

Je lui serrai la main. Alors, hochant la tête, et d'un ton de gaieté :

« Ne me remerciez pas, a-t-il ajouté ; je vous ai
prise en amitié, et il me déplairait de vous voir coupée en petits morceaux. »

CXX

Cette conversation m'a laissée tout un jour sous
une impression de terreur, malgré le tour plaisant
que le docteur a tenté de lui donner. Je me suis réveillé une fois ou deux en sursaut pendant la nuit,
me croyant dans l'espace, puis je me suis familia-
risée avec cette situation, et je n'y pense plus. J'ai
eu bien souvent l'occasion de remarquer avec quelle
facilité on s'habitue aux choses qui semblent le plus
difficiles. Il y a dans l'esprit de la créature humaine
une souplesse qui rappelle celle du roseau : quand
les bourrasques soufflent, il plie et ne rompt pas. A
l'époque heureuse où j'étais à Valserre, qui m'eût dit
qu'un jour je trouverais le sommeil dans un pareil
milieu, en présence de telles menaces? Comme le
corps, l'âme supporte toutes les températures. Je vis
dans la tristesso et la crainte, la désespérance et l'ennui ; je m'y suis fait un lit et je m'y endors. Est ce
l'espoir de ne pas me réveiller un jour qui m'y sou-
met?

CXXI

Les absences de Philippe deviennent de plus en plus fréquentes et prolongées. Il passe des journées dans les plaines et les bois, à la chasse. Est-ce bien la chasse? Il va droit devant lui, fatiguant ses chiens, insensible aux intempéries des saisons et sachant à peine s'il fait de la pluie ou du vent. De temps à autre, il s'assoit au pied d'un arbre ou sur le bord d'un ruisseau; il regarde l'eau couler ou le mouvement des feuilles; sa vue se perd dans l'infiniment petit des mousses, où il découvre on ne sait quoi. Il oublie l'heure et son fusil. Est-ce le travail de l'insecte sur un brin d'herbe ou l'agitation de sa pensée qui l'occupe? Dans mes promenades, je le surprends quelquefois dans une lande, plus immobile qu'une souche et en apparence glacé comme la pierre. Je l'appelle, il tourne la tête vers moi, son regard s'éclaire, il sourit, son visage reprend de la vie; il m'attire auprès de lui, m'examine curieusement et en détail, comme s'il ne m'avait pas vue depuis longtemps, étend un caoutchouc sous mes pieds si la bruyère est humide, me cherche une place à l'ombre s'il fait chaud, et ne sait comment me témoigner la joie que lui donne ma présence. Si je lui propose de rentrer, il me suit

comme un enfant. Parfois nous causons. Sa pensée
s'éveille et s'anime, sa parole est abondante; il
cherche dans le passé.

« Te souviens-tu?.. » me dit-il. Puis il s'arrête, le
regard devient atone, il balbutie.

« De quoi faut-il que tu te souviennes?» reprend-il.

J'ai l'âme navrée. Sa mémoire fuit comme l'eau
d'un vase par une fissure; il n'en reste que des parcelles. Nous revenons tristement par les chemins.

« C'est la dame de Chauny, pauvre femme!» disait
l'autre jour à son fils un mendiant qui m'a saluée en
passant.

CXXII

J'éprouve, à certaines heures, une sensation d'é-
touffement et de malaise qui me chasse de chez moi.
Le toit de Chauny me pèse. Il me semble que les
madriers des combles et les ardoises de la couverture s'alourdissent sur ma tête. Je fuis et ne respire
que dans les champs. Mais alors le grand air libre
et l'espace me grisent. Je vais devant moi au hasard,
indifférente à la rosée qui mouille les grandes herbes, aux ronces qui s'attachent à ma robe, aux cailloux contre lesquels se heurtent mes pieds. J'affronte
le vent et j'en bois le souffle. J'ai soif de liberté et de
mouvement. J'étais comme cela à Valserre. A de telles

distances, se peut-il que la jeunesse tressaille encore en moi?

C'est ainsi que je me suis trouvée un matin dans une partie de bois où mes pas se sont ralentis. Des hêtres dont les branches traînaient jusqu'à terre et des bouleaux éclaircis par l'automne couvraient un espace de bruyères répandues sur la croupe d'une colline. L'endroit est sauvage; les roches nues percent le sol de leurs rugosités rongées par des lichens violets. Dans des creux, l'eau des pluies amassée forme de petites mares où les chevreuils viennent se désaltérer et qui brillent au soleil. Le vent arrache des plaintes à cette solitude. Des tourbillons de petites feuilles jaunes volent autour de moi; des nuages blancs courent dans le ciel, par flocons échevelés. Une longue traînée d'oiseaux voyageurs les suit et les dépasse; je les regarde. Que ne m'emportent-ils vers les horizons qu'ils cherchent! Ils s'effacent dans l'azur. D'autres accourent du fond de l'horizon clair, et d'autres encore; ils obéissent à la loi mystérieuse qui les pousse et leur vol infatigable brave la tempête. Pourquoi donc ne puis-je pas obéir aussi à cette loi qui me crie d'aimer et dont le souffle gonfle ma poitrine! Des frissons passent dans mes veines, qui s'emplissent d'un sang généreux. J'expose ma tête nue à l'air vif, mes yeux s'enivrent de lumière et mes narines de parfums. L'herbe humide dégage des aromes qui me pénètrent; je vois au loin des campagnes, des bois, des vallons où passe le flot errant d'une eau libre; aucun bruit sous le ciel. Je voudrais courir, m'élancer ; mais non pas seule. J'appelle, je crie et je tombe toute en pleurs, haletante et sans force, sur un pan de mousse. L'heure s'écoule, l'ombre vient ; un bûcheron passe, la cognée sur l'épaule, fendant les broussaillesd'un pas lourd : il faut rentrer. Bientôt j'ai pris un sentier ouvert par les pâtres dans cette solitude, mes regards se sont arrêtés sur le travailleur agreste dont les rudes souliers crient sur les cailloux et qui me devance. Il chante malgré la fatigue de ses longues journées et l'incertitude du pain quotidien. Toute créature mortelle n'a-t-elle pas son fardeau ? A l'une Dieu dispense le mal qui meurtrit les épaules, à l'autre le chagrin qui endolorit le cœur. Lequel est le plus dur ? Cependant le calme du soir se répand autour de moi ; j'entends le rappel des perdrix qui gloussent dans les genêts, une dernière clarté flotte à la surface des bruyères. Je me sens apaisée, et, d'un pas plus léger, j'ai quitté ma lande solitaire. Au détour du sentier, j'ai vu Philippe qui venait au-devant de moi, à travers champs.

« Tu ne t'es pas égarée ? m'a-t-il dit.

— Non, j'étais un peu lasse et me suis oubliée dans ce désert. »

Il m'a offert le bras. Ses traits se sont revêtus de ce caractère de joie douce qu'il a quand il croit me rendre service. Bientôt les murailles de Chauny se sont dressées derrière les massifs du parc, bientôt j'en ai passé la porte.... La prison m'a reconquise.

CXXIII

Philippe a dans l'esprit des réveils qui surprennent. Hier je ne l'avais pas vu depuis quelques heûres. Je savais qu'il n'était pas à la chasse et son laboratoire était vide. Je le cherchai. Il était dans une petite pièce, tournée vers le midi, où je travaille quelquefois; il tenait à la main un bout de papier dans lequel il était facile de reconnaître une enveloppe de lettre à demi déchirée. Il a tourné vers moi son regard aigu..

« C'est l'écriture de Paul, n'est-ce pas?
— Oui.
— Il vous écrit souvent?
— Quelquefois.
— Et vous lui répondez?
— Sans doute. »

Il s'est tu, tortillant l'enveloppe entre ses doigts. Je ne veux pas le laisser sur une impression triste; je sais combien elles lui sont mauvaises, celles-là surtout que la jalousie inspire.

« Est-ce que cela vous contrarie? ai-je repris; je ne vous ai jamais fait mystère de cette correspondance.... mais je l'interromprais si elle devait vous causer quelque ennui. »

Alors secouant la tête :

« Et pourquoi? m'a-t-il dit; quelques feuilles de papier, qu'est-ce que cela? Vous n'écririez plus si je vous en priais, je le sais; mais votre cœur resterait-il muet comme votre plume? Paul était près de vous quand vous entriez dans la vie. Je le hais, mais c'est un homme brave et loyal. Il vous a toujours aimée, et vous....

— Philippe! me suis-je écriée.

— Qu'importe que je me taise! La vérité éclate dans votre cri,... oh! je n'ai rien à vous reprocher. Vous êtes honnête et dévouée; mais votre pensée n'est pas dans cette maison. Quand cette enveloppe s'est trouvée là, sous mes yeux, en un instant, je ne sais pourquoi je me suis rappelé les circonstances qui ont décidé notre mariage. Il y en a qui m'échappent. Vous ne m'aimiez pas, je vous avais priée d'obéir à cet instinct.... et cependant vous portez mon nom!... Pourquoi? »

Des lueurs pâles tremblèrent sous ses paupières; son regard devint moins vif. Il passa à deux ou trois reprises la main sur son front.

« J'avais espéré quelque chose du temps, de mon amour sans bornes, du besoin même que j'avais de vous.... que sais-je, des rêves, des folies! »

Sa poitrine s'est soulevée, puis me regardant :

« Celui que vous aimez, que vous aimerez toujours, c'est Paul. »

Ce mot qui sortait de ses propres lèvres s'enfonça tout à coup dans sa pensée comme une èche dans les flancs d'une biche. Il se leva tout effaré et jetant les yeux autour de lui :

« Ne dites jamais cela ! ne me le dites pas à moi surtout. Cela me fait peur !... Vous m'avez pris, gardez-moi !... »

Je lui ai parlé doucement, il m'a écoutée ; mais ses doigts fiévreux déchiraient l'enveloppe en mille petits morceaux. Il les a ramassés un à un et les a mis dans le feu.

CXXIV

J'ai eu un long entretien avec M. Lesbère. Il trouve que Philippe décline sensiblement. La langue s'embarrasse, l'œil est fixe ; la mémoire des choses présentes s'efface, il ne conserve que celle des choses passées, les plus vieilles sont les plus claires. Il marche encore, il chasse même ; mais les jambes semblent alourdies, le pied traîne ; son visage a des tons terreux. Il a des colères d'enfant, qui se terminent par des larmes. M. Lesbère redoute un épanchement séreux.

« Le mal a pris le galop, me dit-il, il n'est pas tout à fait pareil à celui qu'on n'a pu vaincre chez sa grand'mère.... mais il n'est pas moins redoutable. L'intelligence étiolée ne verse plus au corps ce fluide mystérieux qui en entretient la vitalité. L'être s'affaisse en même temps que la pensée s'éteint. Il peut vous sourire un soir et ne plus vous entendre le lendemain.

— Luttons toujours ! » me suis-je écriée.

CXXV

Nous avons eu la visite de M. Daubrin. Il est arrivé à l'improviste ; si j'avais pu conserver quelque doute sur la grave situation de Philippe, sa présence m'aurait confirmée dans toutes mes craintes. Jamais le fabricant de produits chimiques n'a fait preuve d'une vive sensibilité ; dès longtemps, on pourrait dire dès toujours, il s'est appliqué à ne penser qu'à lui, et le résultat l'a récompensé de ses patients efforts. Ainsi que me le disait un savant, il est à l'éta concret. Les ravages que ces derniers temps ont produits chez son malheureux fils ne l'ont pas fait sortir de sa quiétude. Il ne veut pas qu'une émotion ébranle l'équilibre de sa santé. Il a bravement dé-euné, honnêtement dîné et sagement dormi. J'ai cherché à lui faire part de mes appréhensions.

« Laissez, m'a-t-il dit, vous avez toujours eu l'esprit porté à l'exagération…. Philippe vous paraît original, c'est possible qu'il le soit ; qui n'a pas ses lubies ! »

Il a causé avec son fils et a bien recommandé qu'on
fît un bon feu dans sa chambre. Il redoute l'humidité et va cherchant partout s'il n'y a pas de vents
coulis.

« Faut-il que je vous aime, me dit-il, me déranger
de mes habitudes au mois de décembre ! Ayez soin
que j'aie du lait chaud et bien sucré, en me couchant
ce soir. »

Il met un bonnet de soie sur ses oreilles, par-
dessous son chapeau, un bon gilet de tricot par-des-
sous sa houppelande ouatée, et consent à tourner
dans le jardin, au soleil.

« J'ai toujours eu horreur de la campagne, reprend-il en évitant de poser les pieds autre part que
sur le gravier sec, il y fait toujours mouillé ! Si ce
n'était pas un placement sûr, à l'abri de tout événement, je ne sais pas à quoi servirait la terre ! »

Cette horreur que lui inspire la campagne et cette
indifférence qu'il éprouve pour Philippe m'expliquent mal le dérangement qu'il s'est imposé. J'en
cherche le motif.

« Creusez, » me dit M. Lesbère.

Philippe ne m'en laisse pas le loisir, et j'apprends
de sa bouche que M. Daubrin n'a quitté Paris que
pour l'engager à prendre ses dispositions dernières.
Il a peur que la dot qu'il a comptée à son fils ne me
revienne. Quelque chose des Daubrin échapper au
patrimoine des Daubrin, c'est impossible ! Trois fois
il est revenu à la charge, non pas, disait-il, qu'il
trouvât l'état de Philippe alarmant, oh! non; mais

parce qu'on doit tout prévoir. Mon cœur s'est soulevé de dégoût. De telles misères en face de la mort ! Dans la soirée, j'ai vu qu'il rôdait de nouveau autour de Philippe, et qu'il cherchait à l'entraîner dans son cabinet.

« Vous pouvez parler devant moi, lui ai-je dit ; Philippe m'a tout appris. »

Le vieil ivoire de son visage a rougi.

« Ah ! tout ?

— Oui, tout ; ainsi ne vous gênez pas. Il s'agit d'un testament, n'est-ce pas, qui vous assure la jouissance de la fortune personnelle de Philippe et vous permette de recouvrer en entier la dot que vous lui avez comptée ? »

M. Daubrin a humé une prise de tabac.

« Vous savez, j'ai des principes, m'a-t-il dit, chacun le sien. Ce qui est aux Daubrin doit revenir aux Daubrin.

— Et ce qui est aux Pujol ? Si je m'en souviens, vous vouliez, au moment où fut signé notre contrat de mariage, que mon notaire assurât sur ma fortune un douaire à Philippe au cas où, la première, je viendrais à décéder ?

— C'était mon droit ; vous pouviez user du vôtre.

— Fort bien ! Les choses étant ce qu'elles sont, vous pouvez continuer, je ne vous écoute pas. »

Philippe se promenait de long en large ; tous les muscles de son visage étaient contractés ; le sang en brûlait les pommettes.

« C'est inutile, dit-il en s'arrêtant brusquement devant nous ; j'ai fait ce qu'il y avait à faire.

— Ton testament ! répliqua M. Daubrin brutalement.

— Oui, et vos raisonnements n'y pourront rien.

— Ah ! déjà ! » fit le père en me regardant.

J'avais pris un ouvrage d'aiguille.

« Voilà une exclamation qui ne laisse voir que la moitié de votre pensée..., achevez, » répliquai-je en le regardant bien en face.

Mon sang-froid, peut-être la honte de se voir découvert l'irritèrent.

« Mais, reprit-il en sortant de sa réserve ordinaire, une femme qui use de l'empire qu'elle a sur son mari peut se faire avantager : est-ce donc un si grand miracle !... on en a vu des exemples. »

J'allais répliquer, Philippe ne m'en laissa pas le temps.

« Vous n'avez pas à vous défendre, dit-il ; le notaire qui a préparé notre contrat a reçu mon testament le jour où vous avez changé votre nom de Mlle Pujol contre celui de Mme Daubrin. Ce que j'ai en propre du côté maternel a été à vous de tout temps. »

J'ai compris à l'aspect de son visage que M. Daubrin ne se possédait plus. J'ai craint un éclat, et malgré le dégoût que m'inspirait ce débat, j'ai fait appeler M. Lesbère. Lui présent, je me suis approchée du fabricant, et la main sur son bras, tandis que Philippe s'affaissait sur un fauteuil :

« Si vous continuez, vous pouvez provoquer une
crise qui sera fatale à Philippe. Voyez si vous voulez
accepter la responsabilité d'une mort soudaine.
M. Lesbère sera là pour dire qui a tué votre fils.

— Oh! de grandes phrases! » a-t-il murmuré.

Et il est sorti en grondant comme un dogue.

CXXVI

Je ne crois pas que M. Daubrin prolonge son séjour à Chauny. Son fils en danger de mort et moi
son héritière, il m'a laissé voir le fond de son âme.
Il s'en va le cœur ulcéré, absolument comme si on
lui avait arraché quelque chose de sa chair. Je n'aurais peut-être pas cru, sans ce spectacle, à la puissance terrible de l'argent. Quand une existence entière a eu pour seule préoccupation le soin d'en
gagner beaucoup, il devient le maître, un maître
tyrannique qui ne supporte aucune rivalité. A présent que je prive le fabricant de produits chimiques
d'une part de ce qu'il considère comme son avoir
légitime, je ne suis plus pour lui qu'une ennemie.
Le mot de captation est dans ses yeux, s'il n'est pas
encore sur ses lèvres. Quant à moi, j'accepte. Je ne
plierai pas devant la colère et le soupçon de M. Daubrin; je croirais faire injure à la mémoire de Phi-

lippe si je repoussais ce témoignage de sa reconnaissante affection; mais je ne toucherai pas à une obole de cet argent qui ferait croire à son père que je me suis payée. J'en appliquerai la totalité à la fondation d'une maison où les pauvres de Chauny recevront un asile, du pain, un lit pour leurs vieux jours. On bénira le pauvre mort dans ce pays qu'il a aimé.

CXXVII

La plume hésite et tremble dans ma main. J'ai peine à revenir sur ces derniers jours qui ont rempli la maison de tant de trouble et d'épouvante. Je continuerai cependant. Dès vêtements de laine noire me couvrent tout entière. Je suis veuve! Philippe a disparu! C'était une lourde responsabilité que la mienne, et cependant je le pleure. On s'attache malgré soi à ces pauvres êtres qui ne perçoivent la lumière que par nos yeux, et la pensée que par notre esprit. Leur vie chancelante est suspendue à notre propre vie, comme l'est une créature qui vient de naître, au sein de sa mère.

CXXVIII

Pendant la dernière semaine, Philippe me paraissait absorbé par une idée fixe. Il marchait silencieusement pendant de longues heures dans les allées les plus solitaires du parc, cherchant les lieux sombres. Après l'en avoir arraché, si on le quittait un instant, il y retournait; quand on rentrait au logis, il restait assis au coin de la cheminée, tisonnant le feu d'une main distraite, l'œil éteint, la lèvre molle, la joue terreuse; quelquefois il me suivait du regard, allant et venant autour de lui, mais sans sortir de son immobilité. Sous quel linceul de plomb dormait son âme! Il y avait des instants où un hasard le tirait de cette espèce de léthargie. Il s'irritait pour une porte ouverte brusquement, ses yeux s'injectaient de sang et il marchait par la chambre en parlant avec une extraordinaire vivacité. J'avais quelque peine à le calmer ; plus tranquille, des mots sans suite tombaient de ses lèvres. Je l'écoutais pour deviner ce qui l'occupait.

« Oui, c'est cela, disait-il, l'ébullition dégagera le gaz précieux.... les Arabes connaissaient cette combinaison.... le cinabre vient des astres..., mais les paroles où sont elles?... Et puis l'influence de mars est nuisible.... »

D'autres suivaient qui n'avaient pas plus de sens. Puis il riait d'un rire qui me glaçait : « Mon père a l'amour de l'or, reprenait-il..., s'il savait, il viendrait.... Je lui en donnerai pour éteindre sa soif.... mais, non, ce sera pour moi tout ! tout ! »

L'accès passé, je le voyais s'affaisser dans son fauteuil, où le surprenait un sommeil de cadavre.

J'informai M. Lesbère de cette exaltation et de cette torpeur animale qui procédaient par secousses. Il hocha la tête.

« Il continue, me dit-il, un jour en haut, un jour en bas.... Dieu est le maître ! »

CXXIX

Un matin je surpris Philippe dans un coin du parc, à l'ombre d'un mur, où il semblait ne pas sentir le froid, et si profondément plongé dans la lecture d'un livre ouvert sur ses genoux qu'il ne m'entendit pas approcher. A ma vue, il le jeta parmi des broussailles.

« Qu'est-ce que cela ? lui dis-je en faisant mine de vouloir le reprendre.

— Oh ! rien ! fit-il en m'entraînant, des billevesées sur un problème insoluble !... »

J'ai voulu savoir à quoi m'en tenir, et une heure après, le laissant dans les bois en compagnie de son fusil et de ses chiens, je suis retournée à la place que nous avions quittée. Le livre que j'ai ramassé est un tome dépareillé d'un livre de chimie du dix-septième siècle tout farci de formules qui sentent le grimoire.

Je le tenais encore à la main lorsque j'ai aperçu Philippe qui se glissait de mon côté avec une souplesse et des attentions félines, regardant partout et se couchant comme un chat qui guette une proie. Je m'avançai vers lui.

« Que vous fait ce livre? Pourquoi l'avez-vous pris? me dit-il avec l'accent de la colère.

— L'un des volumes de cet ouvrage est perdu.... J'ai voulu sauver celui-ci pour vous le rendre. »

Sa physionomie changea subitement d'expression.

« Mais, reprit-il en souriant, le premier tome est au fond d'une mare, l'autre ne tardera pas à le rejoindre..., Un fatras de sornettes écrites par un songe-creux ! »

Je remarquai cependant qu'il mettait le volume au fond de sa poche.

CXXX

Depuis quelque temps déjà, et d'après le conseil de M. Lesbère, j'avais soin de faire coucher un domestique dans un cabinet qui touche à la chambre de Philippe. J'étais avertie ainsi de ce qui pouvait lui arriver pendant la nuit, et tranquillisée sur les démarches que lui inspirait subitement une fantaisie. Après l'aventure du livre, M. Lesbère ne douta pas comme moi qu'il n'eût en tête quelque nouvelle expérience à propos du grand œuvre. J'engageai le domestique à redoubler de surveillance et à me prévenir à la moindre alerte.

« Et moi, poursuivit le docteur, je vais risquer mes jambes du côté du laboratoire, et je ferai main-basse sur les fioles suspectes. »

Contre mon attente, Philippe se montra tout à fait calme durant une semaine. Il chassait, il se promenait. Je retrouvai même dans un coin de la cour le fameux volume en partie lacéré. Philippe m'avoua en haussant les épaules qu'il l'avait jeté. Je crus de bonne foi que sa pensée, un instant arrêtée sur un problème d'alchimie, avait pris un autre cours. Que ne m'étais-je rappelée à temps la profonde hypocrisie de certains monomanes! M. Lesbère s'y trompa lui-même.

« Il est dans ses heures molles, » me dit-il en l'observant un soir, tandis qu'il feuilletait les pages d'un album de dessins.

Je lui demandai s'il n'avait rien découvert dans l'atelier de Philippe.

« Rien, me dit-il, si ce n'est un tas de débris qui gisaient dans un coin, pêle-mêle. Philippe, qui m'a surpris dans ma visite, n'en a pas paru mécontent.

J'ai profité de l'occasion pour lui montrer du doigt le monceau d'objets sans nom qui encombraient son laboratoire.

— Je ferai balayer tout cela et le reste avec, m'a-t-il répondu. Et il est parti, me laissant fureter partout.

— Se pourrait-il que ce fût la dernière crise!

— Oh! non, par exemple! »

La saison était claire et douce. M. de Brassannes, que le soin de ma santé préoccupait autant que l'état de Philippe, nous proposa d'organiser une promenade au château de Pierrefonds. Philippe le premier accepta avec empressement. Il se hâta de passer à l'écurie et aux remises pour donner les ordres et choisir lui-même les chevaux et la voiture.

« Il faudra des provisions pour déjeuner là-bas, nous dit-il d'un air gai.

— Je suis gourmand, je m'en charge, » dit M. Lesbère.

Tout en paraissant heureuse de ce voyage qui semblait faire plaisir à Philippe, je me promettais de ne pas monter sur les ruines.

Dans la soirée, il se retira de bonne heure pour être prêt de plus grand matin, et jura de nous réveiller tous. Tranquille, je restai à causer avec Mme de Brassannes et M. Lesbère. Plus tard, vers minuit, étant dans ma chambre, j'écrivais à la clarté de ma lampe lorsqu'une détonation formidable ébranla le château; quelques vitres volèrent en éclats. Je sautai chez Philippe. Le lit était défait, mais il n'y avait personne. Une porte qui mettait l'alcôve en communication avec un couloir, d'où l'on pouvait gagner le rez-de-chaussée par un escalier de service, était ouverte toute grande. Je m'y précipitai. Le domestique commis à la garde nocturne de Philippe y arriva en même temps tout effaré.

« Comment ! vous l'avez quitté ? lui dis-je.

— Monsieur paraissait si bien ! »

Je pressentis l'horrible vérité et m'élançai du côté de son laboratoire par l'escalier de service. M. Lesbère, qui couchait au rez-de-chaussée, m'y avait précédée. Une fumée dont l'odeur âcre me prenait à la gorge s'échappait de cette pièce, dont les cloisons et la porte avaient été en partie démolies par la violence de l'explosion.

« N'entrez pas ! » me cria le médecin.

Je le repoussai et me trouvai en présence de Philippe, étendu par terre et qu'animait à peine un reste de vie. Aidée de M. Lesbère, je le portai dehors. Il avait les vêtements brûlés, le visage noir, la tête en sang avec une plaie affreuse auprès de la tempe. Il se laissa tomber à mes pieds, me faisant signe de la main de ne pas aller plus loin. Il m'inspirait une pitié profonde. Qu'avait-il fait ? qu'était-il arrivé ? A toutes mes questions, il répondait par de confus monosyllabes. M. Lesbère s'empressait autour de lui. Je l'interrogeai du regard pour savoir ce qu'il y avait à craindre. Il secoua la tête. Tous les signes de la fin étaient visibles. Un épanchement subit avait-il déterminé sa chute, ou cette blessure qu'on lui voyait à la tête provenait-elle de l'explosion dont le désordre était partout? je ne le savais pas. Philippe appuya son front sur mes genoux, chercha mes mains de ses lèvres, les y colla; il en sortit un bégayement sourd dans lequel flottaient des mots vagues; il se serra de plus près contre moi, les jambes roides; son corps eut comme un spasme, sa tête devint lourde, et il ne remua plus.... Je ne vis plus rien.

CXXXI

Clotilde et Jenny sont auprès de moi. Philippe dort du sommeil éternel. J'ai eu des jours de fièvre. Il m'en reste un grand accablement.

« Pensez aux vivants, » me dit M. Lesbère, qui veut me secouer.

Clotilde parle de m'emmener à Nice et d'y passer la saison avec moi. Jenny nous accompagnera. M. Félix de Mezin a écrit à Paul. Cette fois M. de Brassannes n'a rien dit. Quelques jours se passent durant lesquels des forces me reviennent. Il me semble que je sors d'un rêve douloureux. Ai-je vu M. François Daubrin? Oui, pendant une heure ou deux, je crois, au moment de la funèbre cérémonie; il m'a fait un salut froid, en m'appelant : madame,

Je ne le reverrai sans doute plus. Que m'importe! j'ai l'estime de ceux que j'aime.

Ce matin, au moment où j'allais quitter Chauny, on me remet une lettre qui porte le timbre d'Espagne. Je reconnais l'écriture de Paul; mais le cachet de cire noire a disparu, et à la place du triste mot *Amen*, je lis sur une empreinte de cire rouge le mot de l'espérance et du salut, *Ave*.

FIN.